부유한 경제
가난한 행복

부유한 경제
가난한 행복

이내찬 지음

부유한 경제
가난한 행복

1쇄 발행 2022년 9월 7일

지은이 이내찬
펴낸이 이근미
펴낸곳 이다북스
기획 조일동
일러스트 이혜나

출판등록 제312-2013-000012호
주소 경기도 파주시 탄현면 오색나비길 42-17, 204호
전화 031-944-0554
팩스 031-944-0552
이메일 design_eda@naver.com
홈페이지 edabooks.co.kr
페이스북 edabooks
인스타그램 @edabooks

물류 신영북스
인쇄 재원프린팅
종이 영은페이퍼

ISBN 979-11-91625-79-0 03320

- 이 책은 한성대학교의 학술지원으로 집필했습니다.

이다북스는 나무에게 미안하지 않게 책을 만들겠습니다

프롤로그

본서는 국민이 행복해질 방안이 무엇인지, 개인이 행복해지기 위한 인간 습성과 행복지수에 투영된 삶의 질 이해, 가치·규범의 수립과 수직 집단주의 문화의 영향, 삶이 어려운 소외계층의 포용, 국민 스스로 문제를 해결하는 자발적 참여, 권력 집중과 과도한 규제로 왜곡된 국가 및 정부의 지배구조의 건전화에 의한 국민 신뢰 회복이라는 관점에서 논한다. 불평등과 관련해서는 신자유주의 시각, 경제 분배 이론과 OECD 현황을, 후세대 복지는 세대 간 갈등 극복과 외교 유산으로서 골 깊은 한·일 관계 개선에 관한 시각을 제공한다.

그간 우리나라는 양적으로 괄목하게 성장했으나 행복과 삶의 질은 OECD 최하위권이며 불평등 역시 깊어지는 추세다. 더구나 10년마다 반복되는 세계 금융위기, 전염병의 창궐, 지구온난화에 따른 천연재해와 중국의 홍콩 통제 및 미·중 간 대만 갈등, 러시아의 우크라이나 침공으로 표면화된 패권경쟁으로 안팎의 정세가 불안정해지면서 현세대는 물론 후세대도 어려움에 직면하고 있다.

본서는 우리의 현주소를 행복과 삶의 질, 사회자본과 문화, 불평등, 세대 간 갈등 및 외교 유산에 걸쳐 조망하면서, 국민이 행복해질 방안을 개인과 사회 및 국가 차원에서 고민하고자 한다. 우리의 위상을 명확히 하기 위해 선진국 외교 살롱인 OECD, 특히 세계에서 가장 행복하다는 노르웨이·스웨덴·덴마크·핀란드·네덜란드 등 북유럽 국가와 미국·영국·호주·뉴질랜드 등 신자유주의 영미권 국가와 비교한다.

1장에서는 그간 행복과 불평등 이슈가 소외되었다가 주목받은 이유를 살펴보고, 성장 중심의 국가경쟁력을 행복을 포괄하는 광의로 확장한다. 성장을 우선시하는 시각과 경제학의 합리성 가정에서 소외 이유를 찾고, 이를 토대로 세계 금융위기와 불평등의 세계적인 심화 추세에 주목한다.

행복은 포괄적인 개념이다. 좀 더 나은 집이나 차를 소유하려는 욕망에서 갈증이나 스트레스 해소와 같이 평소에는 고마움을 느끼지 못해도 모자라면 불편해져 메워야 하는 결핍 욕구, 목표와 이상을 향해 정진하며 얻는 희열과 얼마나 값진 인생을 살아왔나를 평가하는 인생 만족감, 나아가 타인의 안녕을 존중하는 가치·규범의 준수도 포함한다. WEF·IMD·ITU 등 공신력 있는 국제기관의 지수 평가로 보면 우리나라의 국가경쟁력은 상당히 높은 것에 반해 행복·불평등 및 사회자본은 최하위권에 속한다.

복지와 시장 체제도 개관한다. 복지국 스웨덴과 시장주의 미국 간 에토스나 워라밸, 즉 일과 삶의 조화 차이, 이를 약점을 보완하며 상호 수렴해가는 모습을 관찰한다. 2012년에 방영된 EBS 다큐프라임 〈자본주의〉의 핵심 테제인 불평등이 만연하는 본질로 지적한 '빚 권하는 사회' 논리, 반복하는 금융 버블의 생성과 붕괴의 체제의 불안정성 및 대안으로 제시한 '생산적이고 창의적 복지'를 비판적인 시각에서 살펴본다.

2장에서는 개인이 행복해지는 방법을 살펴본다. 대부분 행복이라는 단어를 접하면 자신의 행복부터 떠올린다. 내가 편안하고 만족해야 고차원의 행복도 추구할 수 있고 타인도 배려할 수 있으므로 중요한 출발점임은 틀림없다. 개인의 행복은 인간의 습성을 이해하고 다스리는 데에서 비롯된다. 이 장에서는 '돈이 많다고 행복한 것은 아니다.'라는 이스털린의 역설, 행복은 잠시 머문다는 쾌락의 쳇바퀴, 타인, 과거 경험, 미래 기대감과의 비교 및 나약한 자유의지와 같은 인간의 습성을 살펴본다. 개인의 행복을 위해서는 아끼고 덜 쓰고 혼합하는 자기 절제, 소소한 활동의 주기적 반복. 지식의 습득원이자 시기와 질투의 근본인 SNS의 자제, 적절한 경험과 기대 수준 유지 그리고 주변 환경의 문맥에 대한 주관적 인지에 있다는 점을 언급한다.

3장은 본서의 주요 3대 초점인 삶의 질, 사회자본 및 분배의 기본 틀과 시각을 소개한다. 우선 국민총행복(GNH)이라는 개념을 최초로 정립한 부탄과 국제기구 행복지수의 수립 경위와 의의, 더불어 국내의 관심과 전개 경위도 요약한다. 국민 행복의 실체를 파악하기 위해 설계된 부탄의 행복지수는 소외계층의 포용을 지향하며, 이것은 EU의 '유럽 삶의 질 지수'에서도 강조된다. UN의 '인간개발지수'를 포괄하는 OECD의 '더 나은 삶의 질 지수(BLI)'는 세계 금융위기를 계기로 설정된 삶의 질 측정 방법론에 따라 2011년에 수립되었다. 국내에서는 진보 이슈이자 타국과의 비교 시 낮은 순위를 우려해 지수 설계를 미루어오다가 문재인 정부에서 국내 지수를 만들었지만 많은 문제점을 안고 있다.

OECD의 삶의 질의 현황과 주요 범주도 살펴본다. 현황은 2017년 35개 회원국의 BLI 11개 범주 및 종합별 평균값을 OECD 평균을 기준으로 상 · 중 · 하로 평가한다. 우리는 종합 평가 30위로 최하위권이다. 사적 안전망, 워라밸, 인생 만족도 및 환경에서 박한 평가를 받기 때문이다. 한편, OECD 삶의 질에 영향을 미치는 양대 요인은 '안정된 삶'과 '소득 분배의 형평성', 따라서 경제 성장 추구와 동시에 불평등의 시정이 중요하다는 점도 언급한다.

사회자본의 개념을 정의하고 다양한 지표로 OECD 현황을 살펴본다. 사회자본은 사회 네트워크, 즉 구성원 간의 친분을 통해 얻어지는 다양한 형태의 유 · 무형 편익과 사회 가치 및 행동 규범의 수립 · 준수와 같은 안정 기능이다. 다양성 · 보편성 · 포용 등 다양한 사회 가치 간의 관계를 살펴보고, 소외계층의 포용은 인도 경제학자 아마르티아 센(1999년)의 역량접근방식과 정치학자 존 롤스의 《정의론》(1974년)의 틀로 설명한다.

소외계층의 포용은 체제나 이념을 떠나 당연히 구현해야 하는 사회 가치다. 게임이론의 관점에서 타인의 안녕을 존중하는 규범을 준수하지 않는 수인의 딜레마와 그 해결책인 호혜성도 살펴본다. 사회자본의 구성 요소인 포용(이주민 · 성 소수자 수용), 신뢰(대인 · 기업 및 국가 및 정부 지배구조), 시민참여 및 기부 지표로 OECD 현황도 살펴본다.

우리나라의 투표율은 높다. 하지만 포용 인식과 국민의 국가(정부)나 기업에 대한 신뢰의 대리 변수인 본서가 구성한 국가(정부)지배구조지수나 기업지배구조지수는 30위 이하로 최하위권이다. 이것은 권력이 대통령과 집권층에 과도하게 집중되어 있고, 정부는 규제 마인드가 강하며, 기업은 투명성과 사회 공헌에 취약한 탓이다. 이들에 대한 좌절감과 실망을 넘어서 국민 신뢰를 회복하는 것은 정책과 시장의 당위성을 확보하고 사회 업그레이드를 위해 필수적이다.

불평등은 경제 성장과 삶의 질에 부정적인 영향을 미치고 상대적 박탈감으로 사회 응집력을 약화한다. 따라서 분배는 무시할 수 없는 주제다. 먼저 밀턴 프리드먼과 낙수 효과로 대표되는 신자유주의 시각을 살펴본 후 근로자와 기업 간 분배 몫의 변화가 성장에 미치는 영향을 이론화한 후케인즈 경제학과 자본주의는 성장 둔화로 부의 불평등이 심화하리라 예측한 《21세기 자본론》(2014년)의 저자 토머스 피케티의 경제 분배 이론을 소개한다. 경제 성장 방식으로 문재인 정부가 채택했던 '소득주도성장'은 윤석렬 정부에서 '이윤주도성장'으로 전환되는 양상이다. 그러나 경제 성장 둔화나 코로나 영향을 양자택일로 해결할 수는 없어 논쟁은 계속될 것이므로 이론을 살펴보는 것은 유용한 작업일 것이다.

OECD의 불평등 현황을 개관하고 불평등과 타 부문과의 연관성도 살펴본다. 노동소득분배율은 세계적으로는 감소하는 추세인 데에 반해 우리나라는 증가해왔고, 높은 자영업자 비중을 반영하면 원 수치보다 클 것이라는 지적도 있지만, 이 이외는 OECD 내 30위 이하로 계층 간 소득 격차가 심각함을 관찰한다. 한편, 소득 격차 해소가 성장에 긍정적이라는 역류 효과 분석과 행복지수나 사회 응집력을 포함한 일부 사회자본 지표와 정의 상관관계를 보인다는 것을 언급한다.

4장은 우리 사회문화의 문제점을 헤르트 홉스테드, 폰스 트롬퍼나르스, 에드워드 홀의 비교문화론 틀로 접근한다. 중요한 가치·규범이 우리 사회에 여전히 자리를 잡지 못하는 것은 우리의 문화 습성이 깊게 스며들어 당연시되기 때문이다. 비교문화론은 해외여행 시 우리를 다시 들여다보게 해주는 거울과 같은 역할을 한다.

우리의 사회문화적 속성은 '나'보다 '우리'라는 동질성을 중시하고 갑을 관계가 강한 '수직 집단주의' 속성과 미래의 예측 불가능한 혼란에 대한 불확실성 회피성향, 삶의 질의 배려나 양성평등 인식이 약한 남성향 성향으로 주로 유교적 사고에서 기인한다. 물론, '수평 개인주의'로 변하고 있어도 여전히 수직 집단주의가 지배적이다. 이것은 끊임없이 제기되는 윗사람의 '갑질', 소속에 따라 다른 룰, 조직생활에 매몰되어 편향된 워라밸, 사적 공간의 침해, 보행(약)자에 대한 운전(강)자의 안전불감증과 교통체계(회전교차로 · 정지선 신호등) 미비, 상하 눈치와 체면으로 이루어지는 모호한 고문맥 커뮤니케이션, 가정교육에서 정부 규제에 이르는 사회 전체에 만연하는 강한 규제의식 그리고 삶의 질이나 양성평등에 대한 인식 결여와 같은 갈등을 초래한다.

세대 간 차이와 상호 이해는 세대 갈등을 극복하기 위한 전제다. 5장에서는 우리나라의 세대별 시대적 성장 배경과 사고방식의 차이를 특징지어 보고, '물질 풍요 속 기회 빈곤' 시대에 후세대가 열심히 노력해도 살기 힘들어지는 이유를 살펴본 후, 세대 간 분배 형평성 관점에서 이들에 대한 현세대의 배려는 국가 빚의 절감 정도라는 점을 언급한다. 후세대의 현세대에 대한 힐책에는 쓴소리를 해보고, 수평 개인주의 사회로의 이행에 따른 기우도 언급한다.

세대는, 수직 집단주의 사회에서 성장하며 가난에서 벗어나고자 일로매진했던 산업역군 '베이비붐 세대', 경제 성장의 수혜자로 학생 시절 부르짖던 자주 · 평등 이념을 성인이 되어 실현하려다 내로남불의 표상이 된 '86세대', 예기치 못한 경제 여건 악화와 수평 개인주의로의 이행에 낀 'X세대', 사회 이슈에 스스럼없이 자기 의사를 표출하지만 시대 어려움에 봉착한 삼포(연애 · 결혼 · 출산) '에코세대', 어려움을 당연시하며 우리 사회의 국가지배구조와 사회문화의 구조적 후진성을 인지하고 공정·공평을 중시하는 'MZ(에코붐, M)세대'로 구분할 수 있다.

세대마다 활동기 시대가 다르며 기회의 가능성도 다를 수 있다. 모두가 살기 어려워졌지만, 물질 빈곤 속 기회 풍요의 시대를 살아온 현세대의 '라떼는 말이야'와 같은 충고가 무색하게 후세대는 성장 포화와 사회 시스템의 성숙으로 노력해도 제대로 살기 힘들어지고 있다. 물려줄 천연자원이 없는 우리나라의 후세대에 대한 배려는 불요불급 예산 집행의 방지, 국가채무 상한을 제한한 재정준칙(2025년, GDP 60%) 준수, 국민연금의 합리화와 같은 정부의 빚 절감 노력이라는 점을 지적한다. 국가부채 문제를 심도 있게 살펴보기 위해 OECD 현황과 재정 건전성 요인을 개관하고, 부채 지속가능성 모델을 이용해 재정준칙 유지가 가능할지 시뮬레이션해본다.

마지막으로 후세대의 현세대에 대한 불만에 필자의 노트를 소개함으로써 윗세대에 대한 불만은 어느 세대나 마찬가지라는 점과 자신이 태어난 시대 상황은 복불복의 주어진 환경으로 수긍할 수밖에 없다는 점도 지적한다. 나아가 수평 개인주의 사회로의 이행은 거스를 수 없는 추세이고 바람직하지만, 사회관계의 분절, 구전 전통의 단절, 세대 간 갈등 심화와 같은 문제를 더욱 심화할 수 있으므로 어떻게 대응해야 할지를 언급한다.

6장에서는 외교 유산으로서의 한·일 관계도 논한다. 일본 사회경제의 성장 및 쇠퇴 사이클과 이를 쫓는 우리의 위상 변화를 경제·사회·문화 측면에서 개관한 후 경기침체에도 불구하고 2010년 초반부터 고용 여건이 향상된 일본의 경험을 토대로 악화한 우리의 취업 시장의 회복 시점을 예상해본다.

경제적 측면에서는 양국 간 '20년 시차'의 성장 패턴을 관찰한 후, 2010년 대 후반 우리의 실질소득이 일본을 추월했음을 확인한다. 대중문화는 1990년대 J팝이나 TV 프로그램의 애용, 모방 및 개량 과정을 거쳐 형성된 K팝이나 K드라마가 2000년대 초반 일본에 역수출되고 각기 2010~2020년대에 세방화되는 과정도 살펴본다. 이 같은 성장의 이면에는 우리만의 차별화된 요인, K팝은 초고속 인프라 기반의 오픈 음원 마케팅과 협소한 국내시장을 넘어서고자 노력한 플랫폼 세계화, K드라마는 미디어 매체 간 경쟁과 사회문제를 직시하는 다양한 주제의 표출이 있었다는 점도 부언한다. 그러나 워라밸이나 정부 규제 등 사회자본에서는 여전히 개선의 여지가 있다는 것을 지적한다.

20년 시차는 우리의 미래 모습을 가늠하는 데에 유용한 참고 자료다. 다양한 지표로 일본의 고용 여건이 2000년, 2010년대 초반부터 개선된 점을 확인한 후, 이것은 경제 성장이 아니라 인구 감소로 일할 사람이 부족해진 데에서 기인한다는 점을 지적한다. 우리의 출산율 감소에 따른 경제활동인구와 인구수 감소 시점(각각 2016년, 2028년)을 참작하면 후세대의 취업 여건이 개선되는 시점은 2030년경으로 추정한다. 적어도 이 시점까지 우리나라 후세대의 해외 취업 확대는 윈윈전략이 될 수 있다.

한 · 일 관계와 관련해서는 그간 악화일로의 경위를 살펴보는 한편, 3 · 1운동 100주년(2019년)의 의의를, 독립을 위한 남북, 국내외를 가리지 않았던 지사들의 희생과 대를 이은 부흥 노력이라는 시각에서 재차 강조하면서 우리의 위상 변화를 인지한다. 이를 통해 오히려 반성의 계기로 삼으면서 한 · 일 관계 회복을 위해 정부 외에 민간 레벨에서의 노력도 중요하다는 점을 언급한다. 또한, 역사적 갈등을 넘어서 경제적 실리를 추구하면서 주변 강대국과 등지지 않는 균형 외교가 절실하고, 세계적 패권경쟁과 영토 확장의 불안한 정세를 고려한다면 자주국방의 강화도 중요하며, 이에 국한해 국가의 적극적인 리더십이 필요함을 강조한다.

7장에서는 행복한 국가를 위한 국가의 노블레스 오블리주로는 사회에서 형성되지 못하는 가치·규범의 법제화, 소외계층에 대한 포용 복지의 시행, 제대로 된 국방·외교·환경과 같은 공공재 제공의 중요성을 언급한다.

가치·규범은 학습이나 사회문화 변화로 자생적으로 형성되는 것이 바람직하지만, 여의치 못하면 국가가 법제화할 수도 있다. 어려서 게임 시뮬레이션의 경험은 타인과 나를 별개로, 서로의 영향을 인지하면서 행동을 취하는 이 단계 사고의 학습에 효과적이라는 점을 언급한다. 워라밸('주52시간 근무제'·'직장 내 괴롭힘 금지법'), 사적 공간('층간소음 방지법') 및 생명 안전 보장을 위한 교통사고('민식이법') 관련법을 개관하고 평가한다. 특히, 교통안전을 위해 발본적인 교통 시스템 개선(회전교차로·정지선 앞 신호등 설치)의 필요성을 피력한다.

포용의 구현은 중요하더라도 사회 가치가 국경을 넘지 못하는 현실과 외국인 처우(코로나 초기 응대·의료보험)와 난민 수용을 예로 과도한 대상 확대는 경계해야 함을 지적한다. 보편복지를 추진하기 위해서는 선행조건인 복지 개념 주류화, 국민 신뢰와 효율적인 정부, 국가 빚 절감 노력, 형평적인 세 부담 및 일할 유인이 수반되어야 한다는 것을 주장한다.

한편, 기회의 IT 적용 유망 산업과 인공지능의 일자리 대체 위협을 개관한 후 코로나 대응 과정에서 지급된 긴급 재난지원금의 경험을 통해 보편·선택 복지의 장점과 단점 및 기본소득 집행을 위한 재정 부담 정도를 살펴본다. 일회성으로 지급된 인당 30만 원의 지원금은 빈곤선 65.8(2019년 기준)만 원의 약 60%, 빈곤선 해당 금액을 전 국민에 지원한다면 연간 지원 부담은 GDP(2,000조 원)의 23%에 해당한다.

행복한 나라는 국가의 과도한 개입을 최소화하고 국민이 스스로 주인이 되어 당면 문제를 자발적으로 해결할 수 있어야 한다. 논거로 주요 의사결정 사항을 당사자에 일임하는 보충성 원리와 경제학자 엘러너 오스트롬이 제시한 공유지 비극 문제의 구성원 간 자발적 해결, 조은산·삼호어묵맘·가수 나훈아 등 일부 사례로 높아진 시민의 사고와 식견 그리고 큰 변화를 가져오기에는 경제사회가 꽉 차 있다는 점을 지적한다. 실천 대안으로 시민 참여 스펙트럼 중 가장 높은 단계인 민관 합동의 협력적 거버넌스, 국가가 등한시하는 주요 이슈를 정부와 재원을 경쟁해 시민이 직접 나서 적으로 사용하도록 하는 경합을 언급한다.

국가·정부 정책의 당위성을 얻기 위해서는 국가·정부의 양호한 지배구조에 따른 국민 신뢰가 절대적이다. 그런데 우리의 국가지배구조지수나 정부규제지수 순위는 OECD 내에서 30위 이하로 심각하다. 이는 우리 사회에 남아 있는 집권층의 권력 남용과 상식을 넘어선 과도한 규제 성향에서 기인하며, 선진국으로의 사회 업그레이드에 심각한 장애물이 아닐 수 없다. 마지막 8장에서는 권력 집중을 견제하기 위한 중립성 원칙을 미디어의 헤드라인의 편향성을 예로 설명한 후 OECD 수뇌 구속 현황을 살펴본 후 국가권력의 견제와 균형을 위한 권력기구의 중립성 의미를 적시한다.

국가지배구조에 대한 런던경제대학 모리시마 미치오 교수의 시각을 살펴보고 본서와의 차이점도 지적한다. 그는 1970년대 일본 성공의 에토스를 유교의 덕목 충(忠)에서 찾았고, 20년이 지난 후 일본 몰락의 원인을 직업윤리를 상실한 정치인과 공무원의 리더십 부재에서 찾으며 그 회복을 갈망했다. 그러나 본서는 리더십 강화는 안보·외교·환경 영역을 제외한다면 오히려 행복한 나라를 만드는 데에 걸림돌이 된다고 본다.

지도자와 집권층에 필요한 시대정신으로 국가·정부 권한 영역의 제한을 보호협회로 은유한 로버트 노직의 권원 이론, 선도하지 않고 측면 지원하는 스튜어드 리더십과 여분 혜택의 넘침을 경계하는 계영배(피타고라스 컵) 정신을 언급한다. 또한, OECD 공무원 수 규모와 정부의 부 현황 측면에서 정부 크기를 가늠한 후 재정 · 금융 정책의 실효성, 비대함의 역기능으로 비효율성과 비리 증대, 과도 규제하는 이유와 이동통신 · 대학교육 · 부동산 등 규제 사례를 살펴본 후 이를 제한하기 위한 자문 과정의 공개, 정부 기능의 통합화, 예산과 자리 제한 등 투명성 원칙의 구현 방법을 생각해본다.

이렇듯 개인, 시민 그리고 국민으로서의 행복을 찾기 위해 오랜 시간 고민해온 필자의 지적 흔적을 독자가 이 책으로 함께 공유하고, 이 경험이 행복한 나라로 가는 데에 조금이나마 힘이 되었으면 하는 바람이다.

1장

경제 성장과 삶의 질

새롭게 떠오르는
행복과 불평등

▶ 경제 성장에 가려 있던 삶

분배 이슈는 경제활동의 성과인 GDP(국내총생산), 즉 국민소득의 몫이 어떤 경제주체에 더 많이 분배되어야 경제가 더 성장할 수 있는가에 관심을 맞춘다. 19세기 고전학파 데이비드 리카도(1817년)는 당시 영국의 옥수수 농업경제의 몫이 자본가의 이윤으로 더 돌아가야 투자와 공급이 원활해진다고 주장했지만, 토머스 로버트 맬서스(1814년)는 지주의 지대가 커져야 수요가 충분히 형성된다는 상반된 주장을 펼쳤다. 근로자는 최소임금으로도 일할 사람이 넘쳐 논외였다.

20세기 이후 존 메이너드 케인즈를 계승한 후케인즈 경제학자들과 자본주의 붕괴를 예언한 카를 마르크스 사상을 모델화한 폴란드의 미하우 칼레츠키는 근로자와 기업(자본가)의 분배 관점에서 이론을 정립했다(3장 참조). 이와 같은 경제학자들의 관심에도 분배 이슈는 관심을 끌지 못했다. 시대적으로 20세기에 들어 두 차례 세계대전을 겪은 후 사회 재건과 경제 성장이 지상과제였기 때문이다.

선진국은 제2차 세계대전이 종료된 1940년대 중반부터 1950년대에 걸쳐 사회시스템이 정상적으로 회복되었고 1960년대에 들어서면서 경제가 고도성장했다. 경제 성장이 사람들의 행복과 불평등 이슈를 해결해주리라는 믿음도 한몫 거들었다. 경제가 성장하면 사람들은 행복해지리라고 주장한 경제학자 아서 피구(1920년)나 부(富)는 위에서 아래로 낙수한다고 주장했던 애덤 스미스(1776년)의 영향이 컸다.

시장을 우선시하는 신자유주의의 메카 시카고대학의 밀턴 프리드먼은 미국의 1950년대 데이터를 분석한 후 임금은 지속 상승해왔고 평균 소비성향은 일정해 근로자는 소비생활을 안정적으로 누려왔으며 심각한 소득불평등도 관찰되지 않았다고 주장했다(프리드먼 외, 1963년). 이 말대로라면 정부의 국민 복지 향상을 위해 개입하는 어떤 정책도 시간이 지나면서 그 효과가 사라지는, 잡음을 주입한 것에 불과해진다. 2016년에 드레넌이 데이터 오류를 지적했지만, 그는 단지 경제문제를 해결해주는 최선책이 정부의 인위적인 개입이 아닌 시장이라는 신자유주의 메시지를 전달하고 싶었으리라.

1980년대 이후 세계적인 불평등 심화 추세에도 그간 성장 패러다임이 워낙 견고하게 자리잡아 분배 이슈가 파고들 여지가 없었다. 경제학이 분배 이슈를 다루지 않는 것도 한몫 거들었다. 어떤 경제주체를 우선시해야 하느냐는 가치판단은 경제학과 같이 합리성을 전제로 하는 사회과학에서는 배제해야 한다는 믿음이 강했다. 실상 세계적으로 통용되는 영미권 경제학 교과서에서 분배 이슈를 찾아보기는 어렵다. 경제 성장 메커니즘을 규명한 경제학자 로버트 솔로의 성장이론만 해도, 단순화를 위한 가정 때문이겠지만, GDP의 경제주체 간 분배 몫이 일정한 상황을 상정한다.

세상이 살 만해져서 그런지, 아니면 워낙 바쁘게 돌아가서 뒤돌아볼 여유가 없어서인지 대학 강단에서도 경제학의 사상적 발자취를 연대기적으로 살펴보는 경제학설사나 경제 성장과 삶의 질 문제를 고민하는 개발경제학과 같은 과목이 자취를 감춘 지 이미 오래전이다.

이처럼 경제 성장과 시장경쟁을 우선시하면서 정작 그 주체인 사람의 문제는 소홀하거나 외면하기 일쑤였다면, 경제학이 드리운 합리성이라는 베일도 간과할 수 없다.

경제학은 합리성에 기초해 경제 현상을 분석해서 한때 사회과학의 여왕이라고 불리기도 했다. 그러나 이 때문에 우리 삶에서 중요한 이슈를 제대로 다루지 못하기도 한다. 지금은 개인의 행복의 척도로 쾌락을 나타내는 효용은 서수에 기반을 두지만 원래 출발점은 기수였다.

영국의 철학자 제러미 벤담(1777년)은 "시(詩)이든 핀볼이든 같은 양의 쾌락을 가져오는 한 대상의 질적 차이는 없다."라며, 쾌락은 같은 잣대로 측정할 수 있고 사람들 간의 비교도 가능하다고 주장했다. 그가 제안한 쾌락 계산법은 효용을 강도나 지속성 등 사람의 즐거움에 영향을 미치는 다양한 요소를 관찰 기준으로 한다. 그는 사람이 쾌락을 추구하는 모든 행동은 도덕적으로 옳으며, 사회적으로 모든 구성원의 효용을 합산해 최대화하는 '최대 다수의 최대 행복'을 추구해야 한다는 공리주의를 펼쳤다.

그러나 1930년대에 들어 영국 경제학자 라이어널 로빈스(1938년)가 "각자의 생각은 다른 사람이 이해하기 어려워 감정의 최대공약수를 도출하는 것은 불가능하다."라며 기수적 접근 방식에 든 반기는 논리실증주의자들의 지지를 얻었다. 이탈리아의 빌프레도 파레토는 프랜시스 에지워스의 제안에 따라, 소비자의 재화에 대한 선호도가 높거나 낮다는 순서만이 중요한 서수적 효용에 기반해 소비자의 합리적인 선택 행동을 도출했다. 누군가의 효용을 감소시키지 않고서는 다른 누구의 효용도 증대할 수 없는 파레토의 최적은 각자의 효용의 높고 낮음만으로 판단할 수 있어서 사회적으로 이상적인 상태를 나타내는 기준으로 자리잡았다.

합리성 가정에서 도출되는 명제는 규범적으로 경제주체의 행동을 예측하는 데에는 유용하지만 현상을 이해하는 데에는 큰 도움이 되지 못할 수도 있다. 예컨대 '내가 복권이 당첨되면 당신에게 반을 주겠다.'라는 명제가 거짓은 아닐지라도 희박한 복권 당첨 확률을 고려하면 현실과 동떨어진 공허한 주장에 불과할 수 있다. 차라리 "보너스를 받았으니 밥 한 번 살게."라는 말이 더 현실적일 수 있다. 서수적 효용 접근방식이 경제학의 대세로 자리잡으면서 행복이라는 이슈도 소홀해질 수밖에 없었다.

1970년대 중반 '돈과 행복은 무관하다.'라는 이스털린의 역설이 등장하면서 행복경제학이 한 분야로 자리잡았지만, 인간의 심리적인 속성에 대한 이해나 측정은 경제학에서 도외시된 채 심리학에서 다루어졌다(2장 참조). 노벨경제학상을 수상한 심리학자 대니얼 카너먼으로 대표되는 행동경제학은 인지편향에 따라 '비합리적으로 행동하는 것이 체화' 되어 있다는 관점에서 인간의 실제 행동을 분석한다. 예컨대 전망이론은 사람은 같은 양이더라도 자신이 가진 것을 잃는 것이 새로 얻는 것에 비해 더 아프게 느낀다는 경험적 효용이라는 기수적인 접근 방식에 근거한다(카너먼·트버스키, 1990년).

실상 쾌락이 어느 정도 강하게 영향을 미치며 얼마나 지속되는가와 같은 쾌락 계산법의 요소를 비롯해 실제 인간의 습성을 있는 그대로 이해하는 것은 개인이 스스로 행복해지는 방법을 찾기 위한 지름길이다. 삶의 질을 최소한으로도 유지하지 못하는, 소득이 결핍된 빈곤 이슈도 행복과 마찬가지다. 사람이 삶을 유지하는 데에 필요한 최소한의 소득을 빈곤선이라고 한다. 이것은 누구나 섭취해야 할 물리적인 영양분 비용, 곧 일일 1.9달러(2011년 미국 물가 기준, 세계은행)나 소득분포의 대표 통곗값(평균, 중위수)의 일정 비율(60% 또는 50%)로 정의하기도 한다. 후자는 소득이나 효용의 측정과 타인과의 상대 비교를 전제로 한다.

노벨경제학상을 수상한 아마르티아 센(1998년)은 빈곤의 측정을 언급하며 "총 빈곤과 관련해 유용한 정보가 제공되려면 빈곤층에 속하는 사회 구성원들의 상대적 박탈의 정도를 나타낼 수 있도록 데이터가 합산되어야 한다."라고 강조한다. 그는 "자신의 마음이나 감정과 비교하지 않으면서 다른 사람을 이해하기는 어렵다. 상호 비교는 반드시 극단적으로 정확할 필요는 없으며 분석 때도 사회적 선택이 반드시 체계적일 필요가 없다는 것은 익히 알려진 사실이다."라며 로빈스의 서수 옹호를 비판한다.

그러면서 그는 기존의 경제학은 "즐거움이나 욕망의 척도인 효용으로는 빈곤으로 인한 절망적 궁핍, 착취 경제 환경 속에서 탄압받는 노동자 생활, 견고한 성차별 사회에 예속된 주부, 잔혹한 전체주의에 억압된 시민과 같이 '개인이 실질적으로 박탈' 된 상태를 반영하기에는 적절하지 않다."라고 주장한다. 그가 몇몇 유의미한 공리로 구성된 빈곤지수 설계나 '민주주의적 투표 방식은 존재하지 않는다.' 라는 노벨경제학상 수상자 케네스 애로의 불가능성 정리에서 벗어나려 했던 것도 기수적인 방식에 기반을 둔다.

▶ 삶의 질에 주목하는 이유

행복과 불평등 이슈가 관심을 받는 데에는 그만한 이유가 있다. 그중 가장 큰 것은 세계 금융위기가 가져온 충격이다.

경제 성장 이슈에 가려 빛을 보지 못했던 행복과 불평등 이슈는 2008년 미국발 세계 금융위기를 계기로 세간의 관심을 받았다. 미국 정부의 소수인종에 대한 주택 보급과 주택담보대출을 금융화한 파생상품의 커플링 시스템이 만든 버블이 과열된 경기를 진정시키려 실시한 이자율 인상으로 터지면서 세계경제를 걷잡을 수 없이 붕괴시켰다.

그 심각성을 누구보다 강렬한 어조로 비난한 것은 프랑스 대통령 니콜라스 사르코지였다. 그는 2008년 9월 25일, 투론 지역에서 행한 연설에서 "그 논리를 모든 경제에 종용하고 왜곡시켜 온 금융자본주의의 종언을 계기로 세계화는 끝났다는 것은 자명해졌다. 자율규제로 모든 문제를 해결한다는 것도 끝났다. 자유방임주의도 끝이다. 항상 제대로 작동한다는 전지전능한 시장도 끝났다. 우리는 파국의 끝자락으로 밀려나야 했고, 세계는 재앙의 끝으로 몰렸다."라고 언급한 뒤, "생존 가능한 금융시스템을 재구축하기를 원한다면 금융자본주의의 도덕적 재무장이 우선되어야 한다. 어떤 법이나 정치적 관여로도 엎을 수 없는 시장이 전지전능하다는 생각은 정상적이지 않다."라며 말을 맺는다.

그는 이와 같은 발언이 자본주의 체제의 시장의 효익을 완전히 부정하는 것은 아니라고 부언했지만, 과도한 유동성이 금융 부문의 버블을 형성하는 것에 경계를 소홀히 해서는 안 된다는 강한 경계를 표명한 것은 틀림없다.

영국 여왕 엘리자베스 2세의 일화도 유명하다. 2008년 11월, 런던경제대학 건물 개관식에 참석한 여왕에게 한 교수가 세계 금융위기의 인과관계를 설명하자, 그녀는 "금융위기가 그렇게 심각한 것이었다면서 어떻게 하나같이 이를 간과한 거죠?"라고 질문했다. 이에 대해 교수는 "모든 단계에서 누군가는 다른 누군가에게 의존하는데 모두가 자신은 올바르다고 생각했기 때문이죠."라고 대답했다. 즉 의사결정이 국소적으로만 이루어지기 때문이라는 것이다. 그러자 여왕은 "무섭네요!"라고 답했다. 2009년, 영국학사원은 각계 전문가의 토의를 거쳐 그 이유를 '국내외에서 시스템 전체의 위험을 제대로 이해하지 못한 많은 현인들의 집단 상상력의 실패'로 결론 내린 문건을 여왕에게 보냈다.

한편, 2015년 9월 프란치스코 교황의 미 상·하원 합동연설은 금융자본주의의 방종에 경종을 울린 것으로 유명하다. 교황은 "십계명의 계명이 인간의 값진 생명을 보호하기 위해 명확한 기준을 설정한 것처럼 오늘날 경제에서는 소외와 불평등이 있어서는 안 된다."라며, "심화되는 소득격차는 시장과 금융 투기의 절대적인 자치를 옹호하는 신념의 결과다."라고 비판했다. 또한, 돈은 유용한 용도로 사용되어야지 사람을 옭아매서는 안 된다며, "경제와 금융이 인간을 위해주는 윤리적 접근으로 회귀할 것"을 권고한다.

이와 같은 사례는 스미스가 경제적 이익 획득이나 신분 상승 욕구와 같은 사리의 추구가 시장의 보이지 않는 손에 의해 조정되어 경제가 성장한다고 주장하면서도 《도덕감정론》(1759년)에서는 사리가 과도해지지 않게 상대방 또는 중립적 위치에서 판단하는 동감과 공평한 관찰자의 자기제어가 중요하다고 강조하는 것과 같은 맥락에서 이해할 수 있다.

행복과 불평등 이슈가 관심을 받은 요인 중 세계 금융위기가 가져온 충격이 가장 크다면, 이에 따라 벌어진 소득격차도 무시할 수 없다.

주요국 상위 10%의 부의 점유율은 1940년대부터 1980년대에 걸쳐 감소했으나 이후 증가하는 추세다. 1970년대 두 차례 오일쇼크(1973년, 1979년)로 물가는 등귀하는데 고용은 이루어지지 않는 스태그플레이션에 대처하기 위해 영국과 미국 등이 1980년대부터 신자유주의 정책을 펼쳤고 1990년대는 다자간무역협상인 우루과이라운드가 체결되고 세계무역기구(WTO)가 수립하면서 각국의 무역장벽이 낮아지는 세계화가 진전되었기 때문이다.

세계 금융위기는 불평등에 반대하는 운동의 도화선이 되었다. 2011년 9월 17일, 미국 뉴욕 맨해튼 금융지구의 자유광장에서 시작한 시민운동 '월가를 점거하라'는 미국 100개 도시와 세계 1,500개 도시로 퍼져나갔다. 이 운동은 경제위기의 원인인 "민주적 절차를 무시한 은행, 다국적기업의 부패한 권력, 그리고 수 세대에 걸쳐 유례없는 불황을 초래할 경제적 파국을 가져온 월가"라고 비난하면서, 많은 사람들의 미래를 부당하게 앗아가는 제도를 좌지우지하는 '상위 1%의 부유층에 대한 99%의 항거'를 기치로 내걸었다.

아이러니하게도 1980년대 이후 미국의 소비 및 소득 불평등은 프리드먼의 주장과 달리 항구적인 현상으로 자리잡았다. 2011년 11월 19일에는 하버드대학 학생들이 니콜라스 그레고리 맨큐 교수의 경제원론 과목의 수강을 거부하는 '하버드대학을 점령하라'라는 운동을 벌였다. 그의 강의가 "다양한 지적 추구와 원리 습득에 도움을 주기보다는 경제적 불평등의 원인을 제공한, 비효율적인 체계에 편향된 경제학을 가르치고 있다."라는 불만의 표출이었다.

프랑스 경제학자 토마스 피케티는 선진국의 장기간 소득·부에 관한 데이터베이스를 구축하면서 《21세기 자본론》(2014년)을 통해 장기적으로 자본주의 체제에서는 자본집중에 따른 불평등이 더욱 확대될 것이라고 예견했다(4장 참조). 그는 "성장을 위해 어느 정도 불평등이 필요할 수도 있겠지만, 극단적인 불평등은 쓸모없을 뿐만 아니라 이동성을 감소시키고 민주적 제도를 정치적으로 포획해 경제 성장에 해가 될 수 있다."라고 언급한다. 이것은 그간 분배 이슈를 등한시해 온 영미계 경제학 패러다임에 대한 도전으로 학계와 사회에 상당한 파문을 일으켰다.

신자유주의 경제관 속에서 무역장벽 철폐와 규제 완화에 의한 세계화를 주된 목표로 삼아온 국제통화기금(IMF)과 경제협력개발기구(OECD)도 각각 2014년과 2015년에 소득불평등이 경제 성장에 악영향을 미친다는 분석 결과를 내놓기도 했다. IMF 총재 크리스틴 라가르드는 이를 "일반 상식과 달리 고소득의 편익이 낙수되는 것이 아닌 위로 역류하는 것"으로 해석했다.

국내에서는 2010년대 중반부터 피케티의 틀로 우리나라 경제의 자본집중 여부나 후케인즈 모델로 근로자 소득을 중시하는 소득주도성장의 의미를 살펴보는 등의 연구가 간간이 이루어졌고, 일부 연구자는 비정부기구(NGO) 시민단체 종사자들과 더불어 당시 문재인 정부의 지지 기반이 되었다.

우리의 국가경쟁력은
충분한가

▶ 국민을 살리는 국가의 능력

국가가 경쟁력을 갖춘다는 것은 어떤 의미일까? 협의로는 국내외 시장을 대상으로 통용될 수 있는 재화를 생산할 수 있는 경쟁력으로, 국민이 지속해서 품위 있는 생활수준을 누릴 수 있도록 실질소득을 보장해주고 고용 수준을 유지할 수 있는 국가의 능력이다.

노벨경제학상을 수상한 폴 크루그먼(1994년)은 국가경쟁력은 종국적으로 생산성이라며, "경쟁력이 의미가 있다면 이는 단지 생산성을 다른 방식으로 표현했기 때문이다. 생산성이 다는 아니지만 장기간에 걸쳐서는 거의 모든 것이다. 시간이 지나면서 생활수준을 증대하는 능력은 거의 전적으로 노동자 한 사람당 산출량을 증대할 수 있는 국가의 능력에 의존한다."라고 언급한다. 이것은 국민의 몫을 크게 해주고 향후도 성장할 수 있게 해주며 이를 뒷받침하는 시장과 제도 인프라가 갖추어져 있는가를 의미한다.

각국의 국가경쟁력 평가는 성장 단계에 따라 다르다. 경제는 처음에는 연착륙이 어렵지만, 일단 임계점을 넘어서면 성장률이 가속하다가 변곡점에 다다르면 성장률이 점차 더뎌지고 한계에 수렴하면서 정체되는 S자를 옆으로 길게 늘인 로지스틱 패턴으로 변화한다.

2016년부터 2018년까지 OECD 37개 회원국의 인당 평균 실질GDP를 살펴보면 3분위의 최상위권인 1위부터 12위, 그리고 13위부터 24위인 중위권 앞에는 노르웨이·스웨덴·덴마크·핀란드·네덜란드 등 북유럽 국가들과 미국·영국·캐나다·호주·뉴질랜드 등 영미권 국가가 포함된다. 동유럽은 최하위권인 25위 이하에 속한다. 하지만 인당 GDP 기준 실질성장률(2016~2018년 평균)로 보면 동유럽 국가가 최상위권에 속해 GDP 몫은 작지만 성장잠재력을 가지고 있음을 알 수 있고, 반면에 영미권은 중위권, 북유럽은 1% 미만의 일본·이탈리아와 함께 최하위권에 있다. 우리나라는 4만2천 달러, 2.7%로 OECD 평균보다 높아 각기 20위와 15위를 차지해 중립적이다.

▶ 성장을 넘어선 국력이란

광의의 국가경쟁력은 국민의 행복 또는 복지도 포함한다. 즉 경제 성장과 더불어 빈곤이나 불평등 해소, 사회구조, 국민의식과 제도 변화를 포괄하는 '발전' 을 의미한다. 복지는 '즐거움을 얻고 자신의 목표를 추구하기 위해 의미 있는 행동을 취하며 만족스러운 삶의 질을 스스로, 타인에게 방해받지 않으면서 누리는 상태' 를 말한다.

행복의 출발점은 나 자신의 즐거움이다. 행복이라는 단어를 들으면 사람들은 대부분 '내가 행복해야지.' 라는 생각을 가장 먼저 떠올린다. 내가 편하고 즐거워야 그보다 더 높은 행복도 추구할 수 있고 타인의 행복도 생각할 여유가 생기기 때문이다. 개인의 쾌락이나 즐거움을 '헤도니아' 라고 한다. 이 용어는 "사람이 가지고 싶던 물건을 소유하거나 경험하고 싶은 활동의 기회를 얻었을 때 수반되는 긍정적인 정서 '를 나타낸다(크라우트, 1979년). "긍정적인 감정이 부정적인 감정을 능가한 상태"(디너, 1984년)를 나타내는 주관적인 안녕은 긍정심리학의 핵심 개념이다. 긍정적인 감정은 기쁨이나 좋아함과 같은 감정을, 부정적인 감정은 슬픔·화·두려움이나 놀라움을 의미한다.

의미 있는 목표를 추구하면서도 얻을 수 있는 행복을 '에우다이모니아' 라고 한다. 이는 사람이 진정한 자신(다이몬)을 찾기 위해 최선의 자제력을 발휘하는 것으로, "내재적 본성에 따라 자신의 인생에 목적과 의미를 주는 목표를 정하고 추구하는 것"이다(놀턴, 1976년). 심리학자 아브라함 매슬로(1987년)의 다섯 계층의 욕구단계설 중 최상의 단계인 자기 구현 욕구나 미하일 칙센트미하이(1990년)의 몰입에 대응한다.

자기 구현 욕구는 '자신을 망각하거나 초월하는 상당히 집중적인 경험' 을, 몰입은 '사람이 특정한 활동에 깊게 관여해 나머지는 상관없는 상태, 사람이 이 활동에 수반되는 비용과 무관하게 즐거워서 계속하는 경험'을 의미한다. 말하자면 화장실 가는 것도 참으면서 누가 불러도 들리지 않을 정도로 일에 몰두하는 상태다. 몰입에서 중요한 것은 사람의 능력을 과도하게 요구하지 않으면서 그렇다고 너무 단순하지도 않은 과제 설정과 도전의 조화다. '일생을 돌이켜볼 때 전반적으로 만족스러웠는가'를 평가하는 인생 만족도는 흔히 행복의 대리 지표로 사용한다.

행복의 또 다른 축은 인권을 보장하는 대상에 대한 접근, 그리고 이에 따른 삶의 질의 유지다. 인권은 '인간의 존엄성을 보호하고 유지하면서 최대한으로 인격을 계발할 수 있는 조건을 만들기 위한 필수적인 모든 권리'로, 사람이면 누구나 당연히 누려야 할 권리다. 국제연합(UN)은 제2차 세계대전의 잔혹한 경험이 되풀이되어서는 안 된다는 반성의 의미로 1948년에 세계인권선언을 제정해, 인류가 보편적으로 존중해야 할 최소한의 인권 대상을 명시했다.

인권은 평소에 누리고 있으면 당연하게 여겨 고마움을 느끼지 못하지만 부족하면 불만을 느끼고 살아가는 데에 지장마저 생길 수 있는 결핍 욕구다. 예컨대 안녕은 탈이나 걱정이 없어 몸이 건강하고 마음이 편안한 결핍되지 않은 상태다. 인권은 인간 생명의 중요성과 자유로운 의사 표명과 관련된 '시민·정치 권리'와 일, 보수, 결혼, 휴식, 교육 그리고 역량이나 실업으로 인해 소득이 결핍되었을 때 구제를 포함한 '경제·사회·문화 권리'로 구분한다. 센(1999년)은 인권의 대상을 "사람이 가치를 부여하는 사물과 행동으로 '영양분을 적절하게

부유한 경제 가난한 행복

보충받고 치유 가능한 질병으로부터의 자유 같은 기초적인 것부터 공동체 생활에 참여하거나 자존감을 가지는 것"으로 예시한다.

UN 인간개발지수 개발을 주도적으로 이끈 파키스탄 경제학자 마블울 하크(1996년)는 "지식에 대한 더 많은 접근, 더 나은 영양과 건강 서비스, 더 안전한 삶, 범죄 및 육체적 폭력으로부터 보호, 만족스러운 휴식, 정치·문화적 자유와 사회활동 참여"를 든다. 본서는 행복을 개인의 즐거움, 삶의 질, 안녕, 복지, 인생 만족감 그리고 가치·규범 준수도 포괄하는 용어로 사용하며, 필요한 경우 상황에 따라 적절한 용어를 사용한다.

사람은 언제 행복할까? 2020년, 한 컨설팅 회사(2020년)에서 조사한 바에 따르면 건강이 1위, 파트너·배우자와 자녀와 같은 가족 범주가 2위, 인생 만족도가 3위를 차지했으며, 의식주와 안전이 4위였다. 직업은 6위, 소득과 재정 상태는 10위와 11위였다. 이처럼 최상위권인 1위에서 10위에 속하는 행복의 대상은 삶의 질의 주요 요소다. 11위에서 22위의 중위권은 최상위권과 다소 겹치기는 하지만 개인의 자유나 워라밸과 관련된다. 여기에는 자기 삶의 통제(9위), 방향 만족(10위), 표현의 자유(16위), 사적 활동으로는 친구(11위), 취미·관심(12위), 자유시간(15위), 성공 인정(28위)이 포함되며, 파트너 모색(14위)과 성생활(18위)도 포함된다. 마지막 순위권에는 자기 용서(21위)와 타인의 용서(23위), 종교적 안녕(22위)과 자선(24위)으로 구성된다.

한편, 2006년 카너먼과 크루거는 미국 텍사스주에 거주하는 여성 천여 명을 대상으로 행복 활동을 조사했는데, 1위는 친밀한 관계(성생활)

였고, 퇴근 후 사교와 휴식이 2위와 3위를 차지했다. 이것은 자발적으로 이루어지는 사적 활동이라는 공통점을 가진다. 차상위 그룹에는 운동이라든지 종교 활동과 같이 자발적인 선택으로 반복되는 자아 성취 활동이 포함된다.

▶ 국가경쟁력은 어떻게 평가할까

세계경제포럼(WEF)의 글로벌경쟁력지수와 스위스 국제경영개발대학원(IMD)의 세계경쟁력지수는 국가경쟁력을 종합적으로 평가하는 지수다. 이 지수들은 삶의 질이나 사회자본과 같은 발전 관련 지표도 일부 포함하지만, 경제 동력과 이를 지원하는 인프라나 제도가 초점이다. 2019년 WEF 지수 순위를 OECD에 국한해보면 미국이 1위, 네덜란드와 스위스가 2, 3위다. 최상위권에는 모든 북유럽과 영국·프랑스·독일 등 중부 유럽, 그리고 일본이 포함되며, 중위권 선두까지 고려하면 모든 영미권이 포함된다.

우리나라의 총 순위는 2017년 지수에 IT 인프라 범주가 추가되면서 상승해 141개국 중 13위를 기록했다. 범주별로는 IT 보급과 거시경제 안정성이 1위다. 전자는 2000년 전·후반 사업자 간 설비 기반 경쟁을 통해 타국에 앞서 초고속인터넷이 보급되었기 때문이다. 후자는 낮은 국가부채 수준 때문이지만, 당시 정부의 복지와 코로나 대응 과정에서 재정적자가 늘면서 향후 부정적으로 평가될 수 있다. 통신·전력 및 도로 등의 인프라와 R&D 및 인력 양성 범주는 6위, 수출 등 시장규모는 14위다.

그러나 다른 부문에서는 우리나라의 고질적인 문제점이 읽힌다. 51위에 머문 노동시장은 노사관계나 고용 및 해고가 원활하지 않고 남녀 임금 격차가 심하고 높은 소득세가 일할 유인을 저해하고 있음을 보여주며, 상품시장은 59위로 국내시장 경쟁력이 약하고 외국기업의 진입 장벽이 높다. 제도 범주의 국가·정부 지배구조에서는 사법 독립성이 69위, 정치 안정성 76위, 규제 관련 행정소송 효율성 67위, 정부 규제 부담 87위, 부패 42위이며, 분쟁 해결 법체계 효율성은 45위로 문제로 남아 있다. 인적 자원에서는 교육의 비판적 사고 함양(82위)과 초등학교 교사 대비 학생 비중(57위)이 점수를 끌어내리는 요인이다.

■ 우리나라의 세계경쟁력 부문별 순위

범주	전체	기본 환경				인적 자원		시장				혁신 생태계	
부문	–	제도	인프라	ICT 보급	거시 경쟁 안정성	보건	기술	생산물 시장	노동 시장	금융 시스템	시장 규모	기업 활력	혁신 역량
2018	15	27	6	1	1	19	27	67	48	19	14	22	8
2019	13	26	6	1	1	8	27	59	51	18	14	25	6

2019년 IMD의 평가 결과를 OECD에 국한하면 미국이 1위이며 스위스가 2위, 네덜란드가 3위로 WEF와 유사하다. 최상위권에는 북유럽이 포함되며, 영미권은 캐나다 10위, 호주가 12위로 최상위권에, 뉴질랜드와 영국은 중위권의 선두에 포진하고 있다. 우리나라는 19위로

중위권에 속하며 21위인 일본을 앞선다. 우리의 총 순위는 2020년 이후 65개국 중 23위를 유지하고 있다.

우리는 R&D · 특허 등 과학 인프라 부문에서 두드러지고 경제성과에서는 국내 경제나 고용 현황은 만족스럽지만 높은 물가와 국제 무역 진입장벽이 감점 요인이다. 기업 여건에서는 해외 기업의 진입장벽, 정부의 민간 부문 간섭, 경쟁법에 따른 공정경쟁 보장 등에 문제가 있으며, 사회자본에서는 사회 응집력이나 불평등, 양성평등 점수가 낮다. 한편, 기업의 생산성이나 노동 및 금융시장의 작동에 문제가 있으며 기업 지배구조도 낮은 평가를 받는다. 보건 환경은 CO_2 배출에 따른 지구온난화가 문제다.

ICT 인프라는 국가경쟁력의 핵심 요소다. 세계전기통신연맹은 ICT의 인프라 접근, 역량과 활용 범주로 구성된 ICT 발전지수를 공표해 왔다. 2018년 총평가에서는 아이슬란드가 8.88점으로 1위, 우리나라는 8.83점을 받아 근소한 차이로 2위이며, 스위스와 덴마크가 그 뒤를 잇는다. 핀란드를 제외한 북유럽은 최상위권에 속하며, 중위권 선두를 포함하면 캐나다를 제외한 영미권도 이 안에 포함된다.

행복으로 가는 길을
고민하다

▶ 자본주의는 '빚 권하는 사회'라는데

국민 행복을 높이고 불평등을 해소하기 위한 복지 구현은 우리에게는
매우 중요한 이슈다. 2012년, EBS가 자본주의 체제의 문제점을 개관
하고 북유럽식 복지 체제로의 이행을 제안한 다큐프라임 〈자본주의〉
는 국민의 복지 인식을 제고하는 데에 긍정적인 영향을 미쳤다. 그러
나 논리가 비약하고 행복이나 금융 버블, 복지 이행 방식을 심도 있게
통찰하지 못한 아쉬움이 있다.

 '화폐의 본질은 빚이며 자본주의는 빚 권하는 사회'를 만든다는 것
이 이 프로그램의 핵심 명제다. 이를 '내가 대출이자를 갚으면 누군가
는 파산한다는 말은 곧 누군가 대출이자를 갚으면 내가 파산할 수도
있다.'라는 의자 뺏기 놀이로 묘사한다. 예를 들어 자영업자가 은행에

서 1억 원을 대출해 식당을 운영하면서 연간 1억5천만 원을 벌었다고 하자. 단, 누구도 처음부터 부는 소유하지 않고 있다고 가정하자. 이때 식당을 운영하기 위해 사용된 자본금 1억 원은 돌고 돌아 식당 밥값으로 지급되었다고 해도 식당이 남긴 이윤 5천만 원은 누군가 은행에서 돈을 대출받아 식당에서 낸 밥값에서 벌어들여야 한다.

은행이 금융시장에 내장되어 있지 않은 이자나 수수료를 챙기려면 사람들에게 빚을 권할 수밖에 없고, 화폐 공급이 늘어 인플레가 만연할 수밖에 없으며, 그러다 시중에 돈줄이 막히면 금융위기가 발생한다. 자본주의가 사람의 심리적인 약점을 이용해 과소비를 유도하는 것도 한몫 거든다고 〈자본주의〉는 지적한다.

이는 마르크스주의자인 로자 룩셈부르크가 1921년에 제안한 후케인즈 경제학의 '화폐 회로 이론'인데, 액면 그대로 수용하기에는 한계가 있다. 빚이 항상 나쁜 것은 아니다. 정부의 재정적자는 민간 부문의 흑자를 가져오므로 경제가 활성화한 후 늘어난 세수로 벌충할 수 있다. 가정과 달리 현실에서는 기업이나 개인이나 사전에 자본이나 부를 보유할 수 있다. 그렇다면 이를 담보로 은행 대출이 가능해서 시장에 5천만 원에 해당하는 빚이 없더라도 자영업자는 이윤을 낼 수 있다. 실제로 가계, 기업, 정부 등 모든 경제주체가 빚을 내면서 활동하지만, 거시적으로 살펴보면 부는 부채를 상회한다.

부는 자산에서 부채를 뺀 순자산(비금융자산+금융자산−금융부채)으로, 우리나라의 가계 부는 2018년 기준 1경1,860조 원, 기업 부는 2경7,804조 원, 정부 부는 5,450조 원으로 총 4경5,114조 원이다. 이것을 GDP(1,924조 원, 2019년) 대비 비율로 환산해보면 각기 581.4%, 1,445.1% 및 283.3%이며, 모든 부문이 담보로 은행에서 빚을 얻을 수 있다. 물론, 가계 부문을 세부적으로 구분해보면 2021년 3, 4분기를 기준으로 저신용자 비중이 3.6%, 중신용자가 20.4%로 부채만 있는 사람들도 있다.

▶ 금융 버블의 본질

금융 버블은 투자자에는 기회이지만 대부분에게는 상대적 박탈감을 느끼게 하고 사상누각의 허구여서 반드시 붕괴되면서 경제 활동을 위축시켜 삶을 어렵게 만든다. EBS 다큐프라임 〈자본주의〉는 빚 권하는 사회에서 경기주기의 반복은 필연적이라고 주장한다. 맞는 말이다. 그런데 문제의 핵심은 외적 요인에 의한 불경기에 대처하기 위해 불용한 돈을 시중에 풀어 버블을 만들고는 경기 과열을 수습하려 다시 불경기를 초래하는 '현명한 정부'의 부재에 있다.

금융 불안정 가설은 금융 버블의 생성 및 붕괴 과정을, 정상적인 투자를 거쳐 자산 수익성에 긍정적인 기대가 형성되면 자신의 경제 여력을 넘어 대출받거나 전문 금융기관의 투기가 이루어져 수요 증가로 자산 가격이 상승하지만, 긴축 금융에 의한 금리인하로 거품이 되는 폰지 단계로 들어서며 수익성 기대가 급락해 모두가 자산 매각으로 치달아 가격이 폭락하고 시장이 기능하지 못하는 민스키 시점을 거치면서 경제 전반에 걸친 금융위기가 발생한다고 설명한다(민스키, 1992년). 정부는 이와 같은 위기 상황에서 주요 금융기관과 기업을 구제해서 대마불사의 신화는 유지된다(시가, 2013년). 17세기 이후 패권국가들이 쇠락한 원인도 실물경제에서 정상적인 투자 채널을 넘어선 금융 부문의 확장과 쇠퇴 때문이다(브로델, 1984년; 아리기, 1994년).

버블은 전쟁 특수나 불경기 극복을 위한 금융완화로 시중에 넘치는 유동성 때문에 발생하고 과열된 경기를 진정시키기 위한 금리인상으로 붕괴된다. 제1차 세계대전에서 군수품 수출과 전비 대출로 채권국으로 부상한 미국은 넘치는 유동성이 휴양지인 플로리다주의 토지로, 투자신탁회사를 거쳐 주식시장으로 흘러 들어가 버블을 형성한 후 투자자들의 기대심리 붕괴로 1929년 대공황을 초래했다. "주식 투자도, 매기 기업의 수익 전망을 상승시킨 가전이나 자동차의 왕성한 소비도 모두 빚이었다."라는 말 그대로다(이타야, 2013년).

일본도 전쟁으로 호황을 누렸지만, 긴축 금융으로 인해 1920년대에서 1930년대에 걸쳐 세 차례나 공황이 발생했고 군축은 우경화된 장교들의 쿠데타로 이어졌다. 버블은 전쟁 이외의 내외 요인으로 발생하기도 한다. 일본은 미국의 무역적자 해소를 요구한 1985년 플라자합의로 엔이 평가절상되면서 전국 부동산 가치가 면적이 25배나 큰 미국의 4배로 증가했으나 경제는 불황에 빠졌다(Pepera, 2021년). 금리인하로 넘쳐난 유동성은 대도시에서는 조각난 토지를 매입해 대단위로 묶는 재개발로 이어졌고, 일본 양쪽 끝의 북해도와 오키나와까지 흘러 들어갔다.

1991년, 부동산 열기를 식히기 위해 하달된 정부의 대출 제한 행정 지도로 거품이 터지면서 '잃어버린 20년'이 시작되었다. 1997년 아시아 금융위기와 닷컴버블의 여파로 2000년대 초반 이후 디플레 스파이럴에서 벗어나오지 못하고 있다. 물가가 낮으면 살기 좋을 것 같지만, 수요 감소, 재고 증가, 임금 하락이나 해고에 따른 경제력 감소 그리고 수요 감소로 이어지는 악순환은 격심한 인플레만큼 심각할 수 있다.

2008년 세계 금융위기는 미국이 만든 인재로, 집 소유가 아메리칸 드림의 실현이라며 변제 능력이 없는 이들에게 약탈적으로 대출하게 한 주택정책과 금융 규제 완화로 통제 불능인 채 출시된 파생상품의 커플링 시스템이 붕괴한 데에서 기인한다. IT 주식이 폭등한 2000년 닷컴버블 붕괴와 알카에다의 오사마 빈라덴의 비행기 납치 테러로 무역빌딩이 붕괴된 2001년 9·11테러로 미국 내 냉각된 소비를 되살리기 위한 저금리 기조 때문에 시스템이 작동했지만, 인플레를 대응하기 위한 긴축 금융이 버블을 터뜨리면서 600만 명이 집을 압류당했고 해외자금도 파생상품에 물리면서 세계경제는 파탄에 이르렀다. 아메리칸 드림을 실현해주겠다던 조지 부시 대통령은 긴급 기자회견에서 집 구매자의 경제 여력을 넘어선 무리한 구매 때문이었다는 무책임한 유체이탈 화법을 썼다.

이에 대해 변호사 피터 존 웰리슨(2014년)은 2010년 12월 18일자 뉴욕타임스에 "탐욕스러운 투자은행, 어리석은 투자자, 경솔한 은행, 무능력한 신용등급평가기관, 무책임한 주택투기자, 근시안적인 주택 구매자, 그리고 약탈적인 주택담보 중개인, 채권자 그리고 채무자"도 책임은 있지만, "그들은 단지 정부가 마련한 경제적 유인에 따랐을 뿐이다."라며 정부의 오판에 책임을 물었다.

우리나라도 본질은 다르지 않다. 경기침체와 2020년 코로나로 유례없이 풀린 유동성은 젊은 세대의 '영끌'에 끌려 부동산, 주식 및 디지털화폐 시장으로 몰렸다. 그런데 이것은 색다른 경험이 아니라 이미 오래전부터 반복해온 현상이다.

1970년대 말 유가 급등으로 호주머니가 두둑해져 건설업 붐이 분 중동에 사람들이 몰려갔고, 그들이 벌어 드린 외화는 부동산시장에 밀려들었다(조선일보, 1978.01.01). 1980년대 후반 저달러·저유가·저금리 등 3저 호황의 흑자경제 시절도 마찬가지였다. 2000년대 초반, 저금리 기조가 이어졌고 은행의 대출 업무는 위험을 피해 기업에서 주택담보로 옮겨가, 급기야 2005년 상반기만 해도 담보대출금의 43%가 강남과 분당 아파트에 집중적으로 몰렸다. 당시 아파트 가격은 2021년과 마찬가지로 하룻밤 사이에 몇천만 원씩 상승하곤 했다(이투데이, 2021.01.25).

주식시장도 다르지 않았다. 1970년대 중반 이후에는 중동 열기로 건설주가 폭등했고, 1990년대 중반에는 미국의 인터넷 개방을 계기로 IT 기업에서 뛰쳐나온 엔지니어들이 벤처기업을 창업하고 닷컴이라는 이름만 붙여도 주가가 천정부지로 올랐다. 많은 사람들이 주식시장에 뛰어들었고 손쉽게 돈을 벌 수 있는 주식을 하지 않는 이들을 바보로 취급하기도 했지만 2001년 닷컴버블이 터진 이후 주식 이야기를 꺼내는 사람은 없었다. 세계 금융위기 이전 파생상품 투자자도 마찬가지였다. 2021년, IT 주가가 하락하고 '2030 영끌 폭망' 기사가 신문 지면을 장식했으나 과거를 타산지석으로 삼지 못한 반복일 뿐이다.

불경기의 요인은 사례마다 다를 수 있지만, 경기에 역 주기적인 정부의 금융 · 재정 정책이 과도하게 이루어지지 않도록 적절한 수위로 현명하게 이루어져야 한다. 그렇지 못하면 확산과 수축이 들썩이는 사이에 금융시장은 물론 전체 국민경제가 흔들릴 수밖에 없다(천위루 · 양천, 2014년).

또한, 대공항이나 세계 경제위기가 반복되지 않게 하려면 실물경제의 원활한 지원을 제한하지 않는 한도 내에서 금융시장에 대한 철저한 모니터와 규제를 유지해야 한다. 민스키는 "공격적으로 이익을 추구하는 기업인과 금융 중개인이 존재하는 세계에서 혁신가는 항상 규제 기관을 능가할 것이다. …… 만일 당국이 은행을 제한하고 주변 은행 및 기타 금융기관의 활동을 알고 있다면 경제의 파괴적인 확장 경향을 완화할 수 있는 더 나은 위치에 있게 될 것이다."라고 주장한다.

미국 연방준비이사회 의장을 맡은 벤 샬롬 버냉키도 2010년 1월 3일, "결론은 주택 거품에 대한 가장 효과적인 대응은 금융이 아닌 규제라는 것이었다. 물밑 관행과 대출자의 위험 관리와 관련한 문제에 대한 보다 강한 규제와 감독이 일반적인 금리인상보다 주택 거품을 억제하는 데에 더 효율적이고 예방적인 접근이었을 것이다."라고 지적한 바 있다.

▶ '생산적 복지'는 정말 가능할까

EBS 다큐프라임 〈자본주의〉는 말미에 북유럽처럼 일하지 않아도 사회적으로 용인되는 수준의 삶의 질을 유지할 수 있는 탈 상품화(에스핑-앤더슨, 1990년) 특성과 이런 사회안전망이 창의성에 긍정적이라는 점을 지적하면서, 단순한 비용 지출을 넘어 효율성도 높이는 생산적인 복지가 이상향이라는 코멘트를 남긴다.

이에 대해 우선 상식적으로 제약 조건이 많은 메커니즘일수록 구현 가능성은 떨어진다는 점을 지적하지 않을 수 없다. 예컨대 잘생기거나 인성이 좋거나 돈을 잘 버는 이성 중 택일하는 것보다 아름다움·인성·재력의 '3재'를 동시에 겸비한 사람을 찾는 것이 더 어렵다. 복지는 단순히 비용 지출이 아닌 수혜 대상이 자립 역량을 갖출 수 있도록 제공되는 것이 이상적이겠지만 효율성과 복지를 모두 겸비하기는 쉽지 않다. 기업의 사회적 책임을 강조하는 ESG, 즉 '환경·사회·지배구조'도 다를 바 없다. 이윤 추구가 목적인 기업의 제약이 늘어나 오히려 이윤 감소 가능성은 크다.

이 프로그램은 창의성의 근간은 복지라고도 주장한다. 복지가 보장되는 만큼 걱정이 줄어들어 하고 싶은 일을 마음껏 할 수 있는 선택의 자유로 창의성이 발휘될 수 있다. 그렇다면 북유럽은 영미권 국가보다 창의적일까?

창의성은 "전문적인 지식이나 기술 또는 때에 따라 선천적인 재능을 갖추고, 개방된 마음, 자발적 탐구심과 도전정신 그리고 집단 참여를 통해 사고하고 조합해 해결하거나 경제적 가치를 가진 독창적인 것을 만들어내거나 당면 문제를 해결할 수 있는 사람의 능력"이다(이내찬, 2015년). 교육과 인력, R&D와 인터넷 등 기술 인프라, 그리고 사회문화, 문화유산 및 취업·고용 등 다양한 범주로 구성된 창의성지수의 OECD 순위를 살펴보면, 영미권은 최상위권에 속하지만, 북유럽은 최상위권의 덴마크와 스웨덴을 제외하면 중위권에 속해 평균적으로 영미권이 북유럽을 앞선다.

분석 결과 새롭게 도출된 범주로 양 국가군의 평균을 비교해보면 북유럽은 양질의 사회문화 환경 및 IT·인력 인프라, 경쟁·사회적 책임 범주에서 앞서지만, 자기 탐색적 교육 범주에서는 오히려 영미권이 앞선다. 즉 복지 사회가 창의성을 올리기 위한 유일한 길은 아니라는 의미다. 우리나라는 28위로 최하위권에 속하는데, 인터넷이나 R&D와 같은 '하드웨어 환경'은 우수하지만 표현의 자유, 다양성, 사회적 책임이나 실전 문제 해결 능력과 같은 '소프트 환경'이 열악하기 때문이다. 체제 변화에 앞서 여태껏 당연시해 온 것을 내려놓고 다시 생각해보는 '토고납신'의 사회문화적 변화가 절실한 이유다.

▶ 시장과 복지는 서로 보완되어야

국가마다 핵심적 이념(에토스)이 다르다. 예컨대 미국은 시장 기능과 경쟁을 중시하는 신자유주의 경향이 강한 자본주의를 표방하지만, 북유럽은 복지를 지향하는 사회민주주의다. 미국은 사회가 개방적이고 공정할수록 회사에 취직해서 열심히 일하고 노력하면 만족할 만한 삶의 질을 누릴 수 있지만, 이 기회를 놓친 사람들은 본인이 나태했기 때문이며 도태의 귀책사유도 자신에게 있다고 본다. 그러나 북유럽은 국가가 모든 국민들에게 최소한의 삶의 질을 유지하기 위한 인권의 대상에 대한 접근권을 평등하게 보장해주어야 한다고 생각한다.

1960년, 미국 드와이트 아이젠하워 대통령이 공화당 국가위원회 조찬에서 "이 몇 주 동안 나는 유럽 우방국에서 거의 완벽한 온정주의 실험에 관한 기사를 읽었다. 사회주의로 상당한 역사가 있고 철학에 따르는 이 국가의 자살률은 세계에서 가장 낮을 것으로 생각하겠지만 믿지 못할 정도로 높다. 우리나라보다 2배나 높다. 알코올중독률도 상승하고 있다. 야망이 모든 부문에서 부족하다."라며 에둘러 스웨덴을 비판한 것은 유명한 일화다. 후에 인용한 데이터의 오류를 사과했지만, 그는 스웨덴의 사회민주주의가 사람들의 일할 의욕을 훼손한다는 점을 강조하고 싶었으리라.

미국의 시장 기능에 대한 신봉은 세계 어디와도 비교할 수 없을 정도로 절대적이다. 예컨대 거대 종합통신사업자 AT&T가 탄생한 것도 알렉산더 그레이엄 벨의 전화기 특허권을 배경으로 한 M&A에 의해서다. 대부분의 국가들이 집전화를 필수 공익 서비스로 간주해 정부나 공사가 망 구축과 서비스 제공을 주도한 것과는 대조적이다. 공영방송도 마찬가지다. 미국의 PBS는 우리나라의 KBS나 영국의 BBC처럼 국가 주도하에 형성된 것이 아니라 시장에서 형성되었다.

개인의 총기 소유를 규제하지 않는 것도 마찬가지다. 서부영화와 같이 자신과 가족을 보호하기 위해 총을 들거나 실력을 닦아 총잡이로 살아남든지 아니면 보안관에 의존하거나 힘이 부족하면 합심해 외부의 적들에 대항하라는 것이다. 땅덩어리가 넓어 공권력이 구석구석까지 미치지 못하니 스스로 알아서 지키라는 의미다. 도널드 트럼프 미국 대통령이 연이은 학교 총기 사건에 교사들도 총으로 대응하라고 말한 것은 이와 같은 맥락이다.

그러나 미국의 신자유주의에 대한 스웨덴의 시선도 녹록하지는 않다. 1970년대, 사민당 올로프 팔메 총리는 미국의 베트남전쟁을 비인도적인 처사라며 맹비난했고, 유럽인 최초의 노벨경제상 수상자로 스웨덴의 복지화에 이바지한 군나르 뮈르달(1962년)은 복지가 없고 흑인에 대한 인종차별이 심한 미국을 "비교적 부유한 대다수의 미국인들은 가장 큰 불행 속에 사는 사람들을 누구도 눈치채지 못하도록 숨기는 능력을 개발했다."라며 비판했다.

아이젠하워가 언급했던 자살률은 국가별로 어떻게 나타날까? OECD 37개 국가들 중 2016년부터 2018년까지 평균 자살률을 살펴보면 다른 거의 모든 부문에서 성적이 최하위인 터키, 그리스, 멕시코가 각기 1, 2, 3위이며 반도 국가인 이탈리아도 5위다. 영미권과 북유럽 국가들 중에서 영국과 덴마크는 최상위권이지만 호주·미국과 핀란드는 최하위권, 나머지가 중위권에 속하는 다양한 스펙트럼을 보인다. 스웨덴은 10만 명당 11.6명으로 노르웨이와 함께 21위를 차지해 미국보다 낮다. 우리나라는 24.1명으로 OECD 평균인 11.3명을 2배나 상회하는 36위로 심각한 수준이다.

미국과 스웨덴의 에토스 차이는 국민의 일이나 휴식 행태에도 영향을 미친다. 유럽 사람들은 미국 사람들보다 사적 용도로 쓰는 시간이 길다. 2016년부터 2018년까지 OECD에서 평균 개인 시간은 프랑스와 스페인이 각기 1, 2위이며 북유럽도 최상위권에 포진하는 반면에 미국은 캐나다 다음인 29위로 최하위권에 속하는 대조를 보인다. 미국인은 장시간 일하고 개인이나 가족 휴가는 거의 쓰지 않는데, 한 달 넘게 여름휴가를 즐기고 학교에서 자녀를 픽업하거나 집에 일이 있으면 회사 일보다 우선인 북유럽 사람들과는 대조적이다. 미국인은 책상 앞에서 홀로 샌드위치나 햄버거 같은 간단한 음식으로 끼니를 때우며 동료들과도 깊게 사귀지 않지만, 유럽에서 점심식사는 2시간이다.

부하 직원이 상사를 거스르지 않는 권력거리가 매우 강한 미국과 수평적 사회로 동질적인 북유럽은 대조적이다. 미국과 북유럽의 일에 대한 태도 차이는 부재 시 메시지의 차이로 재치 있게 표현할 수 있다(오르, 2020.07.11).

유럽인: 나는 9월 18일까지 일하지 않는다. 모든 이메일은 자동으로 삭제될 것이다.

미국인: 지금 병원이다. 이메일 응답은 최대 30분까지 지연될 수 있다. 불편하게 해서 죄송! 긴급할 때 응급실에 있는 내게 연락하기 바란다.

양 체제의 차이에 대한 평가는 논객에 따라 갈린다. 영국 시인 오든은 미국인이 일밖에 모른다면서, "엄청나게 많은 미국인들은 지루한 일에도 매우 열심히 일한다. 부자라도 매일 사무실에 내려가야 한다고 생각한다. 일을 좋아해서라기보다는 다른 할 일이 생각나지 않기 때문이다."라며 비난한다. 그러나 작가 미레유 길리아노는 "미국에서는 열심히 현명하게 일하고, 특정한 방식으로 일하는 것이 매우 중요하다. 프랑스와 유럽은 전통과 문화로 인해 느리게 움직이는데, 이것이 항상 좋은 것만은 아니다."라며 일에 성실한 미국인을 칭찬한다. 작가 더렉 톰슨도 미국인의 일중독을 "일에 대한 미국의 개념이 직업에서, 경력 그리고 소명으로, 필요성에서 지위 그리고 의미로 바뀌는 신생 종교"라고 평가한다.

경제학자 에드워드 프레스콧(2004년)은 미국과 유럽의 일과 여가에 대한 태도의 차이를 "미국인에 호응을 받아 온 기독교인의 청교도는 힘든 일은 영혼에 좋다는 엄격한 메시지를 동반했다. 반면에 현대 유럽은 이와 같은 우울한 교훈을 피했다."라고 설명한다. 그는 G7을 대상으로 한 분석에서 1990년대에 들어서면서 한계세율이 미국은 40%, 유럽은 60%를 상회하는 차이가 유럽 사람들의 일할 유인을 감소시켰다고 지적한다. 한편, 유럽은 노동시간을 제한하는 법을 시행했지만, 미국은 이런 규제 없이 건강보험의 유지나 주택 구매 그리고 자녀 교육과 같은 현실의 삶의 질 문제를 스스로 해결해야 하므로 장시간 일할 수밖에 없다는 지적도 있다.

이처럼 미국과 유럽의 에토스와 일하는 행태 차이에도 불구하고 복지와 시장은 각기 부족한 점을 보완하면서 수렴해왔다. 1920년대 사회민주주의를 표방한 스웨덴은 국민에 대한 보편적인 복지정책을 구사해왔으나 1970년부터 1990년에 걸쳐 어려워진 경제를 재건하기 위해 신자유주의를 표방했다.

스웨덴의 복지정책은 '국민의 집'이라는 개념에서 출발한다. 1928년 1월 18일, 사회민주노동당의 총재 페르 알빈 한손은 이를 이렇게 설명한다.

"가정(집)의 기본은 커뮤니티이자 모든 구성원이 동고동락한다는 데에 있다. 좋은 가정에서는 특권을 누리는 사람과 그렇지 못한 사람, 아이를 더 총애하거나 의붓자식으로 대하는 것과 같은 구분은 하지 않는다. 좋은 가정에는 평등과 배려, 협조 그리고 도움이 있다. 이를 위대한 국민, 시민의 집에 그대로 적용해보면 국민을, 특권층과 도외시되는 사람, 지배자와 귀속자, 부자와 빈곤인, 재산을 가진 사람과 궁핍한 사람, 약탈자와 피약탈자로 가르는 모든 사회와 경제적 장벽이 허물어져야 한다는 것을 의미한다. …… 그러나 사회적 관점에서 계급은 여전히 남아 있고, 경제적 관점에서는 일부에 의해 독점되고 있다."

이는 가정과 부모가 자비로움으로 아이를 돌보는 자모 양육과 같이 누구도 소외되지 않게 복지 보장이 되는 사회를 만들어야 한다는 의미다. 그렇다고 국민이 국가에만 안주하라는 것은 아니다. 노벨경제학상 수상자 뮈르달(1968년)은 "국민은 가족의 일원으로 국가, 경제 및 문화를 최선으로 섬길 수 있는 특별한 능력을 계발할 의무를 지닌다."라고 지적한다.

스웨덴은 사회민주주의를 구현하기 위해 세금과 복지 지출을 늘렸다(맥킨지 스웨덴, 2012년; 위키피디아, 2021). 그러나 1970년대 오일 쇼크로 경제는 난관에 봉착했다. 1980년대 초반, 경기침체를 극복하기 위해 유동성을 풀자 코로나의 평가절하로 수출은 증가했지만 임금인상과 인플레로 효과는 반감되었고, 금융시장 자유화로 부동산·주식 시장에 발생한 거품이 붕괴되면서 고타를 포함한 금융기관들이 파산했다. 1992년 고정환율제가 폐지되면서 시작된 환투기로 해외자금이 빠져나가자 금리를 500%까지 올리는 경제위기 상황에 직면해 성장률은 −2.1%를 기록했고, 실업률은 1990년 1.5%에서 1993년에는 8.2%로 급상승했다.

이와 같은 경제위기를 타개하기 위해 과감한 긴축 금융을 실행했고, 복지 지출을 삭감했으며, 통신·전력 등 공익 산업의 민영화를 단행한 후 개인세는 50~60%에서 30%로, 기업세는 50%에서 28%로 낮추는 대대적인 구조조정을 단행했다. 스웨덴은 1930년대 국민 복지를 우선시하는 사회민주주의가 뿌리였으나 1970년대 이후 경제가 위기에 처하는 진통을 겪으면서 1990년대 초 시장 효율성을 추구했다.

한편, 미국의 가장 큰 문제는 소외계층의 의료 혜택이다. 물론, 취약계층을 지원하는 '빈곤층 의료지원', 65세 이상의 노년층을 대상으로 한 '노인 의료보장'과 같은 국가 지원이 있다. 하지만 이 이외에 직장 없는 사람들은 높은 사보험이나 병원비 어느 쪽도 감내할 수 없는 사각지대에 놓여 있다. 2012년 6월 26일, PBS에 따르면 3,600만 명에 이르는 미국인이 이가 아파도 보험이 없어 치과에 가지 못하는 것이 현실이다. 본인의 노력 여하라고는 하지만, 건강한 삶이 보장되지 않는 시장 만능주의가 과연 최선책인지는 의문이 가는 대목이다.

이와 같은 의료시스템을 개혁하기 위해 민주당의 오바마 대통령은 '오바마 케어'를 추진했고, 한때 트럼프 정부에서 브레이크가 걸리기는 했지만 바이든 정부에서 다시 회귀한 상황이다. 이런 사례는 복지와 시장이라는 일방적인 체제 선택보다 양자를 적절하게 안배하는 균형적인 에토스가 필요하다는 것을 시사한다.

2장

우리는 얼마나 행복한가

행복과
인간의 습성

▶ '이스털린의 역설' 속에 살고 있다

많은 사람들이 '돈이 많으면 좋겠다.'라고 생각한다. 돈은 인간으로서 품위 있는 삶의 질을 유지하기 위한 중요한 수단이다. 그런데 과연 돈이 많아지면 행복해질까? 1974년, 경제학자 리처드 이스털린은 일부 주요 국가들의 1960년대 데이터를 분석한 후 결론 내린 '물질적으로 풍요롭다고 반드시 행복한 것은 아니다.'라는 이스털린의 역설을 발표했고, 이후 행복경제학이 탄생하는 모태가 되었다.

흥미롭게도 이 역설이 참인가를 둘러싼 논쟁은 반세기 이상 지속되어 왔다. 분석 방법을 일정한 기간(시계열) 또는 특정 시점(종단면)으로 할 것인가, 시점과 시기를 언제로 할 것인가, 대상국의 범주를 어떻게 할 것인가에 따라 결과가 달라질 수 있기 때문이다.

주요국의 시계열 추이부터 살펴보자. 일반적으로 행복과 소득 데이터는 대리변수로 인생 만족도(10점 척도, 설문조사기관 갤럽)와 구매력을 반영한 실질 인당 GDP를 사용한다. 아래 그래프에서처럼 11940년대 중반부터 1990년대, 1970년대 초반부터 2000년대 초반까지 미국의 행복과 소득 간 추세를 살펴보면 소득은 지속해서 증가해도 행복은 거의 변하지 않는다(레이야드·이스털린, 2005년). 1970년대 초반부터 2000년대 중반까지 영국·프랑스·독일 등 일부 유럽국이나 1950년대 후반부터 1990년도까지의 일본도 거의 변화가 없다(클락 외, 2008년; 프레이·스트처, 2004년). 우리나라도 2010년 초반 이후 인생 만족도는 대략 5.5점과 6점 사이에서 안정적인 값을 보이지만 경제는 지속해서 성장해 상관관계가 존재하지 않는다.

반면에 행복과 소득 관계를 특정 시점에서 다수의 국가를 대상으로

| 미국(1970~2000년대)의 인당 소득과 행복 비교 |

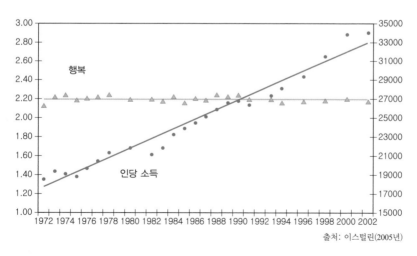

출처: 이스털린(2005년)

부유한 경제 가난한 행복

하는 종단면으로 살펴보면 데이터의 추세선은 원점을 지나 볼록한 형상의 로그함수 형태를 띤다(스티븐슨·월퍼스, 2008년; 잉겔하트·클린게만, 2000년). 소득이 증가하면 행복도 증가하지만, 함수의 능선을 따라 올라갈수록 점차 평평해지는, 즉 접선의 기울기가 점차 감소한다. 소득이 높아질수록, 예컨대 추가로 만 원이 생겼을 때의 한계 행복은 점점 작아지는, 한계 행복 체감의 법칙이 작용한다.

이는 소득수준이 낮은 상황에서 소득이 늘어난다면 평소에는 가지지 못했던 의식주와 관련한 필수 재화를 구매할 수 있게 되어 행복 수준이 높아지지만, 소득수준이 매우 높아 이미 많은 것을 갖추고 있다면 행복은 그다지 크지 않다는 의미다. 또는 경제가 성장하고 소득이 증대되어 삶의 질이 향상되었음에도 자신보다 더 나은 다른 사람들과 상대 비교하거나 과거 경험 수준이 높아지면서 비교 기준이 높아져 행복

| 한개 행복 체감의 법칙 |

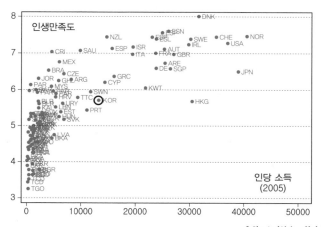

출처: 스티븐슨·월퍼스(2008년, ○는 한국)

도가 떨어지기 때문으로도 해석할 수 있다.

종단면 분석에서 소득과 행복의 상관관계를 가르는 소득 기준은 시점이나 대상국 범주에 따라 다르다. 적게는 만에서 1만5천 달러, 많게는 7만5천 달러(카너만·디턴, 2010년)다. 따라서 행복과 소득이 전혀 무관하다는 이스털린의 역설을 그대로 받아들이기보다는 소득수준이 낮으면 강한 상관관계를 보이지만, 소득수준이 높아질수록 한계 행복이 체감하면서 소득이 행복에 미치는 영향이 희박해진다고 보는 것이 타당할 듯하다. 다소 다른 해석에도 이스털린의 역설은 경제학이 그간 경제 성장이 행복을 추구하는 유일한 수단으로 간주해오던 틀에서 벗어나 행복이 무엇이며 어떻게 추구해야 하는가를 고민하게 해주는 사고의 양식을 체공해주었다는 데에서 의의를 찾을 수 있을 것이다.

▶ 행복도 불행도 오래 머물지 않는다

평소에 갖고 싶었던 물건을 어렵사리 손에 넣거나 하고 싶었던 활동을 경험하면 상당히 즐겁지만, 시간이 지나면서 그 감흥이 점차 사라지는 경험이 있을 것이다. 충격이 큰 긍정(부정)적인 사건이 일어나면 당분간은 상당히 강한 행복(불행)감을 느끼지만, 시간이 지나면서 별일 없었다는 듯이 마음이 평상시의 상태로 되돌아가는 습성을 '쾌락의 쳇바퀴'라고 한다. 이것은 시간이 지나면 모든 것이 제자리로 돌아온다는 것으로, 심리학자 길버트(2006년)는 "특정한 소나타를 듣고, 특정한

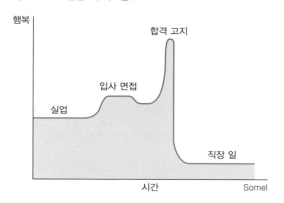

출처; Laughing Squid(2013년)

사람과 사랑을 나누고, 특정한 방에서 특정한 상황에서 특정한 창으로 지는 태양을 보는 경험을 반복하다 보면 우리는 빠르게 적응하기 시작하고, 매번 경험이 가져다주는 즐거움은 줄어든다. 심리학자들은 이를 습관화, 경제학자들은 한계효용 체감이라고 부르지만, 우리처럼 평범한 사람들은 결혼이라고 부른다."라고 풀어서 설명한다.

긍정이나 부정도 아닌 평상시의 중립적인 마음 상태를 마음의 기준점이라 한다. 이 기준점은 사람마다 상이하며, 선천적인 요인에 의해 영향을 받는다. 행복의 50-40-10 법칙에서는 유전자를 50%라고 보며 10%의 환경적인 요소를 제외한 40%가 자신의 행동으로 행복에 영향을 미칠 수 있다고 언급한다(류보머스키, 2008년). 이 말은 행복해지려면 스스로 제어할 수 없는 한계를 인지하면서도 가능한 부분에서 노력해야 한다는 것을 시사한다.

쾌락의 쳇바퀴는 인생의 다양한 사건에서 관찰할 수 있다. 행복은 결혼 전부터 상승하면서 갓 결혼한 시점에 최고조에 달하지만 이후 점차 감소한다. '결혼의 유효기간은 길어야 3년'이라는 우스갯소리는 결코 근거가 없는 말은 아닌 듯하다. 부인이나 남편과 사별하면 당사자의 부정적인 감정은 최고조에 달하지만, 시간이 지나면서 이와 같은 감정은 점차 약해진다. 흥미롭게도 남성은 상처하면 3년이 지난 후에나 기준점으로 회복되지만, 여성은 2년 만에 회복하는 대조를 보이는데, 그만큼 여성의 적응 속도가 빠르다는 의미다. 복권에 당첨되어 억만장자가 되는, 누구나 한 번쯤은 꿈꾸었을 법한 일이 진짜로 일어나면 얼마나 행복할까? 실제로 행운을 거머쥔 복권 당첨자는 너무나 행복했지만 몇 개월이 지나면 다른 사람들과 별반 차이 없이 기준점으로 회귀한다고 한다.

회사원의 로망인 승진과 같이 축하할 일도, 해고와 같은 처절한 경험도 사람의 행복이나 불행에 미치는 영향은 고작 3개월 이내라는 분석 결과도 있다. 일자리를 잃은 실업자의 행복 수준은 3년 전부터 감소하기 시작해 실업 시점에서 가장 낮아지지만, 여기에서도 원래의 상태로 돌아가는 쾌락의 쳇바퀴가 관찰된다. 그림은 일과 관련한 쾌락의 쳇바퀴를 흥미롭게 패러디하고 있다. 취직 면접 때의 행복감은 실직 때보다 높아지고 합격 통지를 받으면 하늘을 찌를 듯이 높아지겠지만 막상 일하기 시작하면 행복의 수준은 실직 때보다도 낮아진다는 것이다.

▶ 남과의 비교는 불행의 시작

자신과 다른 사람을 비교하는 것을 상대비교라고 하며, 자신이 몸담은 분야의 전문성이라든지 회사에서 승진하는 속도나 학생들의 학교 성적과 같이 나의 관심 범주에서 나보다 더 나은 사람과 비교하는 것을 상향 비교라고 한다. 상향 비교는 자중심을 위협하거나 후회하게 하거나 질투심을 유발하는 부정적인 감정을 유발할 수 있다. 반면에 때에 따라서는 비교 대상을 따라잡기 위해 열심히 노력하고 경쟁하려는 긍정적인 동기를 유발하기도 한다(가르샤 외, 2013년).

■ 상 · 하향 비교의 긍정적인 효과와 부정적인 효과

	상향 비교	하향 비교
긍정적인 효과	희망, 고무	(자신의 처지에) 안도
부정적인 효과	불만, 질투	경멸

상대 비교로 어떤 정서를 가지느냐는 자신과 비교 상대가 어느 정도 차이가 나는지에 의존한다. 스페인 바르셀로나에서 열린 1992년 올림픽 당시 메달리스트의 순위 공표와 시상식 때의 감정을, 제삼자에 의해 간접적으로 측정한 결과, 은메달리스트는 각기 4.8점과 4.3점, 동메달리스트는 7.1점과 5.7점을 받았다. 이것은 은메달리스트는 '조금만 더 잘했으면 좋았을 텐데 아쉽다.' 라는, 동메달리스트는 '이 정도라도 해서 다행이다. 다음번에는 열심히 해야지.' 라는 심정이 반영된다. 즉 뒤처진 것이 간발의 차이로 따라잡지 아쉬움이 강하지만, 어차

피 넘보지 못할 산이라면 위안이 되고 자신의 본보기로 삼는다.

관심 범주에서 나보다 못한 사람과 비교하는 하향 비교는 자아 증진 효과가 있다. 여유롭게 상대를 판단하므로 부정적인 감정이 덜하다. 상대방이 힘든 처지를 보면서 '나는 참 다행이다.'라고 생각하는 긍정적인 정서를 가질 수도 있다. 그러나 때에 따라서는 자기 평가의 강한 상승효과가 과장된 감정을 초래하면서 경멸을 유발하기도 한다.

한편, 다른 사람들과 비슷해지려는 습성을 동화효과라 한다. 이것은 심리적인 근접성, 즉 상대방을 대하는 마음이 편해져 선호되는 효과다. 자신과 모습이 비슷하거나 행동 또는 사고가 유사한 사람들과 있으면 마음이 편안해지는 것은 서로 동질적이어서 행동이나 사고를 예측할 수 있고 그만큼 신경을 덜 써도 되기 때문이다.

행복은 자신의 소득과는 정비례 관계에 놓여 있지만, 다른 사람의 소득이 증가에는 감소하는 것도 상향 비교의 결과다. 프랭크(2016년)는 "우리가 필요하다고 느끼고 구매할 수 있는 재화들은 일정 선을 넘어서며 거의 전적으로 다른 사람들이 구매한 것에 의존한다."라고 지적하면서, 설령 세금으로 인해 자신의 소득이 감소해도 다른 사람의 소득도 같이 감소한다면 상대 구매력은 감소하지 않는다고 지적한다.

경제학자 제임스 듀젠베리(1949년)는 개인의 소비지출은 주변 사람들의 소비지출이 증가하면 늘어나는 것은 타인에게 뒤지고 싶지 않기 때문이라는 상대소득가설을 주장했다. 실업자의 행복감이 실업률에 정비례하는 것도 실업으로 인해 자신도 힘들지만 '너도 그래?'라는 동병상련의 마음이 작동해 그만큼 위안이 되기 때문이다. 남성들의 공통

주제인 군대 경험도 누군가 어려웠던 이야기를 꺼내면 다들 그 소재로 이어지는 동조도 마찬가지다.

자기과시는 어떨까? 사람들은 나와 다른 것에 불편함을 느끼면서도 남보다 튀려고 하며 위로 올라가려는 성향도 가진다. '희소하기에 소유함으로써 남들보다 더 우월하다고 느끼게 해주는 재화'인 지위재는 고급 차나 저택부터 학벌, 사회적 지위나 명성에 이르기까지 다양하다. 지위재는 남에게 우월감을 과시하려고 한다고 해서 현시재라고도 한다(베블렌, 1967년).

지위재는 타인의 상대적 박탈감을 유발한다. 살아가는 데에 필요한 재화를 부족하지 않게 갖추고 있더라도 나보다 더 좋은 차를 타고 다닌다든지 더 좋은 집에서 사는 것을 보면 마음이 편하지 않아지는 것은 상향 비교 때문이다. 지위재는 누구에게나 선망의 대상이 되고 많은 사람들이 이를 얻기 위해 노력하지만, 한정적이고 실제로 획득할 수 있는 사람은 극소수여서 상당한 낭비가 초래된다.

▶ **과거의 경험과 미래의 기대감**

소득이 감소해도 원래 수준의 소비지출을 줄이기 어려운 현상을 톱니 효과라고 한다. 지금 누리고 있는 소비의 즐거움을 포기하는 데에 따라 수반되는 고통은 같은 양만큼의 추가 소비에서 얻는 즐거움보다 크게 느껴지기 때문이다. 말하자면 '처음부터 없으면 없었지 있는 것을 없앨 수는 없다.' 라는 의미로, 소유 효과라고도 한다.

　더구나 소비나 경험은 반복되다 보면 '비범한 것도, 절묘한 것도 평범해진다.' 라는 관찰과 같이 특별함에서 오는 감흥은 없어진다. 쾌락의 쳇바퀴 때문이다. 외국인은 서울을 관광할 때 랜드마크 남산타워를 오르는 경험으로 즐겁겠지만 서울 사람에게는 생활 속에 있는 관심 밖의 대상이 되는 것과 흡사하다. 그래서 최상의 경험도 무뎌지면 더는 최상이 아니므로 더 상위의 경험을 추구하려 한다.

　사람들이 더 나은 음식과 옷 그리고 더 좋은 차를 소유하려는 욕구는 과거의 경험에서 비롯하기도 한다. 미슐랭 스타 맛집에서 식사했다거나 남들이 흔히 가보지 못하는 수려한 장소로 여행했던 최상의 경험은 좋은 기억으로 오랫동안 남아 있고 추억으로 떠올릴 때마다 행복해질 것이다. 반면에 이와 같은 경험은 다른 식당을 간다거나 다른 곳을 여행할 때 비교 대상이 되어 부정적인 감정을 유발할 수도 있다. 음식을 먹어보고 '맛집이라면서 왜 맛이 이러지? 그때 그곳은 맛있었는데…….' 라든지, 모처럼 여행을 떠났는데 '예전에 갔던 곳과 별반 차이가 없네.' 라고 느낄 수 있다. 행복을 위해 최상의 경험도 중요하지만, 최상의 경험을 지속하지 못하면 해가 될 수도 있다는 것이다. 이것은 나이가 들면서 소비와 경험에 감흥이 점점 떨어지는 이유 중 하나이기도 하다.

　미래의 기대감도 최상의 경험에 대한 기억과 비슷한 방식으로 행복에 영향을 끼친다. 기대감은 미래에 발생할 사건이 자신이 원하는 대로 이루어질 것이라는 믿음이다. 사람들에게 펩시와 코카콜라를 제공하고 그들의 뇌의 변화를 살펴본 한 MRI 실험에서는 두뇌의 영역 중 단 것에 대한 즐거움뿐만 아니라 기억력과 브랜드 연상 등 더 높은 수준의 사고도 활성화된다는 것을 확인했다. 이것은 사전에 이루어진 특정한 경험에 대한 기억이 행복에 질적으로 큰 영향을 미친다는 것을 의미한다.

현재의 소비나 경험으로부터 얻는 만족감은 현재의 경험 그리고 이와 유사한 과거의 경험에 의한 만족감에 의존한다. 다만, 과거의 경험은 시간이 지나면서 머릿속에서 흐려질 수 있어서 만족감은 감소할 수밖에 없다. 2014년, 만8천 명이 넘는 피실험자에게 게임의 승패에 따라 금전적으로 보상하는 '대영제국실험'에서는 행복감에 영향을 미치는 변수는 실금액과 예상 금액의 차이이며, 높은 기대감은 행복을 낮춘다는 결과를 얻었다. 이후 실행한 실험에서는 자신과 타인의 금액 차이가 벌어지면 행복감이 떨어지며, 이는 반대로 타인과의 공평성도 중요하다는 결론을 도출한다.

▶ 자유의지를 가로막는 세 가지 걸림돌

자유란 외부로부터 제한받지 않고 자신의 의지로 결정해 선택할 수 있는 능력으로, 자유로운 상거래 등의 '경제적 자유', 정치 다양성 · 참여 보장과 정부의 건전한 지배구조 등 '정치적 자유', 표현 · 집회 및 결사의 자유나 법치 · 개인의 자율성 등 '시민 권리'와 같이 다양한 범주로 구성된다.

자유와 행복의 관계는 성장 정도에 따라 다른 양상을 보인다. 선진국은 정치적 자유나 시민 권리가 행복과 비례하지만, 개발도상국은 경제적 자유가 행복과 상관관계를 보인다. 전자는 이미 경제가 성장해 인권을 중시하지만, 후자는 민생 해결이 급선무이기 때문이다.

사람은 외부 압력 또는 자신에게 내재한 타성으로 인해 진정한 의미의 자유를 제대로 구현하지 못할 수 있다. 이렇듯 인간의 자유의지를 방해하는 요소들 중 첫 번째는 엘렌 랭어(1997년, 2009년)가 언급한 방심이다. 방심은 '마음을 쓰지 않는다' 또는 '주의를 기울이지 않는다'라는 뜻으로, '특정한 현상의 틀을 제대로 의식하면서 행동하지 않는 것'을 의미한다. 예컨대 친구들과 함께 여행 갔던 곳을 혼자 가려고 하니 막막해진다거나 강의를 들으면 이해하는데 막상 스스로 문제를 풀려면 잘 모르는 것과 같은 상황에 해당한다. 자신이 주체가 되지 못한 채 타인에게 의존해 무심코 여행하거나 강의를 들었기 때문이다. 자녀가 안쓰러워 도와주다 보면 이후 아이가 습관적으로 타인에게 의존하는 것도 마찬가지다.

랭어는 방심을 "과거에 그려진 범주와 구별에 지나치게 의존함으로써 개인이 상황에 따라 달라지고 상황의 참신한 또는 단순히 대안적인 측면에 명백하지 않은 마음 상태로 습관, 기능적 고착, 과도한 학습 및 자동처리"로 설명한다. 즉 일상적인 프로세스에°집중해 본질을 파악하고 행동하는 것이 아니라 당연한 것으로 받아들여 무의식적으로 행해서 발생한다는 것이다.

두 번째 장애 요인은 금전적인 보상이나 벌칙, 기한 제한, 평가나 경쟁과 같이 외부로부터 부여되는 외적 동기다. 대학생 퀴즈나 아동 그림 그리기 실험에서는 금전적인 유인을 제공하면 의도한 목적을 달성하지 못하는 부정적인 결과를 관찰했다. 외부 동기는 당사자의 성과나 창의성을 훼손하거나 편협하게 사고하게 하고, 손쉬운 방법을 택하게 하며, 다시는 순수한 내적 동기로 돌아가지 못하게 한다. 그래서 자발적인 선택이나 교감이 중요하다.

살다 보면 조직 상부의 특정한 개인이나 집단으로부터 합리성도 없고 실행 가능성도 희박한 지시나 압박을 받는다. 그때 무의식적으로 또는 옳고 그름을 판단해도 묵인한 채 행동에 옮겨야 하는 경우가 적지 않을 것이다. 랭어도 방심의 속성을 다음과 같이 지적한다.

"정보가 절대적인 언어로 제공되거나, 권위 기관에 의해 제공되거나, 처음에는 관련이 없는 것으로 보이는 경우, 따라서 이를 비판적으로 조사해 상황에 따라 달라질 방법을 인식해야 할 명백한 이유가 거의 없는 경우에 발생한다."

즉 특정한 목적을 달성하기 위한 외적 동기를 무의식적으로 따른다는 것으로, 방심은 외적 동기도 포괄한다고 할 수 있다. 시키는 대로 하면 편해지지 않겠냐고 생각할 수도 있겠지만, 결국 나중에 여유가 생겨 되돌아보면 무엇 때문에 그렇게 달리고 과연 얻은 것이 무엇인지 후회할 때가 적지 않을 듯싶다.

세 번째는 인지편향이다. 전통적인 경제학에서 인간을 합리적인 의사결정 주체라는 가정을 전제로 하는 반면에 행동경제학에서는 "규범이나 합리성에서 벗어난 행동이 체계적인 패턴을 형성한다"는 인지편향 측면에서 인간을 바라본다.

인간이 흔하게 일으키는 인지편향 중 하나는 '자기 생각이나 선입견에 맞추어 정보를 수집하고 해석하고 기억해내는 습성'인 확증편향이다. 영국 철학자 프랜시스 베이컨은 이를 "인간의 이해는 한번 의견이 채택되면 모든 것을 이에 지지하고 동의하게끔 이끈다. 그리고 이에 반하는 많은 무게감 있는 사례들이 발견됨에도 불구하고, 거대하고 악의적으로 내린 사전 결정에 따라 이전에 내린 결론의 권위가 유지될 수 있도록 무시하거나 거부한다."라고 설명한다.

확증편향이 발생하는 것은 자신이 옳다고 생각한 것이 설령 그르더라도 옳다고 믿는 것이 편안하기 때문이다. 나와 신념과 사고의 궤를 같이하는 상대라고 해도 나와 다르게 행동하고 판단할 수 있다. 그럼에도 불구하고 내 생각이 항상 옳다고 믿거나 상대방의 일부 그른 행동을 관찰하고 침소봉대해 전부를 부정하는 흑백논리도 이로부터 비롯된다.

행복은 어디에
있을까

▶ 적절할 때 멈춰야

개인이 행복해지려면 사람이 어떻게 생각하고 행동하는가와 같은 인간 습성의 패턴이나 한계를 이해하고 다스릴 수 있어야 한다. 이스털린의 역설이 발생하는 주요 요인 중 하나는 소득(소비) 수준이 높으면 소득(소비)이 추가로 느는 데에 따라 행복이 증가하는 정도는 감소하는 한계 행복 체감의 법칙이었다. 또 다른 요인은 처음에는 즐겁다가도 반복하다 보면 행복감이 점차 감소하는 쾌락의 쳇바퀴였다.

지연은 앞으로 무엇을 선택할까라는 망설임이나 경험할 것을 상상하고 기다리면서 즐거워하는 기대감과 같은 긍정적인 감정을 가져다준다. '여행의 50%는 기대감'이라는 말도 이와 같은 맥락으로 이해할 수 있다. 미래에 발생할 일에 대한 기대감은 과거에 일어난 사건을 떠올리는 것보다 사람의 정서를 강하게 유발한다고 한다.

주어진 시간 동안 한 가지 활동만 계속하는 것과 다양하게 여러 활동을 하는 것 중 어느 쪽이 더 행복감을 줄까? 한 가지 활동에 집중하고 몰입하면서 즐거워할 수 있다. 그러나 같은 활동을 계속하다 보면 추가적인 생산성은 떨어질 수밖에 없고, 이것은 행복을 감소시킨다. 그렇다면 다양한 활동을 섞는 것이 바람직하지만, 이 역시 적어도 개개 활동이 생산성을 올릴 수 있을 정도의 지속은 필요하다.

하루라는 긴 시간 안에 여러 활동을 같이하면서 좋은 성과를 내고 행복해할 수 있지만, 한 시간 정도의 짧은 시간대에 이도저도 손에 잡히지 않는다면 오히려 효율성을 떨어뜨려 행복감이 저해될 수 있다. 한정된 시간을 여러 활동에 투하해서 한계 행복이 큰 활동을 더 많이 하는 것이 바람직하지만, 활동이 많아질수록 한계 행복은 감소한다. 따라서 모든 활동의 한계 행복이 같아질 때까지 시간을 배분한다면 행복감을 최대한도로 끌어올 수 있을 것이다. 즉 한 가지 활동이 재미없고 능률도 떨어지면 접고 신선한 기분으로 다른 활동을 하고, 이 역시 앞의 활동과 같은 상태가 되면 멈추라는 뜻이다.

코로나를 경험하면서 우리는 그간 삶의 질과 관련된 다양한 활동을 얼마나 많이 해왔는지 통렬하게 실감할 수 있었다. 친구나 지인과 저녁 약속이나 술자리, 가족과 외식이나 국내외 여행, 오프라인 쇼핑, 스포츠나 헬스와 같이 다양한 활동을 간간이 섞어가면서 행복을 느낀 것을 하지 못하자 그때 비로소 행복의 소중함을 깨달은 것이다. 집에 머무는 시간이 길어지면서 가전제품이나 실내 인테리어에 대한 수요가 늘었지만, 코로나 우울증을 겪는 사람들이 많아진 것을 보면, 기존에 누리던 다양성을 유지하기에는 역부족일지도 모르겠다.

한편, 재화를 소유하는 것보다는 경험에 투자하는 것이 더 행복해진다. 1,200명을 대상으로 소비 행위와 활동을 경험한 후의 만족도를 설문조사한 결과, 설문자의 57%가 재화를 소유하는 것보다 경험에서 더 큰 행복을 얻으며 83%가 경험을 더 많이 떠올린다는 것을 확인했다(보벤·길보비치, 2003년).

경험이 행복감을 가져다주는 이유는 다양하다. 재화는 나라는 존재와는 분리되어 외부에 존재하는 물질이지만, 경험은 목표의 달성이나 도전과 같은 더 깊은 개인의 내적 의미와 연관되어 있어서 긍정적으로 해석되기 쉽다. 예컨대 하이킹을 하면서 날씨가 좋지 않더라도 이를 도전으로 생각하면 시각이 긍정적으로 바뀔 수 있고 여행이 고생스러웠어도 시간이 지나면 좋은 추억으로 떠오를 수 있다. 또한, 자신이 경험한 이야기를 주변 사람들에게 들려준다든지 동참했던 사람들과 서로 공유하면서 긍정적인 감정을 가져다준다. 아울러 경험은 한순간에 이루어지는 것이 아니라 교감하고 적응하기에 시간이 걸린다(니콜라오 외, 2009년). 따라서 즐거움이 쾌락의 쳇바퀴에 의해 기준점으로 되돌아가려면 시간이 걸리므로 오랫동안 지속할 수 있다.

한편, 행복은 소소한 활동을 반복하면서 얻을 수 있다.

행복을 지속해서 유지하려면 사건의 강도보다 반복이 중요하다. 특정한 사건은 일시적으로 강한 긍정적인 정서를 가져다주지만 결국 쾌락의 쳇바퀴에 의해 시간이 지나면 기준점으로 돌아가므로 집중적인 즐거움은 제한하거나 피하는 것이 바람직하다.

한 실험 결과에 따르면, 운동이나 요가에 참석한 사람들의 행복 수준은 전월 대비 추가 시간당 3분의 1 증가했으며, 목회 활동에 참여한 사람들의 행복은 종교와 상관없이 증가한 것을 확인했다(모천 · 노턴 외, 2008년). 이 활동들은 당사자가 자발적인 참여와 지속성이라는 공통점을 가진다.

실험 진행자들은 실험 결과를 토대로 다음과 같이 해석한다.

"사람들의 행복 수준을 높여주기 위해서는 강도가 큰 인생의 주요 사건보다는 사람들이 매일 참여하는 소규모 활동과 같은 사소한 사건에 초점을 맞추는 것이 바람직하다. …… 중요한 것은 일회성으로 끝나는 인생의 사건보다는 끊임없이 반복되는 행동이다. 사소하지만 반복적으로 단기의 긍정적인 인생의 사건, 예컨대 매주 목회에 참여한다든지 일주일에 몇 번씩 일하는 것이 누적되는 것만으로도 장기간에 걸쳐 행복을 늘리기에 충분할 수 있다."

이처럼 활동이 반복되면서 축적된 경험으로 행복이 유지되는 현상을 '긍정적인 중독'이라고 한다. 반복의 대상은 거창할 필요는 없다. 운동이나 요가, 목회는 물론 독서, 운동 경기나 공연 관람, 노래 또는 악기 연주와 같이 사소하더라도 의미 있는 활동을 지속 반복하는 것만으로 충분하다. 반복되는 행위는 몰입을 가져오고 조금씩 목표에 다가갈 수 있다는 기대감도 행복감을 안겨준다. 긍정적인 중독은 행복의 상태가 쾌락의 쳇바퀴에 의해 기준점으로 돌아가지 않게 하려는 노력의 일환으로, 시작은 힘들지만 일단 익숙해지면 지속해서 반복되면서 상당한 행복을 가져다준다.

▶ 언제까지 부러워만 할 것인가

행복하기 위해서는 다른 사람과 나를 비교하지 말아야 한다. 나의 관심 범주에서 나보다 나은 사람과 비교하는 상향 비교는 질투·자기 확신의 약화·우울증과 같은 부정적인 정서를 일으킬 수 있다. 작가 마크 트웨인은 "비교는 즐거움의 죽음이다."라고 말하기까지 한다. 곰곰이 생각해보면 상대 비교의 단점은 적지 않다.

부정적인 정서를 떨쳐내고 자신을 높이기 위해 상대방의 약점을 들추어내고 헐뜯을 수도 있겠지만 이것이 자존감에 좋을 리 만무하며 자신의 목표를 성취하는 데에는 아무런 도움도 되지 않는다. 또한, 비교 대상이 관심의 범주에서 가장 우수한 사람이라면 비교 그 자체가 무의미할 수 있다. 더구나 사람들은 속내를 겉으로 잘 드러내지 않기 때문에 비교 대상의 실체를 제대로 파악하지 못할 수도 있다.

상대 비교는 미디어 매체에 많이 노출될수록 촉발될 가능성이 커진다. 행복경제학자 레이야드(2005년)는 "TV 같은 미디어는 다른 사람들의 풍요로움을 과도하게 평가하고 자신의 소득을 상대적으로 과소하다고 생각하게 해서 행복감을 줄인다."라고 지적한다. 이런 현상은 인스타그램·페이스북 등 SNS의 활성화에 의해 더욱 강화되고 있다.

페이스북을 많이 이용하는 사람일수록, 잘 모르는 사람들과 많이 접할수록 다른 사람들이 자신보다 더 잘살고 있어 인생이 불공평하다고 생각한다. 페이스북으로 인한 상향 비교는 행복감을 떨어뜨리는데, 자존감이 낮고 우울한 사람일수록 온라인에서 상향 비교하고 시기하는 경향이 강해진다. 미디어 매체는 휴식의 즐거움과 정보의 습득이라는 긍정적인 측면이 있으므로 이를 십분 활용하는 것이 바람직하겠지만, 상대 비교의 해악을 피하려면 적절하게 자제해야 한다.

남과 비교하는 것과 함께 자기과시도 문제다. 남들에게 인정받고 더 잘되려는 욕망은 인간의 습성에서 기인한다. 그러나 타인을 배려하지 않는 과도한 자기과시는 상대방의 불행을 초래하는 까닭에 자제하지 않으면 안 된다. 설령 자신의 행복을 추구해도 상대방의 피해를 주어서는 안 되는, 누구나 준수해야 할 규범이다. 이것은 도덕적인 권고일 뿐 반드시 준수해야 할 의무는 없다. 그러나 세상에서 가장 살기 좋은 나라인 북유럽 국가가 아이들에게 남보다 돈이 더 많고 실력이 좋다고 해서 이를 자랑하면서 남을 업신여겨서는 안 된다고 가르치는 얀테의 법칙을 교육하는 것은 눈여겨볼 대목이다.

'얀테의 법칙'은 노르웨이 작가 악셀 산데모세의 《도망자, 길을 건너다》(1933년)에 등장하는 허구 도시 얀테를 지탱하는 십계명으로, 다음과 같이 구성된다.

"네가 특별하다고 생각하지 마. 다른 사람들만큼 괜찮은 사람도 아니

부유한 경제 가난한 행복

고, 더 똑똑하지도 않고, 다른 사람들보다 더 낫지도 않고, 더 많이 알지도 않고, 더 중요하지도 않아. 그리고 다른 사람을 비웃으면 안 돼. 다른 사람을 가르치려 들어도 안 되고, 다른 사람이 너를 배려해야 한다고 생각해도 안 돼."

스웨덴어 'lagom(라곰)'도 "너무 많이 가진 사람도 너무 많이 지시하는 사람도 없어야 하며, 돈이 많다고 과시해서도 안 되며, 남보다 많은 물질을 소유하는 것이 행복을 준다고도 믿지 않는다."라는 의미가 있다(반 덴 붐; 러셀, 2016년). 덴마크뿐만 아니라 북유럽 사람들은 자기 나라에서는 돈이 많다고 으스대는 것처럼 바보 같은 짓은 없다는 이야기를 먼저 꺼낸다.

과도한 기대감 역시 덜어내야 한다. '행복=현실/기대감'이라는 공식은 행복하려면 과도한 기대는 금물이라는 의미를 담고 있다. 칼 크리스텐슨 외(2006년)는 한 덴마크 매체의 헤드라인 "우리는 가장 행복한 리그 누다." 중 '리그 누(lige nu)'는 '당분간은 그렇지만 아마도 오랫동안 지속하지는 않을 것'이라는 의미로 쓰인다며, 덴마크가 세계에서 가장 행복한 국가라는 공표에도 불구하고 기대감을 낮추려는 이들의 속성을 잘 표현한다고 해석한다. 물론 무작정 기대감을 낮추는 것이 능사는 아니다. 이것은 자신의 능력 수준에 맞추어 칙센미하이의 몰입을 가져올 수 있는 정도의 기대감으로 이해하는 것이 타당하다.

사회경제 여건이 어려워지면 현실에 맞추어 기대감이 낮아질 수도 있다. 일본의 경우 유도리(여유) 세대(1987~2004년생) 또는 욕심이 없다는 사토리 세대의 특징은 현실에 대한 지식이 풍부하고, 쓸데없는 노력이나 충돌을 피하며, 큰 꿈이나 높게 바라는 것도 없으며, 합리적이라고 한다. 이것은 이들이 취업 빙하기 세대(1971~1985년생)가 경험한 좌절감을 목격하면서 현실적으로 바뀌었기 때문이다. 우리의 X세대 이후 '물질 풍요 속 기회 빈곤'의 시대를 살아가고 있는 에코세대나 MZ세대의 사고도 이와 비슷하게 변화했다(5장 참조).

▶ 스스로 결정하고 주도하라

외부의 간섭을 받지 않으면서 스스로 자신의 행동을 결정할 수 있는 개인의 자유는 행복을 누리기 위한 필수조건이다. 랭어가 제시한 마음 챙김(마인드풀니스)은 현상을 스스로 주의 깊게 살펴보고 올바르게 판단해 행동해야 한다는 것을 의미한다. 그녀는 이를 "개인이 정보의 맥락과 내용을 암시적으로 인식하는 의식적 인식 상태이며, 개인이 적극적으로 범주와 구별을 구성하는 참신성에 대한 개방적인 상태"라고 정의한다. 마음 챙김은 예를 들어 '호랑이한테 물려가도 정신만 바짝 차리면 살 수 있다.'라는 말처럼 어려운 상황에서도 정신을 놓지 않으면 살아남을 수 있다는 의미와도 통한다.

마음 챙김이라는 개념은 1997년, 랭어가 노인들을 대상으로 한 실험을 계기로 정립한 개념이다. 노인들을 두 그룹으로 나누어 한 그룹에는 20년 전 젊었던 시절로 돌아간 것으로 생각하게 하고 임무를 부여

부유한 경제 가난한 행복

하고, 다른 그룹은 그대로 행동하게 한 후 신체 변화를 측정한 결과, 앞 그룹이 월등한 점수를 얻었다.

그녀는 실험 결과를 "커네티컷의 요양원에서 노인들은 각자 돌봐야 할 집과 식물을 선택하도록 했고 그들의 일상에 대해 여러 가지 작은 결정을 내리도록 했다. 1년 반이 지난 후, 노인들은 이런 선택과 책임을 부여받지 않은 그룹보다 더 활기차고 활동적이며 방심하지 않았을 뿐만 아니라 더 많은 사람들이 여전히 살아 있었다."라고 묘사한다. 이 실험은 '나는 늙어서 잘할 수 없어.' 라는 생각의 틀에 갇힌 노인들에게 '아직 젊고 일도 할 수 있어.' 라는 상황 설정과 임무 부여라는 문맥의 변화를 통해 마음 챙김을 유발했다는 의의가 있다.

그녀는 이 실험의 결과에 대해 마음 챙김을 "사회적 통념 또는 자신의 갇힌 생각에서 벗어나 변화의 가능성을 믿으면서 새로운 시각으로 사물에 주목하면서 새로운 것을 발견하고 문맥과 관점에 민감하게 참여하는 과정"으로 설명한다. 그녀는 외부 유인에 대해서는 "나와는 무관하게, 어느 특정 시점에서의 편견과 이를 필요로 하는 특정 개인이 자신을 위해 결정한 것으로, 이와 같은 사실을 깨닫는다면 더 많은 사람들이 자신의 기술과 삶에 맞게 업무를 다시 설계하려고 할 것이다."라고 언급한다. 마음 챙김을 통해 외적 동기에 의한 수동적인 대응을 견제할 수 있다는 의미다.

한편, '마음 챙김 명상' 은 인종이나 나이, 노숙자에 대한 편견을 줄여준다. 심리학자 아담 루에케(2015년)는 "우리는 마음 챙김을 실천한 후 선입견 없이, 사람들을 보다 공정하고 균형 잡힌 방식으로 대우하는 일반적인 경향을 관찰했다."라고 언급한다.

마음 챙김이라는 내부 동기에 이어 확증편향을 극복하는 중립적인 사고도 절실하다.

카너먼(2011년)은 사람의 인지 과정을 큰 노력 없이 빠르게 직관에 의존해 판단하는 '시스템 1'과 느리게 공을 들여 분석적으로 판단하는 '시스템 2'로 이분화한 후 다양한 인지편향은 전자에 의한 것이라고 설명한다. 시스템 2가 제대로 작동한다면 별문제 없겠지만, 길이가 같은 핀의 양 끝쪽의 화살표 방향에 따라 길이가 상이하게 보이는 '뮬러 라이어 착시현상'이나 주변의 볼의 크기에 따라 특정 볼의 크기가 다르게 보이는 '에빙하우스 착시현상'은 눈으로 보면서 의심하지 않아서 누가 말해주지 않는 이상 실제 자로 재보고 확인하려는 의지를 작동시키란 쉬운 일은 아닐 것이다. 카너먼은 이를 "명백한 것에 눈이 멀 수 있고, 눈이 멀었다는 것조차 모른다."라고 지적한다.

여기에 우리를 더 우울하게 하는 것이 '자유의지 실험'이다. 심리학자 벤저민 리벳(1985년)은 뇌 연구 결과, 손가락을 움직이는 것과 같은 행동이 있기 전에 RP라는 뇌파가 먼저 나온다는 결론을 내렸다. 이것은 뇌와 신체가 먼저 행동을 계획하면 자아는 나중에 수행한다는 의미로, 인간의 자유의지에 반하는 결과라는 점에서 종교철학 분야에까지 큰 영향을 주었다. 2019년, 자유의지 실험의 진의를 다시 규명하기 위해 학자 90명이 뇌 과학·철학의 융합 연구를 시작했다.

이런 한계에도 불구하고 확증편향을 지양하는 중립적 사고는 객관적이며 합리적인 판단으로 현실을 직시하므로 개인의 안위는 물론 사회

안정성 측면에서도 중요하다. 이것은 개인의 자유의지에만 국한되는 것이 아니라 집권층의 과도한 권력 집중이나 미디어 편향성의 견제까지도 포함한다(8장 참조).

베이의 추론은 지식이 완벽하지 않으므로 지속해서 현상을 관찰하면서 수정해가는 방식으로 지식을 축적한다. 예컨대 구성주의적 교육 방식이 지식을 이미 만들어져서 정형화된 것이 아니라 스스로가 알고 싶다는 자발적인 욕구로부터 출발해 시행착오를 겪으면서 편성해간다고 보는 것과 유사하다.

지식을 얻기 위해 오랜 시간의 모색 과정이 필요하므로 단기적으로는 완전하지 않을 수밖에 없고 같은 지식이라도 이에 이르는 방법도 다양하다. 그러나 이렇게 해야만 창의력을 발휘할 수 있다. 교과서가 재미없거나 어려운 것은, 설령 자기 분야에서 중요해도 다른 사람이 만든 틀을 따르기 때문이다.

그래서 문제를 직접 해결하고 체험해보는 동기를 부여하는 문제 기반 학습(PBL)이 중요해진다. 나의 지지 대상이라고 해도 '이 경우는 이래서 내 신념이나 사고와 일치하고 저 경우는 이래서 일치하지 않는다.'라는 객관적인 평가 자세가 필요하다. 특히 자신의 신념이나 사고가 객관적인가를 판단하려면 이에 대해 문제점을 지적하고 비판하는 대항적인 반론이 중요하다. 예컨대 내부와 외부의 전문가 또는 신념과 사고를 같이하는 그룹에 소속된 내부자로 가정이나 계획에 의문을 제기하면서 비판적인 시각을 제공하는 악마의 옹호자 역할이 필요하다.

3장

행복지수로 읽는 삶의 질

행복을 수치화할 수 있을까

열대림과 험준한 산으로 둘러싸이고 중국과 인도에 접한 부탄은 인구가 100만 명에 미치지 못하는 소국이다. 하지만 절대왕정 정치체제에서 의회민주주의로 바뀌는 과정에서 '행복'이 국가의 근본이념으로 채택한 것으로 널리 알려져 있다.

1972년, 4대 왕 지그미 싱예 왕추크는 "국민총행복(GNH)은 국민총생산보다 중요하다."고 선언했다. 헌법에는 "국가는 국민의 행복을 추구할 수 있는 조건을 조성하기 위해 노력해야 한다."(제9조 제2항)라는 성실의무 수행 조항과 더불어 "정부는 왕국의 주권을 보호하고 강화하며, 양호한 지배구조를 제공하며, 국민의 평화, 안전, 복지 및 행복을 보장해야 한다."(제20조 제1항)라고 정부 역할을 명기하고 있다.

부탄은 국민의 행복과 삶의 질과 관련된 다양한 범주와 지표로 구성된 GNH지수를 개발해, 2010년 이후 5년마다 결과를 공표하고 이를 개선하기 위해 정책을 수립한다. 이것은 다차원 빈곤지수로, 구성 지표가 최소 기준을 만족하지 못하는 사회경제적 소외계층의 행복 제고에 초점을 맞춘다.

행복한 나라를 꼽을 때 부탄이 가장 앞서는데, 사실 1999년까지 TV나 인터넷이 허용되지 않았고, 전통 복장을 강제하며, 외국인 관광은 철저한 통제하에 이루어진다. 삶의 질과 관련된 지표도 좋지 않다. 그런데도 부탄이 주목받는 것은 GNH라는 개념을 도입하고 이를 정책에서 추구하도록 법에 명시한 최초의 국가이며, 국교인 불교로 국민의 긍정적인 감정은 최대화하고 부정적인 감정은 최소화하려 노력하기 때문이다.

UN · OECD · EU 등 국제기구들도 행복지수를 공표한다. 이것은 각국 국민들에게 그 중요성을 환기해주고 이슈가 주류화되도록 하기 위한 목적이다. 대표적으로는 '삶의 질의 3요소'라고 할 수 있는 건강 · 교육 · 소득으로 구성된 UN의 인간개발지수(HDI), 이보다 광범위한 OECD의 더 나은 삶의 질 지수(BLI), 이에 영향을 미친 EU의 유럽 삶의 질 지수(EQoL), 그리고 UN의 사회자본을 중시한 세계행복지수(WHR)가 있다.

본서의 관심은 선진국의 외교 살롱이라고 일컫는 OECD의 BLI다. 세계 금융위기는 삶의 질과 불평등에 관한 관심을 일으켰으며, 이는 통계 측정 방법론의 수립과 BLI 개발로 이어졌다. 2007년, 유럽위원회(EC) 위원장은 EU · OECD 공동 콘퍼런스 'GDP를 넘어서'에서 "국부뿐만 아니라 복지도 측정할 수 있는 방법론을 모색해야 한다."라고 언급한다. 2008년, EU 의장 사르코지는 경제학자 조지프 스티글리츠와 센, 장 폴 피투시를 대표로 하는 '경제성과 및 사회 진보의 측정 위원회'를 설치했고, 2009년 위원회는 개인소득의 상세 측정, 지표 실체 파악을 위한 다양한 통곗값(평균값 · 중위수 · 분포), 가사노동의 가치 평가 등을 포함해 12개 권고를 담은 보고서를 발간했다.

BLI는 2011년 5월, 위원회의 권고를 충실하게 반영하면서 OECD 설립 50주년을 기념하는 이정표 사업으로 개발되었다. 이것은 UN의 2030년 달성을 목표로 하는 17개 지속가능발전목표(SDGs)에 포함된다. 2003년 이후 4년을 주기로 EU가 공표하는 EQoL에는 본서에서 언급한 다양한 행복 개념과 물질적 박탈 개념이 포함되어 있다. EU는 빈곤 · 사회적 소외의 위험에 처한 사람을 "자원이 너무 적어 최소한의 용인된 삶의 방식으로부터 배제되는 개인이나 가족"으로 정의했다. 이 안에는 중위수 소득의 60%에 이르는 빈곤선, 집세 · 공공설비요금 연체 · 난방 유지 · 단백질 섭취 및 여행 등 경제 부담과 TV · 세탁기 · 자동차 · 전화기 등 내구재로 구성된 '사회적으로 인지된 필수재' 중 4개 이상이 결핍된 가구 비율, 그리고 18세부터 59세까지 성인 가구 구성원의 연간 노동이 잠재적 노동량의 20% 미달하는 가구 중 하나라도 부족한 경우가 포함된다.

OECD의 BLI가 공표되면서 우리나라에서도 행복과 삶의 질, 분배 이슈가 주목을 받기 시작했다. 그러나 이런 이슈들이 운동권이나 노조의 주장과 같은 좌파적인 색채를 띤다는 인식이 강해 저항감이 있었던 탓인지 초기에는 사회적으로 크게 대두되지 않았다. 더구나 이명박 정부가 개발하겠다고 표명한 행복지수는 OECD에서 우리나라 순위가 너무 낮다는 이유로 무산되었다.

이런 와중에 필자는 2011년에 공표된 OECD의 최초 BLI 버전에 일부 주요 범주의 지표를 추가해 구성한 LHI(Lee's Happiness Index)를 통계학적으로 분석하고 지표별 가중치와 회원국의 순위를 도출했다(이내찬, 2012년). 2012년 7월 10일, 필자의 논문 〈OECD 국가의 삶의 질의 구조에 관한 연구〉가 매스컴에서 보도되면서 큰 반향을 일으켰다.

1년간 필자의 논문 인용 건수는 160여 건에 달했고 네이버와 구글에서 '행복지수' 키워드는 지금도 인용 빈도가 높다. 이런 관심은 국민의 행복과 삶의 질에 관한 관심이 높아졌고, 이를 갈구하는 욕구 또한 커졌기 때문일 것이다. 그러나 이 때문에 정부가 국민의 삶의 질 관리를 소홀히 했다고 책임을 묻는 비난도 거세졌다.

창조경제, 국민 행복 및 문화 융성을 정책 기치로 삼은 박근혜 정부도 창조개발지수 개발에 공을 들였지만 결국 무산되었고, 더불어 논의되었던 행복지수 개발도 OECD 순위가 낮다는 이유로 무산되었다. 문재인 정부에 이르러서야 이와 같은 상대 비교에 따른 문제점을 피하기 위해 국내 추이에 초점을 맞춘 국민 삶의 질 지표(2019년)가 만들어졌다. 진일보했지만 문제점이 없는 것은 아니다. 구성 지표 수가 70개나 되다 보니 지향하는 삶의 질의 본질이 제대로 읽히지 않을 뿐만 아니라 지향하는 바가 국민 평균인지 소외계층의 포용인지 명확한 철학이 부재하며 지수 결정과 관리 과정도 불투명하다.

우리나라의 삶의 질은
어디일까

▶ 주거, 소득, 그리고 일과 삶의 균형까지

OECD 35개국의 삶의 질의 현황을 파악하기 위해 BLI(2017년)의 범주별 그리고 전체 범주 평균의 양호한 정도를 상(양호, 평균보다 10% 이상), 중(중립, 평균 ±10% 내외), 하(경계 평균보다 −10% 이하)로 구분해 평가해보았다. 전체 평균 1위인 노르웨이와 2위 덴마크는 소득을 제외한 모든 범주에서 양호를 받았다. 최상위권에는 모든 북유럽이 자리하고 있으며, 영국을 제외한 영미권이 이 안에 포함되어 있다.

　일과 삶의 균형을 의미하는 워라밸 범주에서 북유럽은 상, 영미권은 중 이하로 평가되는데, 양 진영의 일에 대한 태도와 노동시간 규제 방식에서 기인한다(1장 참조). 우리나라는 30위로 최하위권이다. 교육과 시민 참여 범주에서는 양호, 주거 · 직업 및 안전 범주는 중이지만 나머지는 하에 머물러 있다.

사적 안전망과 인생 만족도는 특히 심각하다. 사적 안전망의 미비는 국가에 의해 충족되지 못하는 사각지대를 메워줄 수 있는 사회자본이 부족하다는 것을 말한다. 낮은 인생 만족도는 학창시절부터 성인이 되어 사회에 나가서도 치열한 경쟁이 이어지고, 이 과정에서 자신의 인생을 위해 여유를 갖고 사색할 여력이 없기 때문은 아닐까. 소득수준이 낮은 것은 실질소득과 부가 상대적으로 낮은 것에서 기인한다.

워라밸은 장시간 근무로, 환경은 심각한 공기오염으로, 건강은 주관적인 걱정이 많아 경계에 놓여 있다. 2019년부터 주52시간 근무제가 시행되었고 사회도 워라밸을 중시되는 분위기로 변화해, 개인의 삶을 누릴 기회와 시간도 점차 증가할 것이다. 그러나 국내 산업화와 중국발 대기오염은 2010년 중반까지 누려오던 신선한 공기에 대한 접근권이 심각하게 훼손하고 있어서 큰 문제가 아닐 수 없다.

OECD가 중요하게 여기는 삶의 질의 범주는 무엇일까? LHI는 BLI에서 누락된 지니계수·빈곤율·양성차별 등 불평등, 관용·국가 신뢰 등 사회자본과 환경(유지 가능성) 범주를 추가했고 삶의 질의 본질을 살펴보기 위해 상관관계가 강한 지표를 모아 새 범주를 구성했다.

분석 결과, 새롭게 도출한 다섯 범주 중 가장 중요한 것은 '안정된 삶'과 '소득분배의 형평성'이었다. 전자는 소득이 높고 고용률이 안정적일수록 사람들이 건강하고, 의지할 지인도 있으며, 타인에게 관대하고, 인생 만족도도 높다. 후자는 불평등과 치안 범주로 구성되는데, 소득분배가 공평할수록 빈곤 가구 수가 적고, 성차별도 적으며, 치안 상태가 양호하다. 이것은 경제 성장과 분배에 대한 균형적인 시각, 즉 경제가 성장해야 서로 나눌 수 있는 몫이 커질 뿐만 아니라 실제 몫을 균등하게 나누는 것도 신경을 써야 국민의 행복과 삶의 질의 더 나아질 수 있음을 시사한다. 이는 다음과 같이 요약할 수 있다.

> "국민이 만족스러운 삶을 영위하게 하기 위한 정부의 정책은 개개인이 충분한 소득을 확보할 수 있도록 해주고 거시적으로 고용이 안정되도록 추진해야겠지만, 이 과정에서 부의 편중이 심화되어서는 안되며 극빈자 수를 줄이기 위한 고민도 병행해야 한다. 이는 경제 성장과 분배에 치우치지 않고 동시에 고려해야 한다는 것을 의미한다."

분석 과정에서 도출된 지표별 가중치를 이용해 OECD(2012년, 34개 국가)의 순위를 살펴보면 덴마크가 8.09점으로 1위를 차지했고, 호주와 노르웨이가 2위와 3위였다. 최상위권에는 모든 북유럽 국가들이 포함되어 있고, 미국을 제외한 영미권 국가들도 이 안에 있다. 21위인 스페인보다 등수가 낮은 회원국은 OECD 평균인 6.23점을 밑돈다. 우리나라는 4.2점으로 32위이며, 멕시코와 터키를 제외하면 최하위다. 단순 평균으로 볼 때 순위(28위)보다 낮은 것은 경제 성장과 분배 관련 지표의 가중치가 높아졌기 때문이다.

OECD의 행복지수 BLI는 국가경쟁력, 인당 소득 및 IT 인프라와 정의 상관관계를 보인다. 즉 강한 국력, 높은 소득 및 IT 인프라를 갖춘 국가일수록 삶의 질이 풍족하다는 의미다.

■ OECD BLI 범주 및 종합 평가

점수	주거	소득	직업	공동체	교육	환경	시민참여	건강	삶의만족	안전	일과삶의균형	평균	순위
노르웨이	상	하	상	상	상	상	중	상	상	상	상	상	1
덴마크	중	하	상	상	상	상	상	상	상	상	상	상	2
스위스	중	상	상	상	상	상	하	상	상	상	상	상	3
호주	상	중	상	상	상	상	상	상	상	중	하	상	4
스웨덴	중	중	중	상	상	상	상	상	상	상	상	상	5
캐나다	상	중	상	상	상	상	상	상	상	상	상	상	6
아이슬란드	하	하	상	상	상	상	중	상	상	상	하	상	7
핀란드	중	하	중	상	상	상	중	상	상	상	상	상	8
네덜란드	상	중	상	중	상	상	중	상	상	상	상	상	9
미국	상	상	상	중	상	상	상	상	상	중	중	상	10
뉴질랜드	중	하	중	상	상	상	상	상	상	중	중	상	11
독일	중	중	상	상	상	상	중	중	상	상	상	상	12
룩셈부르크	상	상	상	상	하	상	상	상	상	상	상	상	13
벨기에	중	중	중	상	상	중	상	상	상	상	상	상	14
아일랜드	상	하	중	상	상	상	하	상	상	상	상	상	15
영국	중	하	상	상	상	상	상	중	상	상	중	상	16
오스트리아	중	하	상	상	상	상	하	상	상	상	중	상	17
프랑스	중	하	중	중	중	중	중	상	중	상	상	중	18
스페인	중	하	하	상	중	중	하	상	중	상	상	중	19
슬로베니아	중	하	하	상	상	상	하	중	하	상	상	중	20
체코	하	하	중	중	상	중	하	하	중	상	상	중	21
일본	하	중	상	중	상	상	하	하	하	상	하	중	22
이스라엘	하	하	중	하	중	하	하	상	상	하	하	중	23
에스토니아	하	하	중	중	상	상	중	하	하	중	상	하	24
이탈리아	하	하	하	상	하	중	중	상	하	중	상	하	25
슬로바키아	하	하	하	상	중	중	중	하	하	상	상	하	26
폴란드	하	하	하	중	상	하	하	하	하	중	중	하	27
포르투갈	중	하	하	하	하	상	하	하	하	상	중	하	28
한국	중	하	중	하	상	하	상	하	하	상	하	하	29
콜롬비아	하	하	하	하	하	하	하	하	상	하	중	하	30
라트비아	하	하	하	하	상	중	하	하	하	하	중	하	31
헝가리	하	하	하	하	중	하	하	하	하	하	상	하	32
그리스	하	하	하	하	하	하	하	상	하	중	중	하	33
터키	하	하	하	하	하	하	상	하	하	중	하	하	34
멕시코	하	하	중	하	하	하	상	하	중	하	하	하	35
평균	−8%	−35%	−4%	8%	13%	10%	−9%	3%	7%	12%	8%	1%	

▶ 북유럽이 행복한 이유

행복지수 평가에서 최상위권에 속하는 북유럽이 행복한 이유를 살펴
보자. 가장 중요한 이유는 복지제도다. 일자리를 잃으면 국가는 실업
수당을 지급하고 병에 걸리면 치료비를 지급해주므로 삶의 질이 결핍
되어도 채워줄 수 있는 사회 안전망이 튼튼하다. 젊어서 하거나 갖고
싶은 것이 많겠지만, 한참 때 일해 세금을 내고 이 세금으로 은퇴한 노
년에 궁핍하지 않기 위한 헤징의 의미가 있다. 복지를 유지하기 위해
세수는 필수적이며, 이것은 국민 신뢰로 뒷받침된다. 성실한 납세는
'제도를 믿고, 제도가 나를 곤경에 빠뜨리지 않을 것이며, 부정부패 없
이 나를 포함한 많은 사람들과 국가의 이상을 위해 쓰일 것'이라는 정
부 신뢰에 바탕을 둔다. 신뢰란 "번거로움이나 마음 졸이는 일 없이 다
음 단계의 행동을 취하는 것이 수월해져 사는 것이 훨씬 편안해지고
더 나은 삶을 살 수 있다."라는 의미다(러셀; 반 덴 붐, 2016년). 북유
럽에 관한 행복론 저자들은 이구동성으로 짐을 잃어버리면 처음에는
당황하지만, 누구도 집어 가지 않을 것이고 어딘가에는 보관해줄 것이
라 믿어 점차 편안해진다는 경험담을 소개한다. 필자도 북유럽에서 분
실한 선글라스를 공항과 SNS로 소통해 찾은 경험이 인상 깊다. 이들
은 소통과 분실물 습득에 이어 해외 발송까지 모든 과정을 성실하게
실행해주었다.

북유럽은 뒤에서 살펴볼 국가 신뢰 척도인 국가지배구조지수의 평가
에서도 최상위권이다. 높은 세율과 노동시간 규제로 북유럽은 영미권

보다 적게 일한다. 돈을 많이 벌려고 해도 세금을 더 내야 하므로 직업 선택의 기준은 흥미로움에 있다.

덴마크어로 일을 '아바츠글래드' 라고 하는데, '일하는 즐거움' 을 뜻한다. 평소에는 지인들과 아늑하고 편안한 상태를 누리는 휘게를, 백야가 시작되는 6월부터 최소 한 달 이상은 휴가인 하지절을 지낸다. 위아래가 많지 않고 서열을 따지지 않는 수평 사회여서 개인의 자유를 존중한다. 이것은 "모든 사람이 각자만의 프로젝트, 계획과 희망을 품고 있고, 이를 자기만의 방식이나 속도로 실현할 수 있다."라는 뜻이다. "꿈은 현실적이다. 금전적으로도 현실에 만족한다."는 덴마크 사람들에 대한 평가와 같이 자신이 힘들어할 정도로 무리하게 기대를 높게 하지 않는다(라이달, 2017년).

교육의 귀감인 핀란드 교육 시스템을 들여다보자. 모든 권한과 책임은 학교에 부여하고, 교사는 협력자로서 학생들이 자신의 관점과 믿음대로 생각하도록 하는 구성주의적 학습 방식을 추구한다. 학생들 사이의 점수 편차를 줄이는 등 포용을 중시하는 핀란드의 국제 학업성취도 평가(PISA) 점수는 우리나라와 마찬가지로 최상위권에 속한다. 인구수가 적으며 동질적이라는 인구학적 특성 때문인지 사회공동체 정신이 강하고 평등주의를 지향한다. 덴마크만 해도 클럽 수가 8만 개에 이르며, 전체 인구 중 약 90%가 인당 평균 2.8개의 클럽에서 활동하고 있다고 한다.

덴마크의 얀테의 법칙이나 스웨덴의 중용을 의미하는 '라곰' 은 "너무 많이 가진 사람이나 너무 많이 지시하는 사람도 없어야 하며, 돈이 많다고 과시해서도 안 되며, 남보다 많은 물질을 소유하는 것이 행복을 준다고도 믿지 않는다."라고 해석한다. 지위 고하를 막론하고 모든 사람이 자전거를 타고 다니는 평등사회의 표상이다.

이와 같은 북유럽의 삶의 질은 '복잡하지 않은 단순한 설계, 기능성, 그리고 민주적 접근'으로 특징지어지는 스칸디나비안의 디자인 속에도 녹아 있다(할렌·비크만, 2003년). 스웨덴 태생 자동차회사 볼보는 생명도 최우선으로 하는 안전, 이케아는 플랫 팩 조립 방식에 의해 일반인이 접근 가능한 중저가 가구, 저가 의류 브랜드 H&M은 지속가능성을 추구한다. 이것은 삶의 질 추구가 사회 전반에 주류화되어 있기 때문이다. 개미·에그·백조 등 수제의자로 유명한 덴마크에서 사람들이 첫 월급으로 받았을 때 가장 먼저 집에서 쓸 자기 의자를 구매하는 것은 생활의 질이 향상되어 마음이 풍요로워지며 일상에서 행복을 느낄 수 있기 때문이다(료스케, 2015년).

우리를 뭉쳐주는
사회자본

▶ 사회 네트워크의 편익과 안정

사회학자 로버트 퍼트넘은 《나 홀로 볼링》(2000년)에서 미국은 사람들이 홀로 생활하고 즐기는 단지화로 사회자본이 감소할 것이라고 경고했다. 그는 사회자본은 우리를 "현명하고, 건강하고, 안전하고, 풍요롭게, 그리고 공정하고 안정된 민주주의를 잘 운영하게 해줄 것"이라고 말한다.

사회자본은 구성원이 사회 네트워크상에서 소속감이나 유대감을 느끼게 해주고, 구성원들의 정보 교환·공유로 유·무형의 편익을 얻게 해주며, 궁핍할 때 사적 안전망이 되어주기도 하고, 협업으로 공동의 목표를 달성할 수 있게 해준다. 즉 사회관계를 통해 심리적인 안정을 얻을 수 있고, 어려움에 닥쳤을 때 버퍼가 되어주며, 예컨대 취업 기회나 삶의 지혜와 관련된 정보를 습득할 수 있게 해주고 홀로 불가능한 작업을 집단지성으로 실현할 수 있게 해준다. 또한, 사회자본은 올바른 가치 · 규범의 수립과 준수, 그리고 이를 가능하게 하는 구성원 상호 간 또는 기업이나 국가 · 정부에 대한 신뢰 및 호혜성, 구성원의 자발적인 정치참여나 기부로 사회를 안정되게 해준다.

사회 가치란 다양성, 보편성, 포용이나 분배적 정의와 같이 구성원이 무엇을 소유하고 추구하는 것이 선하고 바람직한가에 대한 신념으로, 윤택한 삶의 질을 유지하기 위한 인간의 권리와 관련된 보편적인 원칙이다. 규범은 가치가 제시하는 원칙에 따라 특정한 상황에서 행해야 하거나 행해서는 안 되는 구체적인 행동을 규정하는, 예컨대 '차보다 사람이 우선이다.' 라든지 '남에게 피해를 입혀서는 안 된다.' 와 같은 준칙이다. 사적 안전망이나 기부는 국가 복지의 보살핌을 제대로 받지 못하는 사각지대를 커버해주는 안전장치로서 중요하다.

사회자본은 사회 응집력을 강화해준다. 지표(IMD, 2019년)로 살펴보면 OECD에서는 스웨덴(14위), 미국(24위) 및 영국(28위)을 제외한 북유럽과 영미권이 최상위권에 속한다. 우리나라(3.6점)는 OECD 평균(5.72점)에 턱도 없이 부족한 36위로 사회자본 구축이 시급하다.

사회 응집력은 뒤에서 언급하는 대인 신뢰 · 기업 및 국가지배구조지수 · 정부규제지수 등 신뢰, 동성애 · 양성 노동력 참가율 · 양성 소득 격차 등 포용, 사적 안전망이나 기부(세계기부지수)는 물론 인생 만족도 · 개인의 자유 등 개인 행복과도 정의 상관관계를 가진다.

▶ 우리가 지켜야 할 소중한 것

사회 가치는 서로 연관된다. 다양성은 출신·피부색·인종·성·종교·언어·경제력·정치적 견해 등 다른 특성을 가진 타입이 많거나 그 비중이 고르게 분포하는 균등성을 의미한다. 타입이 많아도 특정 타입에 편중되면 다양하다고 할 수 없다. 한편, 보편성은 모두에게 인권에 대한 접근권을 보장해주는 평등성과 이를 일반적인 속성과 다르다는 이유로 제한해서는 안 된다는 비차별성을 함의한다.

포용은 "신체적 능력이나 남녀노소·인종·피부색·장애 등 외모, 소득·부 등 경제적 능력이나 종교·다문화가정·결혼 등 사고방식에서 소외된 이들이 수가 적거나 힘이 약하다고 해서 인권에 대한 접근이 불가능하거나 결핍된 채 내버려두는 차별이 발생해서는 안 된다."라는 의미이며(이내찬, 2013년), "중심에서 벗어나 소외된 편심 상태의 사람들을 이해하고 보호해주고 부족한 부분은 채워주어야 한다."라는 의미이기도 하다. 문화 다양성이라든지 보편적 디자인이나 서비스와 같은 용어도 포용을 함의한다. 센(1999년)은 이런 편심 상태를 역량 접근 방식의 틀로 개념화한다. 이것은 기능과 역량, 즉 "사람이 가치를 부여하는 다양한 상태와 활동"과 "사람이 가치를 부여할 만큼 의미 있는 삶을 이끌어 갈 수 있게 해주는 실질적 자유"로 구성된다. 예컨대 자전거 기능이 편리한 이동이나 건강 유지라면, 역량은 구매 능력이나 잘 탈 수 있는 기술이다. 기능은 갈증 해소와 같은 생리적인 욕구부터 이상선을 추구하는 자기 구현, 나아가 타인의 복리를 중시하는 가치·규범 준수까지 광범위한 스펙트럼으로 구성된다. 센은 이와 같은 상태를 소득 이외에도 다양한 범주로 살펴봐야 한다고 강조했다.

하버드대학 정치철학과 교수 존 롤스는 《정의론》(1974년)에서 소외계층의 편익을 우선시하는 포용 정책의 시행을 피력했다. 그는 제러미 벤담의 '최대 다수의 최대 행복'이라는 공리주의의 목표를, "다른 사람들이 더 큰 이익을 공유하는 것에 의해 일부 사람들의 자유 상실이 정당화될 수는 없다."라며 반대했다. 그는 보편타당한 분배적 정의는, 누구도 사회에서 자기 위치·계급 또는 사회적 지위를 알 수 없는 탓에 자신이 처한 상황을 무시하고 "무지의 베일 뒤의 원초적 입장"에서 내려져야 한다고 언급한다.

이런 설정 하에 그는 "모든 인간은, 만인에 동등한 기본적 자유를 가장 광범위하게 수용해줄 수 있는 사회제도에 동등한 권리를 보유"(제1원리)해야 하며, "사회는, 정의로운 저축 원리에 일관되게, 사회 구성원 중 가장 혜택받지 못하는 구성원에게 가장 큰 기대 편익이 보장되어야 하며, 직장과 직위는 공정하고 동등한 기회가 부여된다는 조건으로 개방되어야 한다."(제2원리)라고 정의한다. 여기서 존 롤스가 언급한 '정의로운 저축 원리'란 사회의 지속가능성을 위해 물적 자원을 절약한다는 의미다. 레이야드(전게서)도 "소득은 가장 빈곤한 사람에게 재분배되어야 한다."라며 포용 정책을 주요 목표로 꼽는다.

포용심은 이주민이나 성 정체성에 대한 수용 정도로 대신 살펴볼 수 있다. OECD에서 이주민 호의도 1위는 2천 년간 나라를 잃고 세계 각지를 떠도는 과정에서 다양한 인종과 섞였고 1945년 중동 지역 서해 안에 국가를 설립한 이스라엘으로, 10점이다. 흥미롭게도 이주민의 비중(1990~2017년, UN)이 최상위권인 노르웨이와 스웨덴, 뉴질랜드와 캐나다는 최하위권에 포함되었다. 이것은 부족한 노동력을 확보하기 위한 개방적인 이민 정책으로 받아들인 이주민의 사회 부적응으로 문제가 발생했기 때문인 듯하다(10장 참조).

한편, 성 소수자 포용은 북유럽과 뉴질랜드가 최상위권에, 나머지 영미권 국가는 중위권에 포진한다. 우리나라는 3점을 받아 OECD 평균인 6점을 훨씬 밑도는 31위로 부정적인 시각이 강하다. 그러나 세계적으로는 2000년 네덜란드나 2005년 캐나다를 시작으로 동성애 결혼의 합법화가 확산되는 추세다.

사회 안정성과
정치 신뢰도

▶ 믿고 따를 수 있는 사회

가치·규범을 수립하고 준수하기 위해서는 신뢰와 호혜성이 필수적이다. 신뢰란 상대방이 나의 이득이 상대방의 행동에 좌우되는 무방비 상태에 놓여 있어 그가 자신의 이익을 위해 악용할 수도 있지만 그렇게 하지 않을뿐더러 나를 위해 행동해주리라는 기대다.

신뢰 사회에서는 마음 졸이는 부담감이 없고 계약 절차가 복잡하지 않아 거래가 확대된다. '국가가 부동산 정책을 제대로 시행할 테니 집을 구매해도 될지?', '믿고 맡겨달라는 인테리어업체에 선금을 줄 수 있는지?', '감독 없이 학생들이 시험을 보도록 할 수 있는지?'라는 질문은 국민이 국가를, 집주인이 인테리어업체를, 교수와 교사가 학생을 신뢰하느냐의 문제다. 집권층이 부동산 가격을 잡겠다고 무리한 정책을 밀어붙이거나, 선급을 지급했더니 업체가 게으름을 피운다든지, 학생들이 부정행위를 하면 신뢰란 없다. 북유럽 사람들이 차 문을 열어둔 채 시동을 걸거나, 갓난아기를 태운 유모차를 카페 밖에 놓아둔 다든지, 물건을 잃어버려도 조바심내지 않는 것은 누구도 차나 아기나 분실물을 훔쳐가지 않으리라는 믿음 때문이다.

OECD의 지인 대상 신뢰 지표(WVS 7차, 2017~2222년)를 살펴보면 1위인 덴마크를 포함한 모든 북유럽 국가들과 뉴질랜드(8위), 호주(9위)가 최상위권에 속하며 나머지 영미권은 중위권에 속한다. 우리나라는 2.66점으로 OECD 평균인 3.66점보다 낮은 25위로 최하위권이다. 돈이 든 지갑을 공공장소에 흘린 후 회수율을 살펴보는 '분실 지갑 실험'은 대인 신뢰를 확인하는 방법으로 잘 알려져 있다. 40개국, 1만 7천여 건을 대상으로 한 대규모 실험에서는 평균 지갑 회수율은 72%이며, 이 중 돈이 없어진 비율은 51%였다(콘 외, 2019년).

게임이론 관점에서 가치 · 규범 준수는 상대방이 협력 전략을 선택하는 것을 인지하고 자신도 이에 따르며 상대방도 모두에 득이 되는 안정적인 내시균형이 성립하는 상태다. 그러나 구성원들 사이에 신뢰가 없다면 누군가 가치 · 규범을 어기는 배신 전략을 선택할 것이고 협력하는 사람만 손해를 볼 테니 모두가 배신하는 수인의 딜레마가 발생한다. 공공장소에서 연 문을 뒷사람에게 넘겨주는, 문 잡아주기 에티켓을 보자. 프랑스와 미국 사람들은 뒤에 사람이 오면 문을 잡고 있지만 우리는 그냥 놓는다. 문을 잡아주더라도 한마디 감사의 표시조차 없고 심지어 그 사이를 빠져나가기까지 한다. 이와 같은 호의를 빈번하게 무시당하면 다시는 문을 잡아주려 하지 않을 것이다. 자기 편하다고 길거리에 쓰레기를 버리니 나 역시 버리는 것도 마찬가지다. 그래서 결국 거리가 지저분해지고 거리의 미관을 해치는 주요 요인이 된다.

가치·규범 준수는 다르게 해석할 수도 있다. 이것은 이마누엘 칸트의 "준칙이 보편적인 자연법칙이 되도록 자신이 의지에 따라 행동하라."라는 정언명령의 제1공식에 따라 "남의 시선을 의식하는 것이나 이타적인 배려도 아닌, 옳으므로 모두가 준수한다."라는 것이다(로에머, 2019년). 양자의 차이는 예컨대 세금을 성실히 내는 이유가 세금 당국에 탈세 행위가 발각되면 벌금을 물어야 한다는 전략적인 사고 때문인지 원활한 국정 운영을 위해 당연한 국민의 의무니 모두가 따라야 한다는 생각인지의 차이다.

▶ 국가와 기업의 지배구조지수

국민의 신뢰 대상은 기업이나 국가·정부가 될 수 있으며, 지배구조의 양호성에 의존한다. 지배구조란 한 기관이 특정 목적을 달성하기 위해 주요 의사결정을 내리는 구조나 틀이다. 예컨대 '기업은 제대로 된 품질의 재화를 적절한 가격에 제공하는지?', '상품을 설명하는 직원의 말은 믿어도 될지?', '회사 대표가 비자금을 조성하기 위해 분식회계나 복잡한 계열회사 구조를 만든 것은 아닌지?'와 같은 물음은 기업 지배구조에 관한 것이다.

여기에는 사회적 책임(CSR)의 성실한 수행, 즉 경영의 윤리성, 생산 과정에서 환경파괴나 인권유린 방지와 사회 공헌이 포함된다. CSR은 이후 기업이 이윤과 사회적 가치를 동시에 얻는 공유가치 창출(CSV), 지표 평가로 유도된 외부 투자 압력으로 기업의 사회적 책임을 수행하게 하는 환경·사회·기업 지배구조(ESG)로 진화해왔다.

2019년, IMD의 이사회 견제와 사회적 책임 인지 및 기업 매니저 신뢰 지표와 WEF의 감사회계 적정성 지표의 평균으로 구성한 '기업 지배구조지수'로 OECD 순위를 살펴보면 최상위권에는 모든 북유럽 국가들과 뉴질랜드를 제외한 영미권 국가들이 포함된다. 우리나라(3.86점)는 OECD 평균 5.72점에 훨씬 미치지 못하는 36위로 최하위권이다. SK그룹을 시발점으로 타 기업에 확산되고 있는 ESG 경영의 구현이 절실한 이유다.

■ OECD 기업지배구조지수 순위(10점 만점)

순위(37)	국가	점수	순위	국가	점수	순위	국가	점수
1	호주	6.14	13	콜롬비아	4.58	25	영국	4.47
2	핀란드	5.65	14	일본	4.84	26	이탈리아	4.30
3	아일랜드	5.48	15	멕시코	4.46	27	프랑스	4.30
4	덴마크	5.53	16	리투아니아	4.84	28	칠레	4.04
5	노르웨이	5.46	17	벨기에	4.88	29	그리스	4.01
6	스웨덴	5.40	18	뉴질랜드	4.96	30	체코	4.13
7	룩셈부르크	5.25	19	이스라엘	4.35	31	스페인	4.18
8	스위스	5.12	20	에스토니아	4.57	32	독일	4.60
9	미국	4.77	21	라트비아	4.10	33	슬로베니아	4.02
10	네덜란드	5.15	22	폴란드	4.31	34	포르투갈	3.85
11	캐나다	5.06	23	터키	4.20	35	헝가리	4.07
12	오스트리아	5.45	24	아이슬란드	4.70	36	한국	3.86
	OECD 평균	4.66				37	슬로바키아	3.50

▶ 국가와 정부를 믿을 수 있는가

집권층과 사법·행정·입법 등 국가삼권에 관한 신뢰가 중요한 것은 정책 수행이 국민의 협조와 승인에 의한 정당성을 필요로 하기 때문이다(OECD, 2020년). 국가(정부)지배구조가 양호하다는 것은 무엇을 말할까?

우선, 국가가 국민들에게 의식주나 치안 및 안전, 국방·외교·환경의 제공과 같은 노블레스 오블리주를 제대로 수행하고 있는가다. 즉 국가가 국민들이 생활에 궁핍하지 않도록 하고, 밤낮없이 거리를 자유롭게 거닐 수 있게 하며, 안전사고가 발생하지 않고 외세의 침범 위협을 받지 않으며, 대기를 깨끗하게 해주리라는 믿음이다. 국민들 중 누군가가 생활고로 생명을 끊는다든지, 도로의 싱크홀이나 침수로 생활 터전을 잃는다든지, 시설 노후화로 안전사고가 발생한다든지, 미세먼지가 끊이지 않고 대기를 뒤덮는다면, 그리고 안보 위협을 받는 사건들이 수시로 발행한다면 국가를 신뢰하지 않고 그 안에서 사는 것을 편하게 여기지 않을 것이다. 아울러 국민의 대리인으로서 세금으로 형성된 공공자원을 효율적으로 집행하고, 사리를 채우기 위해 그르게 사용하지 않으리라는 믿음이다.

국가가 권력을 남용하지 않으리라는 믿음도 이 안에 포함된다. 예컨대 사법부가 정권의 의중이나 정치에 휘둘려 위법한 사안을 편향적으로 판정한다든지, 소모적인 정쟁으로 국회가 민생 법안을 제대로 통과시키지 못한다든지, 근시안적인 입법과 정책이 시장 기능을 교란하고 사회 혼란을 초래한다든지 해서는 안 된다. WEF의 사법 독립성과 정부 정책 안정성 지표, IMD의 정부 정책 투명성과 정치 안정성 지표, 그리고 국제투명성기구 부패인식지수의 평균으로 OECD의 국가·정부 신뢰도를 평가해보면 모든 북유럽 국가들과 뉴질랜드(7위), 캐나다(12위)가 최상위권에 포진하고 나머지 영미권 국가는 중위권에 속한다. 우리나라는 4.84점으로 OECD 평균인 8.25점을 밑도는 29위로 최하위권이다.

■ OECD 기업지배구조지수 순위(10점 만점)

순위(37)	국가	점수	순위	국가	점수	순위	국가	점수
1	스위스	8.74	13	일본	7.11	25	슬로베니아	5.36
2	핀란드	8.60	14	호주	7.10	26	라트비아	5.35
3	덴마크	8.51	15	칠레	6.97	27	체코	5.34
4	룩셈부르크	8.33	16	미국	6.73	28	스페인	4.97
5	네덜란드	8.21	17	아이슬란드	6.71	29	한국	4.84
6	노르웨이	8.11	18	프랑스	6.54	30	헝가리	4.69
7	뉴질랜드	7.85	19	벨기에	6.40	31	이탈리아	4.23
8	스웨덴	7.81	20	이스라엘	6.15	32	폴란드	4.14
9	아일랜드	7.74	21	에스토니아	6.03	33	터키	3.87
10	오스트리아	7.73	22	영국	6.01	34	콜롬비아	3.84
11	독일	7.47	23	포르투갈	5.80	35	그리스	3.70
12	캐나다	7.44	24	리투아니아	5.67	36	멕시코	3.57
	OECD 평균	6.25				37	슬로바키아	3.56

▶ 국민의 자발적 참여

마지막으로, 자발적 참여는 사회자본을 형성하는 주요소다. 국민이 대리인을 선출해 국가 운영에 정당성을 부여하는 투표와 사회적 가치

부유한 경제 가난한 행복

구현을 위한 조건 없는 기부가 대표적인 예다. 스위스와 같이 국민이 직접 정치에 관여하는 것이 바람직한 것은 스스로 제어가 가능하고 정치인들을 더 잘 감시할 수 있어서 행복해하기 때문이다(프레이 · 수트저, 2002년).

투표율을 살펴보면 최상위권의 핀란드(21위)를 제외한 북유럽 국가들과 호주와 뉴질랜드가 포함되며, 나머지 영미권 국가는 중위권에 속한다. 77점인 우리나라는 OECD 평균 68점을 웃돌아 12위를 차지해 국민의 정치에 대한 열의가 높은 것을 알 수 있다. 개인의 사리 추구와 시민으로서 적절한 균형을 찾는 기부는 국가 복지가 미치지 못하는 사각지대를 민간 부문에서 막아준다. 기부도 행복에 긍정적인 영향을 미친다. MRI로 살펴본 기부 시 뇌 반응은 즐거운 때와 같으며, 5달러 실험에서도 타인을 위해 사용한 경우가 더 행복하다는 것을 관찰했다.

낯선 사람에 대한 도움, 기부금 및 자원봉사 시간으로 구성된 세계기부지수(CAF, 2017~2019년 평균)를 살펴보면 영미권 국가들이 가장 왕성하며, 네덜란드 · 노르웨이 · 덴마크 등 일부 북유럽 국가들도 최상위권에 포함된다. 우리나라는 3.3점으로 OECD 평균인 3.7점보다 다소 낮은 22위를 차지해 중립적이다.

공정한 나눔과
소득 격차

▶ 신자유주의의 불평등에 관한 시각

프리드먼(1980년)은 시장기능을 가로막는 정부의 개입을 맹렬하게 비판한 신자유주의자였다. 신자유주의는 성과가 좋은 사람은 시장에서 주어진 기회를 잘 활용하고 노력했기 때문이지만 성과가 나쁜 사람은 노력이 부족했기 때문으로 간주하는 가부장적 엄격성을 보인다. 불평등도 사람들의 생산성 차이로 인한 정당한 결과이며, 소득이나 부채는 단기적으로 변할 수는 있지만, 장기적으로는 안정되는 것으로 본다(피셔, 2011년).

이와 같은 논리에 따른다면 정부의 복지정책은 단순한 잡음에 불과해진다. 프리드먼(1957년)은 "자유보다 평등을 우선하는 사회는 어느 쪽도 얻지 못하겠지만, 평등보다 자유를 우선하는 사회는 둘 다 높은 수준으로 얻을 수 있을 것이다."라며 복지정책에 반대했다. 아서 멜빈 오쿤(1975년)도 복지정책은 일할 유인을 훼손하고 방대한 관리비용으로 새는 양동이의 비효율성을 초래한다고 지적한다. 심지어 쿠즈네츠 가설(1963년)은 경제 성장 초기에는 소득이 증가하면 불평등이 심화되지만, 시간이 지나면 성장 성과가 확산해 불평등이 감소하는 역-U자 '낙수효과'를 주장한다. 애덤 스미스도 《도덕감정론》(1759년)에서 부자가 이기심과 탐욕에 따를지언정 의도하지 않게 생산물을 가난한 사람과 나누며 보이지 않는 손에 의해 사회 이익을 증진하는 수단을 제공한다고 주장했다.

1980년대 미국 레이건 정부와 영국 대처 정부는 공급 중심의 경제학을 피력하면서, 래퍼 곡선에 따라 가계나 기업에 대한 과도한 세금은 일할 유인 감소와 경제활동 위축으로 오히려 세수입을 감소시킨다며 세금 부담을 완화했다. 우리나라에서도 이런 정책은 이명박, 박근혜, 그리고 윤석열의 보수 정부로 이어졌다.

▶ 후케인즈 경제학의 경제 분배 이론

후케인즈 경제학은 근로자와 기업 간 국민소득의 분배 여하가 성장에 미치는 영향을 분석하는 경제 분배 이론의 틀을 구축했다.

출발점은 국민소득이 근로자와 기업에 분배된 금액과 소비나 투자로 지출된 금액이 모두 같다는, '국민소득(Y)=임금(W)+이윤(Π)=소비

(C)+투자(I)'가 성립하는 국민소득계정의 삼면등가의 법칙이다. 근로자는 임금으로 생활하기도 빠듯해서 저축은 생각조차 하지 못하고 소비만 한다고 가정하면 이윤은 기업 소비와 투자로 구성된다. 폴란드 경제학자 미하우 칼레키(1933년)는 이를 "근로자는 자신이 번 것을 지출하지만, 자본가는 지출한 것을 번다."라고 지적했고, 케인즈(1930년)는 "기업이 이윤을 얼마를 소비해도 부는 여전히 이전과 같이 증가해 남는다."라면서 소진되지 않는 과부의 단지에 비유했다. 이는 어떤 기업의 소비는 다른 기업의 이윤이 되지만, 거시적으로 모든 기업을 하나의 군집으로 보기 때문이다.

모델에서는 균형식, 자본소득비율$(\beta) = \dfrac{\text{저축률}(s) \times \text{자본소득분배율}(\alpha) \times \text{설비가동률}(\mu)}{\text{경제성장률}(g)}$ 이 성립한다. 베타는 기업 몫이 늘거나 여분설비를 더 가동할수록 커진다. 후케인즈 모델에서는 투자가 알파와 설비가동률의 증가함수라고 가정해 이 두 변수를 내생적으로 결정한다. 기업 몫이 늘어나 기업 소비가 임금 감소에 의한 근로자 소비 감소보다 큰 수요 증대로 생산가동률이 확대되고 투자도 확대되면 이윤주도성장, 반대로 임금의 증가로 수요와 투자가 확대되면 소득주도성장으로 해석할 수 있다.

국내에서 소득주도성장 논쟁이 불붙은 것은 문재인 정부가 최소임금제나 세입자 보호 등 약자인 서민들에게 더 많은 몫이 돌아가도록 정책을 추진하면서부터다. 소득주도성장은 예컨대, 미국의 블랙프라이데이나 우리의 코리아세일 페스타와 같이 집적된 수요가 마중물로 경제 활성화를 기대한다.

그러나 소득주도성장 정책은 시장의 원칙을 무시하고 사적 재산권의 영역을 넘어 초법적으로 추진되었다는 점에서 비판을 면할 수 없다. 그렇다고 개념 자체가 허구이고, 우리 경제가 동력을 잃은 것은 이 때문이라는 지적도 옳지 않다. 엄격하게 말하면 우리의 경제문제는 성장 한계, 연이은 세계 경기침체와 코로나 창궐 때문일 뿐 분배 몫을 누구에게 더 돌려서 해결될 일이 아니다. 필자는 이를 이렇게 기술했다(아시아경제, 2018.11.26).

"지금 우리가 직시해야 할 현실은 기업의 곳간이든 근로자의 호주머니든 어디를 조금 더 채워준다고 해도 효과를 얻기 어려울 정도로 경제 활력이 떨어지고 있고 국민도 미래에 부정적인 시각을 가지기 시작했다는 것이다. 기존 산업이 계속 성장해준다면야 생활에 지장 없겠지만, 후발국의 값싼 노동력과 개량 기술에 의한 캐치업이나 공장의 해외 이전으로 인한 국내 산업의 공동화는 계속되고 있다. 또한, 10년 주기로 반복되어 온 세계경제의 침체는 해외 의존도가 높은 우리에게는 잠재적인 복병이다."

모델에서는 기업 몫이 늘면 생산가동률은 감소하지만, 투자는 증가하는 케이스도 있는데, 이것은 과거 이동통신 요금 인하 논쟁의 상황과 유사하다. 2000년 초반, IT 부처 장관이 "이동전화 요금을 10% 내린들 개인에게는 월 자장면 한 그릇밖에 돌아가지 않지만, 모으면 조 단위가 되어 산업 하나를 살릴 수 있다."라고 언급한 적이 있다. 이것은 개인의 미미한 편익과 수요 효과보다는 투자로 경제 활성화에 이바지할 수 있다는 이윤주도성장 주장이다. 당시 이와 같은 취지에서 조성된 코리아 IT 펀드는 현재까지 운영되고 있다.

근로자의 몫인 노동소득분배율 현황은 어떨까? 노동소득분배율의 증가율은 실질임금−실질노동생산성과 같다. 국민순소득(NNI)을 기준으로 OECD 평균 추이를 살펴보면 세계 금융위기를 제외하고 생산성과 임금 모두 꾸준한 증가 추세이지만, 전자가 후자보다 높아 임금은 감소했음을 확인할 수 있다(OECD, 2018년). 세계 평균 추이도 이와 유사하다(ILO, 2018년).

이와 같은 요인으로는 숙련 편향적 기술 변화로 성과가 자본과 고숙련 근로자에게 집중적으로 분배되고, 세계화로 저숙련 근로자의 공급이 확대되며, 노동조합 수와 복지 혜택 감소, 그리고 경제의 금융화에 의한 주주 권리 강화로 단기적인 실적을 위한 임금 상승 억제를 들 수 있다(OECD, 2012년).

우리나라는 그간 노동소득분배율이 지속적으로 증가한 몇 안 되는 회원국 중 하나다. 국민소득(NI)을 기준으로 1997년 62.4%로 정점을 기록한 뒤 2000년 58.1%까지 감소했고 이후 60% 전반에 머물었으며, 세계 금융위기로 2010년 58.9%로 떨어진 후 전반적인 상승세로 2018년 현재 노동소득분배율은 63.8%로 관찰 이래 가장 높은 수치다.

2016년부터 2018년까지 OECD 평균 노동소득분배율은 24위인 뉴질랜드를 제외한 모든 영미권 국가들이 최상위권에 포함되어 있고, 8위인 덴마크를 제외한 모든 북유럽 국가들은 중위권에 포진하고 있다. 우리나라(55.6%)는 OECD 평균인 55.8%에 근접한 20위로 중립적인 위치에 있다. 그러나 이조차도 국민 계정은 자영업자를 기업으로 분류하지만, 주인은 영세성으로 인해 사장이면서 피고용인인 까닭에 수익이 적절하게 노동과 자본에 분배되어야 하며, 그렇지 않으면 자영업자 비중이 높은 우리나라의 수치는 과소평가되었다는 지적이 있다. 문재인 정부 당시 소득주도성장에 맥을 맞추어 산정 방식의 개정을 주요 어젠다로 삼았으나 관철되지 못했다. 향후라도 이 이슈가 중요하다면, 국제기구에서 표준이 되도록 문제를 제기하고 수정하도록 노력해야 한다. 우리 상황은 남들과 다르다며, 설령 고친들 누구도 관심을 가지지 않을 것이라는 생각은 버려야 한다.

▶ 피케티 모델

《21세기 자본론》(2014년)의 저자 피케티는 장기적으로 자본주의 체제에서는 부의 불평등이 심화할 것으로 예상했다. 그는 협의의 국민소득(NNI)에, 소득 중에서 소비된 나머지가 저축되고 투자되어 다시 소득을 생성하는 로버트 솔로의 경제 성장 모델을 적용해 균형식 자본소득비율(β) = $\dfrac{저축률(s)}{성장률(g)}$ 을 도출했다(제2법칙).

　자본을 국민소득으로 나눈 자본소득비율($\beta = \dfrac{K}{Y}$) 또는 베타는 한 단위 국민소득(Y)의 생산을 위해 투하된 자본량(K), 즉 자본 효율성의 역수 또는 국민소득이 자본에 편중된 정도를 나타낸다. 경제 성장이 정체된 선진국일수록 베타는 커진다. 저축률(s) 10%, 성장률(g) 3%를 가정하면 베타는 300이지만, 성장률이 1.5%(2070년, UN 전망)로 떨어지면 600인 두 배로 커지는데, 피케티는 이를 상위 10%가 전체의 90%의 부를 거머쥔 18~19세기 영국 · 프랑스 · 독일 상황으로 회귀하는 것이라고 지적한다. 식 분모에 인구증가율을 추가할 수도 있으나, 선진국은 심각한 인구절벽에 봉착해 이런 추세를 멈추기에는 역부족이다.

국민소득은 근로자와 기업에 임금(W)과 기업의 이윤(Π)에 분배된다. 국민소득으로 이윤을 나눈 비율($\frac{\Pi}{Y}$)로 기업의 영업이익률을 나타내는 자본소득분배율(α)을 변형하면 $\alpha = \frac{\Pi}{Y} = \frac{K}{Y} \times \frac{K}{K} = \beta \times \gamma$ 가 성립한다(제1법칙). 단, 자본시장은 완전 경쟁으로 자본수익률($\frac{\Pi}{K}$)과 시장이자율(r)이 일치한다고 가정한다. 이 식은 서로 역관계에 있는 자본 양이나 그 가치가 높아질수록 자본의 편중도가 높아진다는 의미다. 피케티는 20세기 들어 베타의 증가가 이자율 감소 효과를 상회해서 알파가 증가했다고 주장한다.

그는 불평등의 심화를 '자본수익률이 경제성장률보다 크다($r > g$)'는 부등식으로 표현하면서 "자본은 일단 형성되면 생산량 증가보다 더 빨리 재생산되며 과거는 미래를 삼켜버린다."라고 지적한다. 제1, 2법칙을 종합하면 $\frac{\text{자본소득분배율}(\alpha)}{\text{저축률}(s)} = \frac{\text{자본수익률}(\gamma)}{\text{경제성장률}(g)}$ 이 성립하므로 이 부등식은 $\alpha > s$, 즉 자본가는 투자(저축)한 것보다 더 많은 부를 축적한다는 의미다(드 카스트로, 2016년).

노동의 대가로 얻는 소득만큼 벌려면 부동산을 얼마나 가지고 있어야 할까? 오피스텔의 연평균 수익률 5%(2019년 기준), 한 달 300만 원

(연 3,600만 원)의 수익을 내려면 2, 3채 정도의 7억2천 원이 필요하다. 봉급생활자에게는 적은 돈이 아니어서 그만큼 일한다는 것은 중요하다.

물론 자본이 있다고 돈을 저절로 버는 것은 아니다. 공실 관리비는 자기 부담이며, 세입자가 들어오면 부동산 소개비, 종합소득세 · 지방세 · 재산세 · 의료보험(간접세) 등 각종 세금, 주거용이면 도배 · 수리 지출 비용도 든다. 자본수익률은 대략 은행 금리에 3% 가량 얹는 정도인데, 말하자면 관리를 위해 신경쓴 대가다. 불경기는 오피스텔 몇 채의 소규모 자본가에게는 큰 타격일 수도 있지만, 빌딩주라면 공실이 나더라도 충분히 감내할 수 있다. 간혹 연예인들이 자산이나 유명세에 따른 미래 수익을 담보로 반 정도 대출받아 빌딩을 구매한 후 수년 뒤 몇 배의 값으로 되팔아 이익을 챙겼다는 이야기를 접하는데, 인플레율 정도밖에 오르지 않는 임금과는 확연히 다른 세계다.

피케티의 주장은 사회의 주목 못지않게 왜 협의의 국민소득을 선택했으며 베타의 이자율 효과 상회가 타당한가에 대한 반론도 만만치 않지만, 경제 성장 추구 일변도의 경제학에서 분배 이슈를 고민하게 해주었다는 점에서 의의를 찾을 수 있다. 그는 세계적인 부의 편중과 불평등의 해결책으로 은행 간 정보 교환과 누진세 도입을 제안했다. 실상 OECD · G20이 2013년 7월 이후 IT 기업을 포함한 다국적기업의 국가 간 세금 제도 차이를 이용한 조세회피, 즉 '소득 이전을 통한 세원 잠식'을 해결하기 위해 시행 중인 구글세는 피케티의 과세 맥락과 상통한다.

소득불평등
현황

부의 편중은 세계적으로 10만 달러 이상을 보유한 상위 11%의 사람들이 전 세계 부의 82.8%를 소유하는 파레토의 '80/20법칙'이 성립한다 (크레디 스위스, 2019년). OECD 회원국의 10% 최상위 소득 계층의 비중을 살펴보면 최상위권에는 핀란드를 제외한 모든 북유럽 국가들이 포함되어 있다. 미국과 캐나다는 최하위권이다. 우리나라는 44.6%로 OECD 평균인 37.1%를 훨씬 상회하는 31위를 차지해 소득 집중도가 높다. OECD 평균값은 2007년 이후 감소 추세이지만, 우리나라는 2006년 이후 거의 일정한 수준을 유지하고 있다.

다른 소득불평등의 척도로는 10분위로 구분한 계층 간 소득비율인 분위 배율(P10/P90, P20/P80, P10 대비 하위 40%의 팔마비율), 국민의 소득분포를 반영한 평균적·상대적 박탈감을 나타내는 지니계수, 그리고 빈곤선이 있다. 처분가능소득 기준의 지표 간에는 상당히 높은 정의 상관성을 보인다.

전반적으로 OECD 지표(2015~2117년 평균)는 최상위권에 대부분의 북유럽 국가들이 포함되어 있지만, 영미권 국가들은 중위권 이하이며, 특히 미국과 캐나다는 최하위권에 포함된다. 대체로 사회주의 성향이 강할수록 소득이 균등하고 신자유주의 성향이 강한 영미권 국가일수록 소득이 집중적이다. 우리나라는 P10/P90, 빈곤율 및 지니계수가 OECD 평균(4.29, 0.184, 0.317)보다 높은 5.73, 0.235 및 0.354로 모든 순위가 30위 이하이므로 소득불평등은 심각하다. 다만, 처분가능소득을 기준으로 하는 국내 불평등의 추이는 2011년 이후 지속해서 하락하고 있다.

OECD에 일률적으로 적용되는 불평등과 행복의 관계를 찾아보기는 어렵다. 2010년 말 데이터로 보면 유럽의 경우 지니계수와 인생 만족도가 역-U자 형태를 취한다. 이것은 초기 불평등은 자기도 열심히 노력해서 부자가 되겠다는 상향 비교의 긍정적인 영향을 주지만, 경제가 꽉 차오르면 부의 구도가 고착되어 파고들 여지가 없어지기 때문이다(율·왕, 2017년). 반면에 미국이나 OECD가 대상이 경우는 부의 상관관계를 보인다(그라플란드·루스, 2018년).

계층 간 소득불평등은 심리적 거리로 소통을 어렵게 하고, 사회를 분열시키며, 신뢰를 약화함으로써 사회자본을 축소한다. 즉 "불평등은 신뢰를 약화하고 사람들을 가르는 강력한 사회 분열자다. 우리는 우리와 비슷한 친구들을 선택하려는 경향을 가지며, 부자이거나 가난한 사람들과는 어울리려 하지 않아 신뢰를 구축하기 어렵다."(윌킨슨·피

켓, 2009년). 또한, 저소득층의 상대적 박탈감을 심화하고 부자에 대한 질시와 사회에 대해 불만을 품게 한다. 쿠즈네츠 가설은 경제 성장 초기에는 불평등을 용인한다고 했지만, 세계 금융위기를 계기로 2010년 이후 보수적인 경제 국제기구는 소득불평등이 경제 성장에 부정적인 영향을 미친다는 연구 결과를 내놓기도 했다.

OECD의 P10/P90는 1980년대 중반부터 2000년대 후반에 걸쳐 9배로 벌어졌고, 지니계수도 0.29에서 0.318로 10% 상승했으며, 17개국(대상 22개)의 계수 상승이 관찰되었다(OECD, 2014년). OECD(2015년)의 소득불평등의 심화는 하위 소득층 40%에까지 해당하며 누적성장률을 4.7% 감소시켰다. IMF(2015년)는 상위 20%의 소득이 1% 증가하면 향후 5년간 경제성장률은 0.08% 감소하지만 하위 20%의 소득이 증가하면 성장률은 0.38% 증가하며, 유사한 영향은 소득 2, 3분위에도 적용된다고 분석했다. 2015년, IMF 총재 크리스틴 라그라드는 이를 이렇게 설명했다.

"일반 상식과 달리 고소득의 편익이 낙수되는 것이 아니라 위로 역류된다는 것을 의미한다. 사람들이 빈곤층이나 중산층의 소득 증대를 위한 정책을 지지하기 위해 이타주의자가 될 필요는 없다. 이와 같은 정책이 더 높고 포용적이고 유지 가능한 성장을 위해 필수적이며 모든 사람이 편익을 얻을 것이기 때문이다. 다시 말해 지속적인 성장을 위해서는 더 균등한 성장이 필요하다는 것이다."

부유한 경제 가난한 행복

4장

우리 안에 숨어 있는 우리

집단은 수평이 될 수
없을까

▶ **나와 우리, 그 아슬아슬한 경계**

비교문화론은 우리 안에 숨어 있는 우리 자신을 들여다보기 위해 유용한 수단이다. 첫 번째로 살펴볼 사회문화적 속성은 홉스테드(2001년, 2020년)의 개인주의 대 집단주의다. 개인주의 경향이 강한 사회에서는 개인이 의사결정을 내리고 결과를 책임지는 주체로 판단하고 행동하지만, 집단주의적 사회에서 개인은 내 집단의 일원으로 판단하고 행동한다. 양자의 차이점은 자신을 '나'로 간주하는가, '우리'에 투영할 것인가에 있다. 영미권 국가는 개인주의적 성향이 가장 강하고 북유럽은 이보다 다소 약한 성향을 보이지만, 우리나라와 중국 · 대만 · 싱가포르 · 베트남 등 유교권 국가는 집단주의 성향이 강하다.

집단주의 사회에서 집단의 구성원들은 우리라는 이름 아래 결속한다. 우리란 너와 내가 서로 편익을 제공하거나 공유하면서 하나가 되는 공동체다. 우리나라 사람들은 점심식사는 누군가와 같이 먹어야 하고 문상 갈 때도 서로 시간을 약속하고 만나야 마음이 편하다. 나 홀로 밥을 먹거나 다니는 것은 집단생활에서 문제가 생긴 것으로 보이기 십상이다.

개인이 집단의 구성원이 되어 우리가 되기 위해서는 모두가 똑같이 사고하고 행동하는 동질성을 요구한다. 그래서 한국의 사회문화적 특성을 "남을 따라 하면서도 개개인의 반골적인 이기심이 여지없이 드러난다. 남에 대한 칭찬보다는 약점을 들추고 시비를 거는 삐딱한 관여의식이 더 많이 끼어든다. 남을 따라 하려는 집단적 동조가 강하다. 다른 것을 못 참는 한국인이다."라고 지적하기도 한다(백석기 외, 2010년). 관여는 집단의 동질성을 유지하기 위한 견제 기능, 즉 구성원이 균등한 사고와 행동에서 벗어나는 단독 행동을 억제하는 기능이다. 서로가 비슷해야 차이가 적어 마음이 편하기 때문일 것이다.

물론 장점도 있다. 집단반응이 빠르고, 재화에 대해 구체적이고 까다로운 평가가 내려져 외국기업이 신제품의 향후 성패를 가늠해보는 최적의 장소로 평판이 나 있다(백석기 외, 2010년). 문제는 동질성을 강요하다 보니 자신의 개성을 독특하게 드러내는 것을 소중한 가치로 여기기보다는 남과 달리 튀는 것으로 간주해 끌어내리고, 결국은 모두가 똑같은 브랜드 백을 들고 패딩을 걸치는 유니폼 사회가 된다.

▶ 우리 문화 안에 흐르는 정서

집단의 범주를 외연으로 확대하려는 습성은 우리의 장점이자 유교의 가르침이다. 《논어》〈안연편〉에서 번지가 인(仁)이 무엇이냐고 묻자 공자는 "사람을 사랑하는 것이다."라고 답하며 '예'는 인의 실천 방법으로서 "자신을 극복하고 예법을 회복하는 것이다."라고 말한다. 〈학이편〉에서 유자는 "군자는 근본에 힘쓴다. 근본이 서면 나아갈 길이 생기는 것이니, 효도와 공경은 그 인을 행하는 근본이니라."라고 말하고 있다.

《맹자》〈진심상구 상〉에서는 "육친에게는 친밀하게 대하고서야 인민에게 인자하게 대하고, 인민에게 인자하게 해주고서야 만물을 어여삐 여긴다."라면서 인의 실천은 혈연, 사회관계, 만물 그리고 정치와 같은 온갖 부문에 확대되어야 한다고 주장한다. 외연의 확대를 위해 필요한 덕목은 공감이다. 그래서 "우리 집 노인을 공경해 그 마음을 남의 집 노인 어른에게까지 미치게 하고, 우리 집 어린아이들을 사랑해 그 마음을 남의 집 어린아이들에게까지 미쳐 가게 하면, 천하는 손바닥 위에서 마음대로 움직일 수 있듯 잘 다스려질 것이다."라고 말한다.

정리하면 인을 효도와 공경이라는 예로 행하고 이를 공감을 통해 만인에게 실천해야 한다. 그러나 이와 같은 논리의 궤가 실제로 모든 사람을 똑같이 사랑해야 한다는 보편성을 의미하는 것은 아니며, 유교적 집단주의의 외연 확대의 한계이기도 하다.

오히려 만인을 차별 없이 사랑해야 한다고 주장한 것은 묵자였다.

《묵자》〈겸애편〉에는 모든 대상으로 구현되는 보편적 사랑을 겸애라고 하며, 이것은 "사람은 똑같이 대해야 한다는 견해"로, "남의 나라 보기를 내 나라와 같이하고, 남의 집 보기를 내 집을 보는 것과 같이하고, 남의 몸 보기를 제 몸같이 하라."라고 말한다. 〈천도편〉에서는 겸애를 '사심이 없으니 바로 어질고 의로운 마음이다.'라면서, "모든 사람이 복숭아를 던져주면 더 좋은 오얏으로 보답할 것이고, 이렇게 사람을 사랑하는 자는 반드시 사랑을 받을 것이며, 사람을 미워하는 자는 반드시 미움을 받게 될 것이다."라며 호혜성을 강조한다. 반면에 해(害)는 "남을 미워하고 남에게 이롭지 못한 것을 주기 때문에 생긴다."라며 그 근원은 사랑에 차별을 두는 별애(別愛)에 있다고 주장한다.

《묵자》권15에서는 "참으로 천하가 부유해지길 원하고, 가난을 싫어하며, 천하가 다스려질 것을 원하고, 그 혼란을 싫어한다면, 마땅히 아울러 서로 사랑하고, 모두가 서로를 이롭게 해야 한다."라고 겸애의 의의를 설명한다. 이를 실천하기 위해 "빈부격차가 없는 교리(交利), 즉 경제적 평등을 강조하고, 검소한 생활로 예악을 가볍게 생각하라."라고 주장한다.

맹자는 그의 주장을 아비나 군왕을 업신여기는 이단적 사상이라고 비판한다(민홍석, 2014년). 사랑에는 차별이 있을 수밖에 없고 사랑을 모든 대상에 확대하는 것은 불가능해서 안팎의 구분은 생길 수밖에 없다고 보았기 때문이다.

우리의 집단주의는 가족 중심의 우리주의(임경순, 2009년)다. 이름보다 성씨를 먼저 쓴다거나 일상생활에서 자주 쓰는 '우리 아이'나

'우리 마누라'라는 표현은 말 그대로라면 어색하지만, 집단을 우선시하는 의식을 반영한다. 집단에 속하지 못해 우리가 되지 못하면 남이 되고 안팎의 구분은 외부인에 대한 배타성으로 표출된다. 그렇다고 우리가 항상 안정적인 것은 아니다. 구성원 간의 불분명한 경계 때문에 상황이 좋지 않으면 갈등이 발생할 수 있기 때문이다(한세희, 2003년). 집단의 자원은 한정적이고 구성원은 기대하는 몫을 얻지 못해 하나였던 우리가 서로에 섭섭해하고 소원해지기 때문이다.

▶ 보편주의 대 특수주의

사회문화의 속성은 보편주의 대 특수주의로 구분할 수도 있다(트롬페나스 외, 1997년). 보편주의란 친소관계와 무관하게 누구에게나 같은 기준이 적용되어야 한다는 특수주의는 친소관계에 따라 기준이 달라질 수도 있다는 사고방식이다. 가치·규범은 특정 집단의 이익이 아닌 사회의 보편적 관심에 부합하도록 구성원을 규율한다. 그런데 집단주의 사회에서는 특수주의 성향 때문에 사회 가치·규범이 자리잡지 못할 가능성이 크다.

트롬페나스는 '친구가 제한속도를 위반해 교통사고를 냈는데 법정에서 위증할 수 있겠는가?', '친구가 운영하는 식당의 음식 맛이 형편없는데 높은 평점을 주겠냐?'라는 설문조사에서 개인주의 성향이 강할수록 친구라도 공정하게 대하겠다고 응답한 비중이 높다는 것을 확인했다. 우리나라는 위증하거나 높은 평점을 주겠다는 응답률이 높아 친소관계에 영향을 미친다는 것을 알 수 있다.

공사 구분의 부재는 타인의 창조물을 무단으로 복제하는 행동에 영향을 줄 수도 있다. 2017년, 소프트웨어 불법복제율이 낮은 순위로 보면 OECD 37개국 중에서 미국이 15%로 1위이고, 일본·뉴질랜드가 뒤를 따르며, 영미권과 북유럽은 최상위권과 중위권에 포함된다. 복제율은 집단주의 성향이 강할수록 높아지는데, 다른 사람이 피땀 흘려 만든 창조물을 무의식중에 네 것을 곧 우리 것으로 생각하기 때문일 수도 있다. 우리나라는 1980년대만 해도 복사판을 다량으로 시장에서 판매하기도 했으며 외서 복사판이 유명 대형서점 매대에 버젓이 놓이기도 했다. 2013년에 불법복제율이 가장 높았지만 이후 상당히 개선되었다.

사회문화의 또 다른 중요한 축은 성취 지향 대 귀속 지향으로 구분할 수 있다. 성취 지향적 사회에서는 사람이 자신의 노력으로 얻은 결과에 따라 지위가 상승할 수 있다고 믿지만, 귀속 지향적 사회는 사람의 나이·계급·성별·교육 수준과 같은 배경에 따라 신분이 부여된다고 생각한다. 전자가 사람에 대한 평가를 '무엇을 했는가'를 중시한다면, 후자는 '누구인가'에 초점을 맞춘다는 차이를 보인다. 성취 지향 사회에서는 기회가 비교적 균등해서 개인이 기회를 잡기 위해 열심히 노력하려는 동기가 강하며, 이를테면 개천에서도 용이 나올 수 있는 사회다. 반면에 귀속 지향적 사회에서는 태어나면서부터 신분이 이미 정해져 있다.

누구나 편하게 쉴
자유가 있다

▶ **"편하게 있고 싶지만 그러지 못해요"**

사회문화적 속성을 파악할 때 빠뜨릴 수 없는 것 중 하나가 사적 공간이다. 개인이 사적 공간을 침해받지 않는 것은 삶의 질에서 매우 중요하다. 인류학자 에드워드 홀(1963년)은 사적 공간을 반경 15~46㎝의 친밀 영역으로 "자신만의 영역이라고 느끼는 물리적 · 정서적 공간으로 이를 침범당했을 경우 심리적 불편, 불안감이나 분노를 느끼게 된다."라고 설명한다.

타인의 사적 공간을 빈번히 서슴없이 드나들면서도 침해 의식을 전혀 느끼지 않는다는 것은 개인이 우리에 묻혀 너와 나의 구분과 나의 행동이 타인에게 미치는 영향에 대한 인식이 전혀 없는 데에서 비롯한다. 코로나가 창궐하면서 등장한 사람 간격을 2m 이상 띠어야 한다는 사회적 거리도 타인의 안전과 쉼의 영역을 침범하지 않는 사적 공간의 존중이 우선시되어야 자연스럽게 지켜질 수 있다(이내찬, 서울신문, 2020.03.18).

일시적으로 붐비면서 서로 거리가 좁아지면서 사적 공간이 침해되는 승강기 내에서는 서양 같으면 서로 닿지 않으려고 팔을 최대한 몸에 밀착시키고 일행끼리도 대화를 멈춘다. 반면 우리나라는 단 몇 초도 안 되는데도 옆에 누가 있더라도 일행끼리의 대화나 전화 통화도 멈추지 않는다. 사전 공간이라는 용어가 인터넷에서 눈에 띄기 시작한 것도 최근의 일이다. 카페라도 서로가 조심해야 할 부분이 있는데 그 안에서 떠들고 뛰노는 아이들을 주의시키지 않거나 아이의 부모조차 목소리를 높이는 것을 종종 목격한다. 공원에서 이어폰을 끼지 않은 채 음악을 듣는 것도 마찬가지다. 내 선택이 아닌 버스의 라디오 소리도 그러하거니와 그 공간 속에 탑승객이 있다는 사실을 망각한 급발진과 급정거의 운전 행태도 고쳐지지 않는다.

사적 공간의 침해는 심리적으로도 일어난다. 우리나라에서는 사람을 처음 만나면 몇 살인지, 결혼은 했는지 물어본다. 외국인이 이 질문에 편하지 않은 것은 낯선 상대방이 사적 공간에 들어오는 것을 원하지 않기 때문이며, 그래서 오랜 관계이면서도 사적으로 모르는 경우가 적지 않다. 일본도 우리처럼 집단을 우선시하지만, 사적 공간을 침해하는 등의 민폐를 끼치지 않도록 행동하는 것이 사회 규범이다.

사적 공간인 집에서 겪는 층간소음 문제는 심각한 사회 이슈다. 위아래 집 사이가 나빠질 뿐만 아니라 급기야 즐거워야 할 명절에 방화나 살인으로 치닫기까지 한다. 한 해 충간소음 상담 건수는 2017년 이후 2만 건을 상회했으며, 현장 진단으로 이어진 건수는 40%에 이른다.

충간소음은 공동주택에서 발생하는 대화 소리, 화장실 소리, 발걸음 소리 등으로 법적 기준은 바닥충격음은 경량충격음 58데시벨, 중량충격음 50데시벨 이하로 규정하고 있다. 집 안이니까 편하게 걷는다는 건데, 이것이 결국 밖에서 걸어 다닐 때와 마찬가지로 발꿈치로 찍는 스텝이다 보니 쿵쿵거리는 중량충격음을 만들어내고, 이것은 아래층에 사는 사람들의 스트레스를 높일 수밖에 없다. 문제는 윗집의 경우 생활소음으로 생각하면서 아랫집이 받는 고통을 제대로 인지하지 못하는 경우가 허다하다는 점이다.

충간소음의 가해자를 소음충이라 한다. 이들의 공통된 특징은 '아이가 뛰는 걸 가지고 그러지?', '내 집에서 소리 내는 건데 뭐가 어때서'라는 생각을 지니고 있다. 한창 뛰어놀 아이라면 이해가 가지 않는 것도 아니다. 그러나 착각해서는 안 될 것이 있다. 미래의 희망이라든지 판단능력이 없어 보호 대상이 되어야 하는 아이와 타인에게 피해를 주는 아이를 동일시해서는 안 된다. '공동주택에서 나는 생활소음인데 그걸 못 참고 그러나?' 라는 생각도 마찬가지다. 이것은 발뒤꿈치에 무게가 실리는 밖에서의 걸음걸이는 간헐적으로 통증을 엄습하는 두통 같고, 의자 끄는 소리는 옛날 초록색 칠판을 쇠 젓가락으로 긁어대는 소리로 들린다는 것을 인지하지 못하기 때문이다.

누리던 것을 잃는 고통은 새로 얻는 기쁨보다 훨씬 크다. 제삼자는 과도하게 예민해져 귀가 뜨인 것일 수도 있다며 참으라고 충고하기도 한다. 귀담아들을 필요도 있지만, 본인이 당해보지 않고서는 함부로 할 말은 아니다. 인구밀집도가 높고 아파트도 많으니 어쩔 수 없다고도 하지만, 밀집도로 둘째라면 서러울 일본에서 타인에게 피해를 주는 행위는 금기다. 잦은 지진으로 판자로 지은 탓에 2층짜리 아파트의 층간소음은 이루 형언할 수 없음에도 불구하고 시끄럽다는 아래층의 항의에 아이를 안고 키웠다는 지인의 경험담은 충격적이기까지 하다.

관련법은 피해자 입장을 더 반영해야 한다. 소음을 입증하기도 쉽지 않고, 소음에 따른 정신적 비용이 200만 원을 상회하는데 가해자에 대한 범칙금은 고작 30만 원이니 아랫집이 평온을 찾기에는 턱이 너무 높다. 따라서 소음 기준을 완화하고, 범칙금을 상향하며, 아랫집의 입증 비용이 보상받을 수 있어야 한다. '이웃끼리 너무하지 않나?' 라는 말을 들으면, 저녁 10시 이후 목욕을 금지하고 교통 속도를 위반할 경우 속도와 소득을 기준으로 범칙금을 부과하는 스위스를 떠올린다.

▶ 사회적인 문제로 번진 갑질

권력거리는 한 사회에서 "권력이 불균등하게 배분되는 것을 용인하고 기대하는 정도"를 의미한다. 권력거리가 강한 사회에서는 윗사람과 아랫사람의 차례와 순서를 구분하고, 윗사람에게 더 많은 권한이 부여된 위계질서를 자연스럽게 받아들인다. 일반인의 불균등한 권력 배분에 대한 저항감이 적다.

부유한 경제 가난한 행복

북유럽이나 영미권은 권력거리가 낮지만, 동남아시아나 라틴 국가는 권력거리가 상당히 높고 다음이 유교권 국가다. 우리나라는 타 유교권 국가보다 권력거리는 덜하지만 OECD에서는 27위로 상당히 높다. 우리나라의 권력거리는 다양한 형태로 표출된다. 리더의 철학이나 의지 그리고 욕망에 따라 법과 제도는 언제나 바꿀 수 있는 수단이라고 믿는 성향이 강하다(백석기 외, 2010년). 필자는 우리의 이런 성향을 다음과 같이 지적한다(이내찬, 아시아경제, 2017.07.17).

"대통령이나 단체장이 바뀌면 그간 추진해온 정책이나 사업은 모조리 없던 것으로 되고, 윗사람의 생각에 따라 전혀 다른 방향으로 진행된다. 변화에 민첩하게 대처할 수는 있지만, 축적과 연속성이 없다. 그러다 보니 일본처럼 노벨상 수상자가 나오지 않고 교육 정책은 짜깁기로 누더기가 된다."

권력의 남용은 원래 안 되거나 문제가 있더라도 억지로라도 추진하는 것이다. 밑에서는 그렇게 하는 것은 이상하고 잘못되었다고 수군거리지만 직언하면 찍어내기 때문에 아무도 말을 꺼내지 않는 수인의 딜레마에 빠지는 집단사고에 매몰된다. 예전에 관에 있던 지인이 '시키는 대로 하면 승진이야 하겠지만 감방 갈 테고, 시키는 대로 안 하면 잘릴 테고…….' 라고 말하면서 관복을 벗던 기억이 새롭다. 실상 승진의 길을 걸어온 바로 밑 후배는 박근혜 정부의 와해와 더불어 조금은 고초를 받고, 범법행위가 없음이 확인되었지만 공무원 생활을 마감했다. 최상위 조직의 정점에서 추진되는 정책은 옳고 그름을 떠나 밑으로 낙수되면서 모든 구성원을 압박한다. 이런 상황에서 구성원의 선택은 시키는 대로 하고 나중에 의사결정의 책임은 윗분에게 있다고 떠넘기거나 자신이 책임지지 않기 위해 하는 척 시늉만 한다. 한편, 사람들은 권한이 부여된 윗사람에게 선뜻 다가가서 쉽게 마음을 털어놓고 대화를 하거나 반대 의견을 말한다는 것은 거의 불가능하다. 반면에 권력거리가 작은 사회에서는 계층 간의 감정적인 괴리가 적어 쉽게 마음을 털어놓고 대화를 나누며 반론도 제기할 수 있다.

가족의 위계질서는 공동의 조상을 가진 친족으로 확대된다. 상호 간의 세대 관계를 쉽게 확인할 수 있게 세대 간에는 일정한 순서에 따라 이름 한 글자를 달리하고 동일 세대 간에는 공통으로 사용했다. 이를 항렬이라고 하는데, 세월이 상당히 흘러 친족 간에도 위아래 구분이 어려워지면 웃어른이 계보를 따져서 알려주기도 했다. 낯선 사람과 친해질 때도 나이로 위아래가 명확해져야 비로소 호형호제하는 가족이 된다.

권력거리의 강약은 직장에도 반영되어, "권력거리가 강한 직장에서는 위계질서가 강하며, 직위를 내세우고, 명령과 복종의 관계가 중시된다. 반면에 권력거리가 작은 직장에서는 상·하급자 관계가 기본적으로 동등한 존재라는 점에서 출발하며, 위계 체계는 역할에서의 불평등함을 나타낸다."라고 지적한다. 직장에서는 기수에 의해 서열이 결정되고 집단 내 지위의 상승인 승진도 마찬가지다.

우리나라의 강한 권력거리는 인간관계에서의 위계질서, 또는 넓게는 예의 중요성을 강조한 유교의 가르침과 생활화에서 기인한다. 그렇다면 유교에서는 이처럼 윗사람은 권한을 남용하고 아랫사람을 막 대하라고 가르쳤는가? 그럴 리 없고, 그렇지 않다. 오히려 이런 우려에 대해 윗사람의 올바른 마음가짐이 중요하고, 그렇지 못해 심각한 불평등이 초래되면 근본부터 부정될 수 있다는 사고방식을 가지고 있다.

《논어》는 "군주는 정의에 밝아야 하고, 백성이라면 이익에 밝아야 한다."라고 언급하면서 "제 이익만을 좇아 행하는 자에게는 많은 원망이 따르리라."라고 말한다. 이것은 "군주가 사적 이익을 추구하면 그 아래 계급인 대부 역시 제 집안의 이익을 따지고, 또 그 아래 계급인 무사들은 제 몸의 이익을 챙기게 마련이다. 이렇게 이익을 놓고 위아래가 다투다 보면 끝내 그 국가는 위기에 빠지고 만다."라는 이유 때문이다. 맹자도 "하필이면 이익을 말씀하시오! 오로지 인의가 있을 따름인 것!"이라고 말하면서 사익 없는 군주의 마음가짐을 강조한다. 공자나 맹자는 군자가 사익을 가지고 국민이 원망한다면 이에 항거할 수 있다고 주장한다.

《논어》에서는 "원망을 덕으로써 갚으면 덕을 베푼 이에게는 무엇으로 갚을 수 있겠는가. 원망에는 거기에 합당하게 복수하는 것이 옳고, 덕을 베푼 이에게는 덕으로써 보답하는 것이 옳지."라며 호혜성의 원칙을 언급하고 있다. 맹자는 인간은 본래 착하다는 성선설과 누구에게나 태어나면서부터 마음속에 사랑과 정의를 갖추고 있다는 보편적 정의론을 주장한다. 또한, 군주를 비롯한 윗사람들은 보편적 정의와 구성원들이 함께 더불어 살아가는 공화(共和)의 생활세계를 구현하는 대리인으로서 역할을 해야 한다고 본다. 그렇지 못하면 보편적 정의를 실천하기 위해 군주에게 저항하는 역성혁명이 합리화된다.

구성원들에게 온당한 몫이 돌아가게 하는 것을 정의라고 한다. 반면에 갑질이란 갑의 위치에 있는 자가 많은 몫을 챙기고 나머지를 을에게 전가하는 부당함을 의미한다. 갑과 을은 원래 거래 계약서에서 당사자의 명칭을 반복 기재하는 번거로움을 피하려고 사용하는 용어이지만, 언제부터인가 지위가 우월한 갑과 열등한 을이 되고, 갑이 우월적인 지위를 이용해 을을 부당하게 대우하는 '갑의 횡포와 을의 비애'를 나타내는 문맥으로 사용되기 시작했다.

2010년 초반부터 우리나라에서는 갑을 관계의 부당함을 지적하는 일련의 사건들이 사회적인 반향을 일으켰다. 아르바이트생을 부려먹은 열정페이, 밀어내기식 판매 할당을 강요하는 기업, 사원에게 함부로 욕설하고 이를 당연시하는 사내 분위기, 기내에서 자신의 권위를 내세우다 비행기가 회항한 사건 등 셀 수도 없다. 이들 사건의 공통점은 원인 제공자의 '내가 이렇게 높은 직위에 있는 대단한 사람인데 감히 이런 식으로 나를 대해!'라는 윗사람의 고압적인 사고방식이 그대로 표출되었다.

갑질이 사회적으로 문제시된다는 것은 우리 사회가 권력거리의 약화에 의한 위계질서가 해체되고 집단주의로부터 개인주의에 대한 요구가 강해졌다는 방증이며, 이와 같은 흐름은 거스를 수 없는 대세가 될 것이다.

우리를 슬프게 하는 것들

▶ '눈치가 빨라야 출세한다'

사회문화의 또 다른 차원은 문맥이다(홀, 1963년). 유교권 국가는 고문맥 사회로, 정보 대부분이 삶의 문맥에 내재되어 있어 구체적으로 드러낼 필요가 없다고 생각한다. 이를 구성원들이 지속적이고 깊게 교류했던 농경시대와 대가족제도로 설명하기도 한다(한세희, 상게서). 반면에 저문맥 문화사회에서는 모든 일에 구체적인 표현이 필요하다고 생각한다.

일본에는 속과 겉마음을 의미하는 '本音(혼내)'와 '建前(다테마에)'라는 개념이 있다. 이 중 다테마에는 상대방의 마음을 상하지 않게 자신의 진심인 혼내를 미화해 전달하는 방식이다. 의사결정 전에 구성원의 생각을 떠보고 이견을 조율하는 '根回し(네마와시)'도 같은 맥락이다. 'そうですね(소우데스네)'는 상대방이 말하고자 하는 바를 이해했다는 의미일 뿐 자신이 동의한다는 '예'가 아니다. 우리는 일본인보다 대화가 직설적으로 보이지만 본질에서는 다를 바 없다. 오히려 문제가 될 성싶으면 뇌까리거나 때에 따라서는 아닌데도 '예'라고 말한 탓에 사후에 갈등이 커지기도 한다.

고문맥 사회인 우리나라에서의 커뮤니케이션은 체면과 눈치로 이루어진다. 체면은 타인을 의식해 자기의 속내는 겉으로 드러나지 않게 한 채 사회적으로 기대되는 신분이나 지위에 걸맞게 처신하거나 행동하는 것을 의미한다. 눈치란 "표정, 눈빛, 말투, 제스처 등의 비언어적 방식을 통해 다른 사람의 기분, 바람, 관심사 등을 직설적 표현 없이 재빨리 인지하는 능력"이다.

체면은 주로 윗사람과, 그 마음을 간파해 이를 세워주려는 눈치는 주로 아랫사람과 관련 있다. '이 나이에 뭐'라는 말은 '이 나이지만 그랬으면 좋겠다.'를 의미할 때가 적지 않다. 본인의 속마음을 미루어 짐작하는 것이니 실수할 가능성이 크며, 그렇게 되면 눈치 없는 사람이 된다. 느닷없이 내는 화는 속내를 들켜 체면을 구겼기 때문이다. 회사원들이 '도대체 상사 말은 하라는 건지 말라는 건지 모르겠어!'라면서 연신 고개를 젓는 모습을 흔하게 접한다. 다시 들어가서 물으면 '그렇게도 말귀를 못 알아듣나?'라며 야단맞을 것 같기도 하고, 아니면 '바로 그거네!'라고 이해시킬 만한 방법을 찾으라는 의미일 수도 있다. 아랫사람의 태도도 문제다. 윗선에서 시키는 일이 이상하다고 수군거리면서도 나중에 문제가 발생할 것을 알지만 직언하면 찍힐까 봐 함구한 채 지시에만 따르거나 시늉만 내는 수인의 딜레마에 빠진다. 간간이 집권층과 정부 사이에 일어나는 일이다.

또한, 고문맥 사회에서는 "우리 사회가 보이는 허례허식과 과시적 관습의 만연, 신분의 유지와 상승을 위한 과도한 교육 투자 등은 이러한 데에서 연유한다."라는 것은 행색이나 신분과 같은, 겉으로 드러나는 배경이 큰 영향을 주기 때문이다(한세희, 전게서).

▶ **사람보다 차가 우선인 사회**

그간의 개선에도 여전히 정착하지 못한 사회 가치·규범도 적지 않다. 교통법규가 그중 하나다.

OECD(2017년)의 자동차 시트 벨트 착용률은 개인주의 성향이 강할수록, 그리고 권력거리가 낮을수록 높아진다. 교통사고 사망률도 시트 벨트 착용률과 유사하다. 우리의 시트 벨트 착용률 순위는 앞뒤 좌석 모두 29위로 낮은 성적을 보이고 있다. 자동차 운전 태도는 더욱 문제다. 2000년 이후 감소 추세이지만, 우리나라의 사망률은 인구 10만 명당 7.95명으로 OECD(2014~2116년 평균) 31위다. 이것은 권력거리가 높을수록 높아지는데, 운전자가 보행자라는 약자를 배려하는 포용이 부족하기 때문이라고 해석할 수 있다.

우리나라는 '사람보다 차가 우선인 사회'라고 해도 과언이 아니다. 신호등이 없는 사거리에서 미국처럼 일단정지 후 도착한 순서대로 진행하는 규범(4-way stop)이 정착되어 있지 않다. 그러다 보니 인근 생활도로에서 가로로 건너려는 차가 먼저 대기하고 있어도 직진하는 차의 꼬리를 물고 직진하거나 좌회전하는 차가 대부분이다. 옛날 은행에 대기표가 없던 시절, 행원 앞에 자기 통장을 던지거나 앞사람들을 밀치던 모습이 떠오른다. 매장의 대기 줄도 조금이라도 틈새가 보이면 여지없이 끼어들고, 엘리베이터를 탈 때도 마찬가지다. 미리 인지하고 뒤에 서거나 이 줄이 맞느냐고 물어보는 서양과는 사뭇 대조적이다.

횡단보도 앞에 정차하고 사람을 먼저를 보내는 차는 10대 중 1대꼴이다. 인근 생활도로 제한속도(30㎞) 표지판은 있으나 마나 일단 속도를 낸다. 놀라운 것은 아이를 태운 유모차가 있어도 유사한 행동을 보이며, 어떨 때는 속도를 늦추지만, 보행자를 사각으로 밀리면서 건너가게 한다.

경악스러운 것은 이런 상황을 전혀 인지하지 못하는 운전자의 무신경함이다. 사람의 생명이 중하므로 차가 멈추고, 사람은 기계보다 약하므로 멈추어야 한다는 약자 포용이라는 개념이 없기 때문이다. 모처럼 차가 멈추면 보행자는 고맙다고 인사하는 것은 미덕에 화답하는 것이지만 사람이 차보다 먼저 안전하게 횡단보도를 건너가는 것은 당연한 권리다.

유아나 아동이 등·하교할 때 끊임없이 발생하는 안전사고도 '우리 아이가 아니더라도 모든 아이는 스스로 판단능력이 부족하므로 보호받아야 한다.'라는 친소관계를 넘어선 생명의 소중함과 약자 배려의 인식이 부족한 데에서 기인한다. 내로라하는 법조계 한국인 부부조차

부유한 경제 가난한 행복

곰에서 아이를 차에 두었다고 체포된 꼼 아동 방치 사건은 이를 바로 말해준다.

물론 우리나라에서도 2019년, 아동의 안전사고를 방지하기 위해 어린이보호구역 내에 신호등과 단속카메라를 설치하는 법안과 특별가중처벌법이 통과되었다. 우리 사회가 아동의 안전과 보호의 중요성을 깨닫고 진일보하는 모습이다. 그러나 이와 같은 조치가 사회경제 시스템에 의한 것이 아니라 아이를 잃은 부모의 한탄과 대통령의 명령으로 실행된 것은 아직도 사회가 성숙되지 못했기 때문이다.

가치와 규범이 구성원의 뇌리에 인지되어야 더 조심스러워지고, '이를 지키기 위해 무엇을 어떻게 해야 하는가?' 라는 방법을 진지하게 고민하면서 사회경제 제도 전반에 반영되는 주류화가 이루어질 수 있다. 생명의 소중함과 안전이라는 가치가 머릿속에 박혀 있어야 제도에도 체화될 수 있다. 스웨덴의 비전제로 교통정책이 대표적인 예다. 이것은 "누구도 인간의 교통사고로 사망하거나 심각하게 다쳐서는 안 된다."라며 사람은 실수를 범하는 미약한 존재이므로 불가항력으로 발생하는 교통사고를 줄일 수 있도록 교통 시스템이 디자인되어야 한다는 교통 철학이다. 스웨덴은 이에 따라 교차로를 회전 로터리로 변경하고, 평면적인 중앙선 대신 중앙분리대를 설치했으며, 차도와 보행로 사이에 단차를 마련하는 등 교통 시스템을 개선했다.

생명과 포용의 중요성에 대한 희박한 인식은 교통 시스템의 설계에서도 여실히 드러난다. 그중 하나로, 우리나라에서는 '회전교차로' 가 제대로 보급되어 있지 않다. (4차) 교차로는 차량의 흐름을 교통신

■ 교통 방향 제어 방식(로터리 대 로터리)

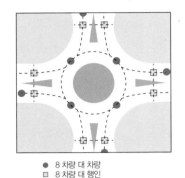

● 8 차량 대 차량
□ 8 차량 대 행인

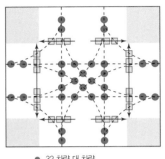

● 32 차량 대 차량
□ 24 차량 대 행인

출처: NEXTDSL(2013년)

호기로 제어하는 반면, 회전교차로는 반시계 회전 방향으로 우선순위만 정한 것 이외에는 제어 없이 차들이 연결로로 진입해 중앙에 설치된 원을 따라 모든 차가 회전하다가 다른 연결로로 빠져나가는 방식이다. 얼핏 보면 제어가 있는 것이 안전할 것 같지만, 운전자가 긴장하고 다른 연결로에서 유입되는 차와 로터리를 회전 중인 차 그리고 자신이 빠져나가는 연결로를 신경써야 하므로 오히려 사고가 줄어든다.

세계적으로 유명한 로터리는 12개의 연결로 구성된 파리의 개선문이다. 엄청난 차량의 흐름에 원하지 않는 엉뚱한 연결로로 밀려나기도 하지만 접촉사고를 목격하기는 쉽지 않다. 교차로의 차량 간 충돌 가능 지점의 수는 총 32개, 차량과 보행인의 경우는 24개이지만, 로터리에서는 차량 대 차량, 차량과 보행인 충돌 가능 지점 수는 각기 8개로 감소한다.

사람의 생명을 중시하는 가치가 사회시스템에 반영되어 있지 않은 또 다른 사례는 신호등의 위치다. 자동차 면허 취득 시험 때는 건널목의 정지선 앞에 서야 한다는 것을 암기하지만 막상 운전하면서 이를 지키는 경우는 많지 않다. 수시로 정지선을 위반하며, 사거리 끼어들어 꼬리물기와 같은 운전 행위를 단속하기도 하고 운전자의 준법정신에도 정서적으로 호소하지만 소용이 없다.

이것은 근본적으로 사거리에서 운전자에게 정지·출발 신호를 제공하는 신호등은 정지한 곳이 아닌 건너편에 있어서 시선도 이에 맞출 수밖에 없기 때문이다. 사거리를 우회전하면서도 시선은 직진하는 차가 있는지, 건너편 횡단보도 신호는 들어왔는지 확인하는 것이 먼저라서, 막상 길을 건너는 보행인을 놓치기 쉽다. 혹시 속도라도 내어 우회전했다면 원심력 때문에 파란불이라도 그냥 지나가고 만다.

파리 시내의 경우 신호등이 정지선에 있는 기둥의 모서리에 낮게 달려 있다. 운전자가 정지선을 조금이라도 넘어서면 다음 출발 신호를 볼 수가 없는 구조다. 그러다 보니 신호등에 가까워지면 정지선에 맞추기 위해 속도를 줄인다. 정서적인 호소에 앞서 신호등 체계를 보행인의 안전을 위해 설계한 것으로, 이것은 생명의 중요성이라는 인식이 사회경제 체제에 내장되어 있기에 가능하다. 국내에서도 회전교차로와 눈높이 신호등의 보급이 교통안전을 위해 필요하다는 이야기가 간헐적으로 나오지만 늘 예산 문제로 덮이고 만다. 늘 강조하지만, 국가의 신성한 의무는 안전부터 시작되어야 한다.

규제 성향과
남성향 사회

▶ 혼란에 대한 두려움과 사전 규제

불확실성 회피는 불확실하거나 애매한 상황에 대해 사회가 불안해하는 정도를 말한다. 회피 성향이 강한 사회에서는 무언가 색다른 것을 접할 때 '다른 것은 위험하다.' 라는 반응이 우세한 것에 반해, 회피 성향이 낮은 사회에서는 '다른 것은 흥미롭다.' 라는 반응이 우세하다(한세희, 2003년).

불확실성 회피 성향이 강한 사회는 정통적인 행동이나 사고방식에서 벗어나는 것을 참지 못해 미래에 대한 사전 예측을 강하게 회구하고, 경직된 신념이나 행동 강령을 유지하거나 각종 규정이나 규제를 만들어 사전에 관리하려 한다. 회피 성향이 강한 우리나라나 프랑스 · 그리스 · 포르투갈과 일본은 민족주의 성향도 강하다. 불확실성 회피는 자신들과 다른 것에 대한 강한 차별성을 보인다. 늘 익숙하게 알고 대해 왔던 것과는 생경한 것들에 거부감이 강하기 때문에 당연히 차별의 대상이 될 수밖에 없다. 반면에 불확실성 회피 경향이 낮은 덴마크, 스웨덴이나 영미권 국가에서는 민족주의적 성향이 약하고 옳지 못한 것에 대한 저항, 남과 다른 의견이나 행동이 용인된다.

자녀의 양육 방식도 마찬가지다. 엄한 부모 밑에서 자란 아이는 발달 수준 이상으로 과도한 규칙에 따라 강하게 압박받고 나약해질 수 있다. 아이는 겉으로는 부모의 말을 잘 듣는 척하지만, 반항적인 태도를 내면화하면서 폭력성이 강화되고 부모와의 관계가 악화되어 성인기에는 우울증에 빠질 위험성이 높아진다는 지적이 있다. 소설가 프란츠 카프카는 《아버지에게 보내는 편지》(1966년)에서 자신에 대한 아버지의 높은 기대가 평생 족쇄로 작용했다고 말한다. 존 스튜어트 밀의 《자서전》(1873년)에는 아버지인 제임스 밀로부터 받은 육아 시절부터의 영재교육 때문에 신경쇠약이 걸렸으며, 한때는 아버지가 펼친 모든 이론을 반대하는 반항심을 보였다고 기록되어 있다.

흥미롭게도 형제간의 다른 성격은 적지 않게 부모의 엄격함 차이가 영향을 미친다고 한다. 부모는 차남보다 장남의 잘못, 예컨대 학교를 중도에 그만두거나 임신에 더 엄격하게 대하는데, 차남에게 본보기가 될 수 있기 때문이다.

부모에게 자녀는 누구나 깨물면 아픈 손가락이지만 자녀를 계속 낳으면서 엄하거나 신경을 쓰는 정도는 점점 약해질 수 있다. 그래서인지 장남(녀)과 차남(녀)의 성격 차이는 명확하다. 장남(녀)은 부모의 기대에 따라 행동하고 부모 형제를 챙겨야 한다는 책임감이 강한 동시에 순종적이고 주어진 틀에서 벗어나지 않으려는 경향이 강하다. 반면에 차남(녀)은 자기 멋대로 행동하고 반항적이며 경쟁심이 강하다. 〈누가 복음〉 15장에서는 차남을, "집안일을 열심히 하지 않는다. 부모 말을 잘 듣지 않고 심지어 반역까지 꾀한다. 늘 부모의 마음을 아프게 한다. 가정을 박차 뛰쳐나가길 좋아한다."라며 탕아로 묘사할 정도다.

밑에 동생이라도 있을라치면 가족의 관심은 기대를 거는 장남과 귀여운 막내에게 쏠려 중간에 낀 샌드위치 신세가 되기에, 차남은 자기 몫을 찾아 먹기 위해 안간힘을 쓰고 부모의 관심도 끌기 위해 노력한다. 그래서인지 차남은 재치 있게 말하고 유머감각이 뛰어나다고 한다. 장남의 3분의 1보다 많은 차남의 절반 이상이 유머 구사에 자신감을 가지며, 성취욕·독립심 및 창의성이 강한 아이로 성장하는 경우가 많다고 한다(BBC, 2006.08.15). 유명인 6,500명의 직업을 살펴본 후, 급변하는 사회에 적응할 수 있는 CEO에는 차남이 적격이라는 주장도 있다(설러웨이, 1996년). 차남 중에는 혁명가나 개혁가, 연예인이 많다. 그만큼 끼가 자유자재로 발휘될 수 있기 때문이다.

EBS(2012년)의 한 다큐멘터리 프로그램에서는 '단어 채우기 문제'를 푸느라 헤매는 아이를 두고 각국의 엄마들이 어떻게 반응하는지 보여준 적이 있다. 서양 엄마들은 모두 아이가 하는 대로 두고 보되 아이가 요청하는 경우 팁이 될 수 있는 소소한 제안을 던지지만, 우리나라 엄마들은 아이가 헤매는 것을 참지 못하고 끼어들어 정답을 말해준다. 붙어 있는 그슬음을 떼어내지 못하면 직성이 풀리지 않고, 희한하면

처음부터 하지 못하게 막아버리는 것은 우리네 사회 전체의 습성인 듯
하다.

　불확실성 회피 성향이 강한 사회의 문제는 정부의 과도한 민간 부문
규제다. 이런 분위기에서는 기업이 새롭고 참신한 시도를 자제하고 나
중이라도 규제가 생길 것을 가늠해 행동한다. WEF(2019년)의 정부
규제 부담 지표 순위에서 우리나라는 141개국 중 87위이며 IMD(2019
년)의 관료주의의 기업 활동 방해 여부 지표 순위는 63개국 중 50위다.

　기업은 이윤을, 국가는 사회 후생을 추구하므로 양자 간에는 괴리가
발생할 수밖에 없고, 국가의 관여는 사회적으로 중요하지만, 기업이
제공하지 못하는 시장실패의 분야에서만 정당성을 갖는다. 그러나 경
직된 관료주의 속에서 정부가 과도한 규제로 시장실패의 치유 이상으
로 영역으로 간섭하면 민간 부문의 자율성과 변화를 훼손해 시장을 위
축시키고 경제 성장과 발전을 더디게 할 수 있다.

■ OECD 정부규제지수 순위(10점 만점)

순위(37)	국가	점수	순위	국가	점수	순위	국가	점수
1	호주	6.52	13	영국	5.16	25	체코	3.91
2	덴마크	6.16	14	칠레	4.76	26	폴란드	3.69
3	네덜란드	6.05	15	독일	4.65	27	포르투갈	3.67
4	아일랜드	5.85	16	일본	4.62	28	터키	3.54
5	스위스	5.73	17	오스트리아	4.49	29	이스라엘	3.44
6	핀란드	5.72	18	리투아니아	4.45	30	슬로베니아	3.35
7	스웨덴	5.63	19	라트비아	4.39	31	이탈리아	3.34
8	노르웨이	5.60	20	아이슬란드	4.28	32	헝가리	3.31
9	뉴질랜드	5.47	21	에스토니아	4.21	33	멕시코	3.24
10	캐나다	5.30	22	프랑스	4.10	34	콜롬비아	3.20
11	룩셈부르크	5.25	23	스페인	4.08	35	한국	3.06
12	미국	5.21	24	벨기에	4.05	36	그리스	2.56
	OECD 평균	4.44				37	슬로바키아	2.34

시장경쟁은 공정하게 이루어지도록 중립적인 위원회에 의해 감시되어야 한다. 기업 간의 경쟁력 차이로 독점적 기업에 대해 타 기업의 경쟁 대응력이 부족하거나 기업들이 담합해 독점 상태를 만든다면 시장은 효율적으로 작동하지 못해 경쟁의 편익은 소비자에게 돌아가지 못한다.

기업은 행정부의 과도하거나 잘못된 행정 조치에 대해 자유롭게 행정소송을 할 수 있어야 한다. 정부의 시장 감독 규제 및 행정 기능이 분리되지 못한 채 한 부처에 있다면 기업은 순환보직으로 양 기능을 오고 갈 공무원의 눈치를 볼 수밖에 없다. 행정 조치가 잘못된 경우는 언제라도 그 시정을 요구할 수 있는 제도와 절차가 갖추어져야 민간 부문의 경제가 위축되지 않을 것이다.

2019년, IMD의 관료주의의 민간 부문 위축 및 규제법 체계의 기업 경쟁력 제고 지표, WEF의 경쟁법 공정경쟁 제고, 국영기업의 민간 부문 구축 및 행정소송 효율성 지표의 평균에 의한 '정부규제지수'로 OECD를 평가하면 최상위권에는 대략 모든 북유럽과 영미권 국가들이 포함되어 있다. 우리나라는 3.06점으로 OECD 평균인 4.33점을 훨씬 밑도는 35위의 최하위권에 속해 심각하다.

▶ 남성향 대 여성향

남녀의 차이는 남성은 체계화에 강하지만, 여성은 공감에 능숙하다는 것이다. 이런 차이를 보여주는 것이 '신도림 영숙' 일화다. 여성이 남자친구에게 전화를 걸어 "오빠, 나 신도림역에서 영숙이 만났어!"라고 말하자 남성은 "그래서? 커피 마셨어? 밥 먹었어? 아니면 다음에 만나기로 했어?"라고 물어본다. 여성이 "아니."라고 대답하자 남성은 "그럼 그 얘기를 왜 하는데?"라고 되묻는다. 여성은 "왜는 왜야? 신도림에서 영숙이 만났다는 거지!"라며 화를 낸다. 사소한 다툼으로 보이겠지만, 여성은 행위의 존재 그 자체를 공감해주기를 원하고, 남성은 행동의 의미를 중요하게 여긴다는 차이를 여실히 드러낸다.

여성은 언어나 예술의 감각적 분야에서 뛰어나고, 남성은 수학이나 과학 같은 논리 분야에서 뛰어나다. PISA(2019년)의 영어·수학·국어 평균 점수는 여성이 남성보다 높지만, 수학에서는 남성이 상대적으로 높다. IT 분야에 남성이 많은 것도 이 때문이 아닐까. 공부하러 유학을 간 남편보다 부인이 언어 실력이 더 출중한 것을 목격하기도 한다. 여성은 하루 평균 2만 단어를 말하지만, 남성은 7천 단어이면 충분하다고 한다. 부부싸움에서 말싸움으로 남편이 부인을 이기지 못하는 이유다(코리아데일리, 2006.08.10).

또 다른 차이는 여성은 멀티태스킹이 가능하지만 남성은 그렇지 못하다는 것이다. 여성은 아이를 돌보면서 전화를 걸고 요리도 할 수 있는 능력을 갖추고 있지만, 남성은 이와 같은 능력에 능하지 못해 동시에 여러 가지 일을 하려 하면 실수하게 마련이다. 삶의 질과 관련된 다양한 범주를 동시에 고민하는 것은 여성이 더 유리하고, 땅을 파고 건물을 짓는다든지 승리를 목표로 하는 전쟁의 수행과 같이 한 가지에 집중해야 성과를 얻을 수 있는 업무는 남성이 더 잘 수행할 수 있다. 간호사들이 대부분 여성인 이유도 업무를 보고 환자를 돌보는 것을 비롯해 많은 일을 동시에 대응하는 데에 능숙하기 때문이며, 남성 간호사도 있지만 주로 환자를 옮기는 것과 같이 힘을 쓰는 작업에 전념한다. 이와 연관해서 한 연구 결과에 따르면 여성은 한순간에 성별과 무관하게 상대방의 위부터 아래까지 관찰하는 능력이 남성보다 뛰어나다고 한다(Mail online, 2012.11.14).

남녀가 다른 것처럼 사회도 남성향과 여성향으로 구분할 수 있다. 남성향 사회는 자기주장이 단호하고, 권력이나 소유욕이 강하며, 물질주의를 숭배하고, 가족이나 타인에 대한 배려보다는 업무를 중요시하고, 성장이나 성공을 중요한 가치로 받아들인다. 그러나 사내다움이나 과장된 남성주의를 높게 평가하며 직업도 남녀가 구분되는 경향이 크며 성 역할의 구분을 명확하게 하다 보면 성차별로 이어지기 쉽다. 반면에 여성향 사회는 타인에 대한 배려·약자의 포용이나 동정·삶의 질과 같은 부드러운 사회 가치가 생산성보다 우위에 있으며 남녀 구분이 덜하다(애들러, 2002년).

협력과 집단의사결정을 중요시하는 북유럽은 매우 강한 여성향을 보이지만, 영미권은 중립적이다. 우리나라는 홉스테드의 평가와 달리 남성향이 강해 성향을 파악하려면 성평등 현황을 살펴보는 것이 바람직할 수도 있다.

남녀 사이의 확연한 차이에도 여성이 직업을 갖고 사회활동에 참여할 기회가 늘면서 그간 당연하게 여겨오던 역할 구분이 무너져가고 있다. 그러나 이런 변화에도 양성평등 이슈는 잔존하는 구시대적인 사고방식과 충돌하면서 우리 사회에서 중요한 이슈로 부상하고 있다. 주목할 점은 국제기구에 따라 우리나라의 양성평등에 대한 평가가 상이하다는 것이다. UN의 양성평등지수에 따르면 10위권에 가까운 상당히 높은 평가를 받지만, WEF에 따르면 100위권에도 들지 못하는 저조한 성적이다. 범주와 지표 가중평균 방식이 상이하기 때문이다. 이에 양 기관의 지수를 통합한 필자의 분석 결과, 우리나라의 양성평등 순위는 34개국 중 28위(2013년)로 최하위권에 속한다(이내찬, 2013년; 세계일보, 2013.10.13).

OECD의 양성평등을 결정짓는 주요 범주는 경제력과 권한 신장으로 여성의 교육 기간이 길수록 더 많이 일하고 소득이 높으며 주요 임원직으로 의사결정을 내릴 기회가 커진다. 이는 가정경제학 분석으로 노벨상을 받은 게리 베커(2001년)가 성차별이 사회 통념으로 자리를 잡으면 "여성의 교육이나 기술 습득과 같은 인간 자본에 대한 투자가, 향후 수익이 그다지 크지 않으리라 기대되면 충분히 이루어지지 않을 것"이라는 문제의식과 맥을 같이 한다.

국내와 국가 간 남녀 상대 비율의 곱으로 2016년부터 2018년까지의 평균 노동력참가율(15~64세)과 소득격차의 경제력 지표를 구성해 보면 북유럽은 최상위권에 속하지만, 영미권은 국가에 따라 중위권에도 속하는 대조를 보인다. 우리나라(6.69, 0.267)는 OECD 평균(7.77, 0.477)보다 낮고 32위로 심각한 수준이다.

우리나라의 경제적 양성평등 상황이 최하위권에 속하는 이유로 여성의 임신, 출산 및 육아 부담에 따른 경력단절을 들 수 있다. 우리나라의 연령대에 따른 여성의 취업 패턴은 G5보다 '20대 취업, 30대 경력단절'의 M자형 현상이 도드라진다. 퇴사 유경험 여성의 95%가 육아 문제를 이유로 든다. 2016년, 일본에서는 보육원에 아이를 맡기려다가 심사에서 탈락한 엄마가 '보육원 떨어졌다. 일본 죽어라!'라는 제목으로 정부의 복지제도를 비판하는 글을 올려 반향을 일으켰는데, 남의 일만은 아닌 듯하다(마이니치, 2016.03.05).

애 낳는 건 좋지만 원하는 대로 보육원에는 거의 맡기지 못한다고 웃으면서 말하면 애 낳을 사람이 어디 있어? (……)
보육원 늘리지 않을 거라면 아동수당 20만 엔으로 해라. 보육원도 늘리지 않고 아동수당도 수천 엔밖에 주지 않지만 저출산은 해결하고 싶다? 그딴 제 편한 소리가 어디 있어, 멍청이야. 돈만 가지면 애 낳겠다는 것들이 얼마나 많은데, 어쨌든 돈이나 주든지 애한테 드는 비용 다 무상으로 해라. (……)
불륜하고 뇌물 받고 부채 만드는 국회의원들 골라내서 반절 잘라버리면 재원 만들 수 있지 않나? 진짜 적당히 좀 해라, 일본.

여성의 경력 단절을 최소화하기 위해서는 여성을 육아 부담에서 벗

부유한 경제 가난한 행복

어나게 하는 공적 수단의 확충이 중요하다. 실상 가족이나 주변 지인의 도움 · 가사 도우미 및 사교육 기관 등 여성이 육아 문제를 해결하기 위해 선택한 사적 조치는 70%를 상회하지만, 육아 휴직 · 돌봄교실 · 지역시설 등 공적 수단은 20% 미만이다. 상대적으로 여성의 임금이 낮고 실업률이 높을수록 출산율은 낮아지며 높은 주거비나 교육비도 부정적인 영향을 미친다(김현숙 · 정진화, 2019년). 따라서 여성이 일할 수 있는 환경은 출산율에도 긍정적인 영향을 미친다.

유념해야 할 점은 산아 정책에 가장 적극적인 프랑스도 출산율(2019년)을 1.8배로 현상 유지하는 정도이고, 심각한 인구절벽에 대응해온 일본도 1.36배에 불과하다는 것이다. 북유럽은 적극적인 복지정책에도 불구하고 출산율은 1.6배로 영미권보다 낮으며 양 진영 모두 세계 금융위기 이후 하락하는 추세. 반면에 동유럽 국가들이 북유럽 수준으로 상승한 것을 보면, 경제가 정체된 선진국의 산아 정책 효과는 한정적일 수 있다.

양성평등의 관점에서 약자 포용은 선택적이어서는 안 된다. 성차별이 묶여서는 안 된다면서 동성애와 같은 성정체성은 허용할 수 없다는 태도는 자기모순적이다. 2020년 1월의 성전환 여대생의 숙명여대 입학 거부나 그해 12월 성전환 군인의 강제 전역으로 당사자는 각기 자퇴하고 자살했다. 이것은 우리 사회가 개방이나 관용과 같은 사회 가치를 수용할 수 있을 정도로 성숙되지 못했다는 것을 의미한다. 또한, 양성평등의 추구가 극단적인 페미니즘으로 흘러서도 안 된다는 점도 명심해야 한다.

필자가 양성평등지수 논문을 게재했던 당시만 하더라도 여성의날인데도 신문에 '미샤 화장품 30% 할인' 광고만 실릴 정도로 관심이 없었다. 필자의 분석 이슈에 여성들은 '왜 남자가 이런 주제를 골랐지?' 라며 의아해했고, 남성들은 '요즘 남자가 여성 때문에 기가 많이 죽어 있으니 잘 좀 이야기해달라.' 하며 읍소하기도 했다. 2010년 중반 이후 중요한 이슈로 인식되기 시작했지만 유감스럽게도 극단적인 페미니즘이 횡행했고 남녀 갈등도 심화되었다. 급기야 2022년 대통령선거 과정에서 MZ세대 표가 성별로 갈렸고, 남성의 지지를 얻은 윤석열 정부의 공약은 여성가족부 해체였다.

부처 통합은 과도한 개입을 차단하고 효율성을 추구하기 위한 합리적인 방식이기는 하지만 그렇다고 양성평등은 수수방관할 이슈가 아니다(8장 참조). 이는 올바른 가치의 구현이자 향후 인력 부족에 대응하는 실사구시적인 면에서도 중요하기 때문이다. '무관심, 극단적인 분열 그리고 무시'의 사이클도 언젠가는 모나지 않고 안정적인 상태로 수렴하겠지만, 자칫 극과 극을 맴도는 루핑에서 벗어나지 못하면 어쩌나 하는 우려도 없지 않다.

5장

그들에게 무엇을 남길 것인가

세대별 차이와
사회 변화

▶ '우골탑'과 아날로그, 베이비붐 세대

'베이비붐 세대'는 1953년 6·25전쟁 종료 후 사회경제 전반에 걸쳐 본격적인 복구가 시작되었고 사람들이 전쟁이라는 불안에서 벗어나 아이를 많이 낳기 시작한 1955년부터 1961년 사이에 태어난 사람들을 일컫는다. 이들이 중학교에 진학할 때쯤인 1969년 입학시험이 폐지되었고, 1974년 서울과 부산을 중심으로 고교평준화가 이루어졌다. '우골탑', 즉 시골에서 소를 판 돈으로 들어간다는 대학에 진학한 1970년대 중반 학번(1974~1980년)을 전후한 세대다. 1980년 대학 취학률은 11.4%로 대학을 다닌다는 것은 10명 중 1명 정도만이 누릴 수 있는 호사였다(교육부, 2021년).

이들의 어린 시절, 박정희 전 대통령은 1961년 5·16군사정변을 일으킨 후 1963년 제3공화국을 수립했으며, 10년 뒤인 1972년 10월유신을 선포하면서 장기집권을 이어갔다. 베이비붐 세대는 대학 시절 독재에 항거하면서 민주화를 요구하는 학생운동을 벌였다. 1979년 10월 26일, 박정희 대통령이 당시 김재규 중앙정보부 부장에 의해 시해되면서 17년간 이어진 독재 시대는 종식되었다.

아이러니하게도 이와 같은 정치 환경 속에서 1960년대 우리나라 경제는 고속 성장했고, 1970년 전후로 경부고속도로가 건설되었으며, 포항제철이 설립되면서 경제 인프라가 갖추어지기 시작했다. 경제 성장으로 일할 사람들이 필요했고, 대학을 졸업하면 누구나 쉽게 직장을 얻을 수 있었다. 그러나 산업화 논리가 지배적인 시대여서 베이비붐 세대는 자신이나 가족과 삶을 즐기는 워라밸은 꿈도 꾸지 못한 채 직장을 중시하고 일에 매진했다. 이들이 결혼해서 나은 자녀들이 에코세대(1979~1992년)다.

문화적으로 국내 음악은 1980년대 중반까지만 해도 팝송이 주도했다. "다운타운을 뒤덮은 음악다방에서도 디스크자키들은 팝송을 틀었고, 라디오도 열에 아홉은 서구 팝 프로그램"이었다(임진모, 2018년). 젊은 층의 문화적 욕구를 충족해줄 만큼 국내 음악의 기반이 형성되지 못했던 시절이다. 1975년 대통령의 긴급조치 9호 발동으로 기득권과 현실에 저항 의식을 표출하는 포크송이나 퇴폐적인 록 음악이 금지되면서 댄스와 발라드가 자리를 메꾸었다(김정수, 2019년).

베이비붐 세대는 우리를 중시하는 집단주의나 위아래를 구분 짓는 권력거리 성향이 강하다. 이들은 아날로그 세대다. 1980년대 초·중

부유한 경제 가난한 행복

반, 삐삐(무선호출기)와 천리안·하이텔 등의 PC통신이 보급되기 시작했을 때는 대학입시 전후였고, 인터넷이 민간에 개방된 1995년 이후 본격적으로 가동된 디지털시대는 30대 중반을 넘어서야 맞이했다.

국내 보유 외환이 바닥을 드러내면서 IMF에 굴욕적으로 구제금융을 신청했던 1997년 아시아 금융위기에 기업들은 처음으로 종업원들을 해고했고, 2008년 세계 금융위기를 겪었다. 대기업 임원의 정년 평균은 53세로 대부분 현업에서 물러났고, 재취업 시장이나 자영업으로 내몰리고 있다. 우리나라 자영업 비율(2019년)은 24.6%로 OECD 33개국 중 29위다. 전공이나 직종과 상관없이 퇴직 후 치킨집이나 커피숍을 차린다는 '기승전치킨(커피)집'이라는 우스갯소리는 퇴직 후 재취업이 어렵고 사회안전망이 부실한 우리나라의 환경을 여실히 반영한다. 다음 구절은 무대에서 물러나는 베이비붐 세대가 살아온 인생 여정의 애환을 구구절절이 드러내준다(정성호, 2006년).

"주산의 마지막 세대이자 컴맹의 제1세대, 부모님에게 무조건 순종했던 마지막 세대이자 아이들을 황제처럼 모시는 첫 세대, 부모를 제대로 모시지 못해 처와 부모 사이에서 방황하는 세대, 가족을 위해 밤새 일했건만 자식들로부터 함께 놀아주지 않는다고 따돌림 당하는 비운의 세대, 20여 년 월급쟁이 생활 끝에 길바닥으로 내몰린 구조조정 세대인 이들은 이제 퇴출 세대."

디지털시대를 비껴간 아날로그 세대로 부모에게 효도하고, 가족을 먹여 살리고, 회사에서 죽도록 일했던 그들. 하지만 무대에서 퇴장하자마자 자녀는 너무 커버려 상대해주지 않고 아내는 취미 생활로 바빠졌다. 그동안 집안은 아내의 시스템으로 관리되어 가스레인지 스위치가 어디에 붙어 있는지 파나 김치는 어디에 넣어두었는지조차 모르겠고, 외출이라도 하려고 하면 옷장에서 양말을 찾지도 못하는 나이가 되었다는 뜻이다.

▶이념을 넘어 현실로, 86세대

1960년대(1962~1969년)에 태어난 세대를 'n86세대'라고 한다. '8'은 1980년대 대학에 다닌 학번을, '6'은 1960년대에 태어났다는 뜻이다. 1990년대에 30대로, 인텔 CPU를 탑재했던 PC에 비유해서 '386세대', 2020년에 들어서면서 50대가 되어 '586세대'라고도 하는데, 계속 나이는 들 것이므로 '86세대'로 부르는 것이 합당할 듯하다. 86세대의 시작과 베이비붐 세대의 끝자락이 중복되는데, 경제 성장과 대학 입학 정원 확대의 수혜와 정치인들의 나이를 고려하면 재수 없는 현역 기준으로, 81학번(1962년생)으로 구분하는 것이 합당하다.

이 세대는 경제 성장의 수혜자들이다. 1980년 과외가 법으로 금지되고 다음해에 대학 본고사가 폐지되었지만, 대학 분교 설립 열풍과 졸업정원제(1981년)로 정원은 1.5~2배로 늘어나 여느 세대보다 대학 입학이 수월했다. 대학 취학률은 여전히 많은 사람들이 누리는 혜택은

부유한 경제 가난한 행복

아니었더라도 1985년 22.9%로 10년 전보다 2배로 급성장했다.

이들은 이념화 세대다. 전두환 전 대통령 중심의 군사조직 하나회는 박정희 전 대통령이 시해된 두 달 뒤인 1979년 12월 12 · 12군사반란으로 정권을 장악했고, 1980년 5월 18일 광주민주화운동을 무력으로 진압한 후 1981년 제5공화국(1981~1988년)을 수립했다. 1987년, 대통령 직선제 개헌 논의가 유보(4 · 13호헌조치)되자 영화 〈1987〉(2017년)의 "책상 탁 치니 억 하고 죽었다."라는 대사의 주인공 박종철 고문치사와 이한열 최루탄 피격치사 사건이 도화선이 되어 1987년 6월민주항쟁이 일어났으며, 노태우 전 대통령의 6 · 29선언으로 직선제가 도입된 이듬해에 제6공화국(1988~1993년)이 출범했다. 1980년대 86세대의 자주 · 평등의 기치 아래 조직된 학생운동은 6월민주항쟁을 기점으로 줄어들었다.

1980년대 중반 이후 아시안게임(1986년)과 올림픽(1988년)과 같은 국가적인 행사를 치렀고, 후반까지 저유가 · 달러 · 금리 등 3저 호황으로 경제가 성장할 수 있어서 이 세대도 대학을 졸업한 후 취직에 큰 어려움이 없었다. 2000년대 초반까지는 어떻게 해서든 노력하면 아파트도 손에 넣을 수 있었다. 허리띠를 졸라매어 모은 돈을 고공비행하던 금리로 은행에 저축해 목돈을 마련해서 주택공사가 저렴하게 제공한 아파트를 구매하면 집값도 오르니 한숨 돌리고 중산층이라는 자기 정체성에 신경을 쓰면서 소비를 늘릴 수 있었다(박해천, 2011년).

86세대의 자택 보유 비율은 59.6%로, 월세 42.5%의 자녀인 에코세대와는 확연히 다르다. 1970년대 말 고등학생들의 청춘 이야기를 그린

영화 〈말죽거리 잔혹사〉(2004년)의 "이소룡이란 홍콩 스타가 우리를 사로잡던 시절이 있었다. …… 그때 꿈이 하나 있었다면 바로 이소룡처럼 되고 싶다는 거였다. 사는 동안, 누구나 인생에서 제일 기억에 남는 시절이 있을 것이다. 내겐 1978년이 그런 해였다. 그해 봄 우리 집은 강남으로 이사를 왔다. 강남의 땅값이 앞으로 엄청나게 오를 것을 예견한 어머니가 서둘러 결정한 일이었다."라는 첫 장면의 모놀로그는 당시 시대상을 잘 묘사해준다.

강남 아파트값은 분양가 상한제가 폐지된 1999년 이후 저리로 주택담보대출이 급증하면서 2006년과 2007년 급상승했다. 노무현 정부가 공공주택(2005년)과 민간택지(2007년)에 분양가 상한제를 부활시키자 이명박 정부에서는 아파트값이 떨어지기도 했다. 그러나 박근혜 정부가 도시정비사업을 활성화하기 위해 상한제를 폐지하면서 다시 상승했다. 문재인 정부 때 강남 아파트값을 잡겠다며 시장 수급의 원리를 무시한 채 강행한 주택정책은 26차례나 수정되면서 혼란을 일으켰고, 아파트값은 천정부지로 솟았다.

86세대의 특징은 민주, 민족주의와 같은 이념적인 신조가 강하고 자신이 한국인임을 자랑스럽게 여기며, 가족과 이웃 등 대인 신뢰도가 높고, 개인보다 집단을 우선시하는 한편, 회사에 대한 충성도가 높다. 86세대의 운동권 출신은 노무현 정부에서 대거 등용되었다가 이명박 정부 때 물러났으나 2016년 10월 NGO에 의한 조직적인 촛불시위로 박근혜 전 대통령의 퇴진 후 출범한 문재인 정부에서 다시 등장했다.

학생운동 시절 내건 자주·평등의 사회정의를 구현하겠다고 한 이들

부유한 경제 가난한 행복

은 정치도 장악했으나 이상과는 대치되는 사회문화적 환경에서 성장해서 구태의연한 자기모순마저 보인다. 이들은 1980년대, 나이키 운동화를 신은 이들을 매판자본에 일조한다며 손가락질했지만, 이제는 나이키를 신은 채 반미를 외치고 자녀는 미국으로 보내는, 어찌 보면 모순덩어리일지도 모른다.

86세대 중심의 집권층에서 끊임없이 불공정 이슈가 불거지는 것도 이 때문이다. 검찰제도를 개혁하겠다면서 제 식구에게는 관대한 '내로남불'의 행태는 과거와 변한 바 없고, 국민 편에 서서 정부를 비판해야 할 NGO는 스스로가 권력기구가 되거나 일부 개인의 영욕 수단으로 변모하고 말았다. 교육격차를 해소하겠다며 자의적인 고등학교 평가로 특목고를 없애겠다는 이들은 막상 자신의 자녀는 특목고나 외국으로 유학 보내고, 사회정의를 부르짖으며 권력을 얻은 이들은 자녀를 좋은 대학이나 직장에 넣으려고 있는 것 없는 것 다 동원해서 스펙을 만들어내는 모순을 보였다.

어제오늘 일은 아니겠지만, 국가 주택공급의 중추적인 역할을 담당한다는 LH 직원들은 내부정보를 이용해 땅투기를 하는 어처구니없는 사건이 벌어졌다. 그런데 윤석열 정부가 들어섰는데도 친소 관계에 의한 편향된 인물 등용이나 사적 채용이 도마 위에 오른다. 위법하지도 않고 방침도 그렇다면야 할 말은 없다. 하지만 변하는 시대뿐만 아니라, 세대가 갈망하는 삶의 질을 도모하기 위한 다양성과 단순한 구호 이상으로 사고 속에 녹아들고 있는 공정이라는 사회 가치의 구현은 더는 선택의 문제가 아니라 거스를 수 없는 대세임을 잊어서는 안 된다.

■ 우리나라 세대별 사회경제 특징

세대		정부	대학입학률	대학제도	국내사건	국제사건	IT 보급	경제성장률	출산율	사회문화속성
베이비붐세대 (1955–1961)		이승만 (1948~1960) 윤보선/장면 (1960–1962)			군사정변 (1961.5.16)					집단주의, 권력거리
86세대 (1962–1969)		박정희 (1963–1971)		본고사 폐지, 졸업정원제 (1981)				10.1% (1963–1973)		이념(민주/민족, 자주·평등) 보수, 권력거리, 집단주의, 회사 중시
X세대 (1970–1979)		박정희 (1972–1979)	11.4% (1980)	졸업정원제 폐지(1987), 등록금 자율화(1989) 및 설립등록제 (1995)	10월유신 (1972), 박정희 시해 (1979)	1, 2차 오일 쇼크 (1973, 1978)		4.1% (1974 –1990)	4.54% (1970)	탈이념, 진보, 낮은 권력거리, 개인주의, 낮은 회사 충성도
에코세대 (1980–1990)		전두환 (1980–1987)	22.9% (1985)	죽음의 트라이앵글 세대 (1997–2001; 수능, 생부, 대학별 고사)	12.12 군사반란(1979), 5.18민주화운동(1980)		삐삐(1983), PC통신(1990년대 전후반)		2.06% (1983), 1.74% (1984)	X세대 특성 + 사회 이슈 의견 표출. (3, 5, 7, 9) 포기 세대
M Z 세 대	에코붐세대 (1991 –1996)	노태우 (1988–1993)			6.29선언 (1987)	구소련 붕괴 (1990)				X세대 특성 + 사회 이슈 인지 (국가지배구조, 사회문화의 후진성)
		김영삼 (1993–1998)	30% (1994)	2007년, 학생부 종합전형(학종, 입학사정관제)	성수대교/삼풍백화점 붕괴 (1994, 1995)		인터넷 개방 (1995), 핸드폰(2세대 디지털, 1996)			
	Z세대 (1996 – 2010)	김대중 (1998–2003)	52.5% (2000)		월드컵 4강 진출(2002)	아시아 금융위기 (1997)	초고속인터넷 (1998), 종합포털(1999)	5.2% (1998 – 2007)		
		노무현 (2003–2008)					페이스북 (2004), 유튜브(2006)			
어린 꿈나무 세대 (2011–)		이명박 (2008–2013)	70.3% (2008)	학종 제한(2013, 교내 활동 국한)	5.2촛불시위 (미 수입 소고기, 2008), 노무현 사망 (2009)	세계 금융 위기 (2008)	스마트폰(아이폰, 2007; 갤럭시, 2009), 인스타그램(2010)	3.1% (2008 – 2019)		
		박근혜 (2013–2016)		학종 제한(2018, 소논문 금지/수상실적 제한 등)	10.26촛불시위(박근혜 퇴진, 2016)				1.21% (2014)	
		문재인 (2017–2022)	70.4% (2020)	수시 축소, 온라인 수업(2020)		코로나 사태 (2020)			경제활동인구 감소 (2017, 72.9%)	

▶ 정보화시대의 시작, X세대

X세대는 1970년대(1970~1979년)에 출생한 세대로, 캐나다 작가 더글러스 코플랜드의 《X세대: 가속화된 문화를 위한 이야기》(1991년)에서 '정의할 수 없다.'라는 의미로 사용되었다. 이 세대는 어려서부터 호황기의 경제와 민주화 사회를 접했다. 1980년대 중반 이후 PC통신이 보급되면서 정보화시대를 맞이한 첫 번째 세대다.

tvN의 인기 드라마 〈응답하라 1994〉(2013년)의 모놀로그는 이 세대를 다음과 같이 묘사한다.

> "우리는 X세대다. 물론 지금은 스마트폰과 인터넷으로 무장한 또 다른 신인류에 밀려 모두 멸종해버렸지만 내 스무 살의 우린 인류 역사상 최첨단의 문명을 소비하는 신인류였다. PC통신으로 사랑을 찾고 삐삐로 마음을 전하며 음성메시지로 이별을 통보하던 우린 역사상 가장 젊은이들이었다."

모놀로그는 "지금은 비록 세상의 눈치를 보는 가련한 월급쟁이이지만, 이래봬도 우린 대한민국 신인류 X세대였고, 폭풍 잔소리를 쏟아내는 아줌마가 되었지만, 한때 오빠들에 목숨 걸었던 피 끓는 청춘이었으며 인류 역사상 유일하게 아날로그와 디지털 그 모두를 경험한 축복받은 세대였다."라고 이어진다.

90학번대인 X세대의 대입 수험생 수는 사상 최대로 늘어났다. 하지만 1987년 졸업정원제가 폐지되자 입시지옥을 경험했고, 1989년 대학 등록금의 자율화로 학비 부담은 늘어났다. X세대의 대입이 시작된 1991년 구소련이 붕괴하면서 공산주의에 대한 이념적 갈망도 사라지고 동유럽과의 교류도 시작되었다. 1994년 대학 취학률은 30%를 넘어섰고, 다음해에 대학 설립이 인가제에서 등록제로 완화되면서 대학 수는 점점 늘어났다. 1980년대 중반 이후 국내 음악시장에는 팝송에 이어 일본의 J팝도 스며들었다. 도심의 나이트클럽이나 음악다방에서, 특히 부산은 대마도에서 월경한 일본 TV나 라디오를 통해 접할 수 있었다. 일본 문화가 우리 사회에 음성적으로 침투하지 못하도록 정부는 1995년 이후 케이블TV 보급을 서둘렀고, 네 차례에 걸친 단계적 문화개방 정책(1998~2004년)을 시행했다.

1993년, 김영삼 문민정부(1993~1998년)가 들어서자 금융거래의 투명성을 확보하기 위한 금융실명제가 시행되었고, 하나회를 해산시켜 군부의 정치참여 길을 차단했다. 1980년대 두 차례 국제적인 스포츠 대회를 개최하면서 국가의 위상은 높아졌지만, 1990년대에 들어서자 1994년 성수대교와 1995년 삼풍백화점 붕괴 사고로 고도 압축성장의 민낯이 드러났다.

1997년, 아시아 금융위기로 IMF에 구제금융을 신청하자 진보 성향의 김대중 국민정부(1998~2003년)는 경제 효율화를 위해 신자유주의적 정책을 시행하면서 많은 근로자들이 명예퇴직당했다. 1998년, 48개 지점을 폐쇄하고 약 4천여 명의 직원을 감원한 제일은행의 〈눈물의 비디오〉 뒷부분에 등장하는 '어느 퇴직 직원의 시'의 문구, "손때 묻은 책상과 팬, 서류뭉치, 한 몸이던 단말기 그리고 해보다 눈부시던 우리의 미소. 이 모두를 하늘에 걸어 두고 우린 돌아서야 합니다."에는 당시의 애절함이 묻어 있다.

X세대는 대학을 졸업해도 취직이 어려워졌고 비정규직도 늘어난 첫 세대다. 1999년 분양가 상한제가 폐지되자 아파트값이 폭등했고, 더는 월급을 모아 집을 살 수 없는 지경에 이르렀으며, 집 소유자도 무리한 주택담보대출로 원금과 이자를 갚느라 허덕이는 하우스푸어가 되었다.

이들은 윗세대인 86세대와 자신의 뒤를 이은 에코세대에 끼인 세대다. 86세대처럼 쉽게 직장을 얻고 집도 마련하는 사회적 편익을 누리지 못했고, 에코세대가 애당초 86세대 같은 호사는 누리지도 못할 것이라며 포기했던 것과는 대조적으로 당연히 윗세대 같은 삶을 살 것이라고, 아니면 그런 생각조차 하지 못한 채 사회에 나가면서 경제침체와 구직의 어려움에 당면했기 때문이다.

이들은 사회적 이념이나 정치 문제에서 탈피해 우리보다는 나를 우선시하면서 직장에 대한 충성도가 낮고, 외국어·자격증 등 자기계발 활동과 같이 자기중심적인 삶에 더 관심을 보인다. 이성이나 결혼관에서는 개방적이며, 취직이 어려운 경제 여건 때문인지 경제력을 중시하는 현실주의적인 성향을 보인다.

어려서 온라인 매체와 댓글 문화를 체험했고, 20대 때 권위주의적 정치문화 청산이나 국가균형발전을 위해 지방분권을 추진한 노무현 정부의 등장을 목격하면서 성장했기에, 86세대와는 전혀 다른 사고방식을 가졌다. 2021년 문재인 정부의 검찰개혁, 부동산정책의 실패나 LH 투기 의혹으로 지지율이 하락하는 와중에도 X세대의 지지가 철옹성이었던 것은 이들의 젊은 시절에 대한 향수 때문이라는 지적이다.

▶ 개인과 공동체 사이에서, 에코세대

에코세대는 1980년대(1979~1992년)에 태어난, 베이비붐 세대의 자녀다. 에코란 전쟁 후에 대량 출산이라는 사회현상이 세월이 흘러 2세들에 의한 출생 붐으로 다시 나타나는 것을 빗댄 말이다. 이들은 가난도 독재도 경험하지 않은 채 청소년 때부터 1990년대 중반 이후 보급되기 시작한 인터넷을 접한 첫 번째 세대이자, 조기유학, 언어연수나 해외여행이 보편화되면서 외국어 실력이 능통해지고 글로벌 마인드를 가지면서 자란 세대다.

 1994년, 대학입시에 사고능력을 평가하기 위해 대학수학능력시험이 도입되었다. 특히 1997년에서 2001년 사이의 입시생들은 수능, 학교생활기록부 및 대학별 고사까지 치른 '죽음의 트라이앵글 세대'라고 불린다. 2000년 대학교 진학률은 52.5%로 반 이상이 대학을 진학했다. 1990년대 말 아시아 금융위기를 극복하고 세계 최초로 초고속인터넷을 상용화함으로써 IT 강국의 입지 기반을 다졌고, 2002년 6월 세계 월드컵에서 4강 진출이라는 쾌거를 달성하자 붉은악마와 수백만 명의 응원단이 인터넷 소통을 통해 길거리에 나선 시대였다.

tvN의 드라마 〈응답하라 1997〉(2012년)의 명대사는 에코세대를 "노스트라다무스가 말한 인류의 종말은 오지 않았지만, 이들에겐 차라리 종말이 더 나았다. 젝스키스가 돌연 해체를 선언했고, 성난 팬들은 애꿎은 연예인의 차를 불태웠다. 2001년, H.O.T 오빠들도 해체를 선언했고 하늘은 무너졌다. 뉴욕 한복판에 비행기가 떨어졌고, 인천공항이 문을 열었으며 대한민국이 월드컵 4강에 진출하는 말도 안 되는 일이 있었다."라고 묘사한다.

국내 음악은 1992년 서태지와아이들의 데뷔 이후 남성 그룹 H.O.T 대 젝스키스, 여성 그룹인 S.E.S 대 핑클로 대표되는 '아이돌 1세대'의 K팝의 자생적인 성장 기반이 형성되었다. 아이러니하게도 1975년 긴급조치 9호의 포크송과 록 음악의 탄압은 1982년 야간 통행금지 해제와 맞물리면서 전개된 나이트클럽 중심의 댄스 뮤직이 자양분이 되었다. "사랑하고 미워하는 그 모든 것을 / 못 본 척 눈감으며 외면하고 / 지나간 날들을 가난이라 여기며 / 행복을 그리며 오늘도 보낸다"라고 노래했던 이수만은 미국 유학 중 MTV를 접한 후 1995년, 아이돌을 양산하기 위한 플랫폼 SM엔터테인먼트를 설립했고, 1997년 서태지와아이들의 백댄서 양현석이 YG엔터테인먼트를, SM 오디션에서 떨어졌던 가수 박진영이 JYP를 설립함으로써 K팝 시장의 3강 경쟁 구도가 형성되었다.

이명박 정부는 신자유주의를 표방하며 친기업 정책을 구사했고, 공급 중심의 부동산정책으로 가격을 안정화했다. 그러나 군사 항공로를 변경하면서 내준 롯데 제2월드 건축 허가와 자연환경을 훼손한 4대강

개발과 같이 경제 성장 일변도의 정책을 무리하게 밀어붙였다. 정권을 이어받은 박근혜 정부는 2013년, 창조경제, 국민 행복과 문화융성이라는 구호를 내세우면서 출범했다. 그러나 2014년 300명의 목숨을 앗아간 세월호 사태와 2015년 메르스 사태에 안이하게 대처했고, 2016년 비선 실세가 국정을 농단한 '최순실 사태'가 만천하에 드러나면서 연일 이어진 촛불시위로 현직에서 기소, 구속된 첫 대통령이라는 불명예를 안았다.

우리나라는 1997년 아시아 금융위기와 2008년 세계 금융위기의 여파도 슬기롭게 극복했지만, 2010년대 초반에 들어서면서 대졸 취업률이나 실질청년실업률과 같은 고용지표는 악화하기 시작했다. X세대는 취업에 어려움을 겪었고, 결혼이나 출산을 미루기 시작했다. 실업난이 심각해지면서 연애·결혼·출산을 포기한 3포세대, 내 집 마련과 인간관계를 포기한다는 5포세대, 여기에 꿈과 희망까지 포기한다는 7포세대, 건강과 외모조차 포기한다는 9포세대에 이르는 신조어마저 등장했다. 이들을 '88만원세대'라고도 한다. 비정규직 평균 임금 119만 원에서 20대가 벌어들이는 비율 73%를 곱해 나온 값이다(우석훈·박권일, 2007년). 부정적인 이미지를 지우기 위해 G세대라는 용어를 사용하기도 했으나 곧 사장되었다. 에코세대의 탄식은 다음 문장에 구구절절이 드러난다(김영하, 2010년).

"우리는 단군 이래 가장 많이 공부하고, 제일 똑똑하고, 외국어에도
능통하고, 첨단 전자제품도 레고블록 만지듯 다루는 세대야. 안 그

부유한 경제 가난한 행복

래? 거의 모두 대학을 나왔고 토익 점수는 세계 최고 수준이고 자막 없이도 할리우드 액션 영화 정도는 볼 수 있고 타이핑도 분당 300타는 우습고 평균 신장도 크지. 악기 하나쯤은 다룰 줄 알고, 맞아, 너도 피아노 치지 않아? 독서량도 우리 윗세대에 비하면 엄청나게 많아. 우리 부모 세대는 그중에서 단 하나만 잘해도, 아니 비슷하게 하기만 해도 평생을 먹고 살 수 있었어. 그런데 왜 지금 우리는 다 놀고 있는 거야? 왜 모두 실업자인 거야? 도대체 우리가 뭘 잘못한 거지?"

이들은 부모인 베이비붐 세대보다 교육 수준은 물론 전문직 종사 비율도 높고, 직업을 선택할 때 적성이나 흥미를 중시하며, 동거에 관용적이며, 삶의 질을 중시한다(통계청, 2015년). 2008년에는 미국산 쇠고기 수입 재개 조치에 반발해 촛불 집회에 참여하는 등 사회적 쟁점에도 적극적으로 의견을 표출한 이들은 X세대의 개인주의적인 성향을 공유하면서도 필요에 따라서는 배려와 공동체의식을 발휘할 줄도 안다. 그러나 성실과 끈기(57.9%), 충성심(14.2%), 친화력(8.8%)이 부족한 것이 단점으로 지적된다.

▶ 순응·공정의 MZ세대

에코붐 세대(1991~1995년)는 2020년대 30대에 진입하는 세대, Z세대(1996~2010년)는 10대와 20대로, 이들을 광범위하게 MZ세대로 부른다. 이들은 태어나면서부터 인터넷, PC나 휴대전화와 같은 IT기기와 초고속인터넷 환경을 접했고, 2010년 이후 보급된 스마트폰과 페이스북, 트위터 같은 SNS를 이용한 '디지털 네이티브'다. 식당에서 아이가 칭얼대지 않는 것도 부모가 스마트폰으로 만화영화를 보여주기 때문이다. 스마트폰을 손에 달고 살며 사색보다는 검색에 능하다. 원하는 콘텐츠를 원하는 장소나 시간에서 보기 때문에 본방송 사수가 의미가 없고 생략하고 요점만 추려 보니 과거 콘텐츠로 위용을 떨쳤던 지상파 방송의 시청률은 떨어질 수밖에 없다.

대학 입시제도는 2007년 학종을 시범 적용한 후 확장되었지만, 과도한 스펙 경쟁의 부작용을 지적하자 2013년 교내활동에 국한하고 2018년 소논문 금지와 수상 실적 제한 조치가 취해졌다. 2019년 9월, 법무부장관 자녀의 대학 입학과 관련한 수시전형 비리가 문제되자 수시 비중을 줄이고 정시를 늘리는 조치가 취해졌다. 대학 취학률은 2008년 70.3%를 정점으로 감소했으나 2020년 70.4%로 회복되었다. 그러나 좋은 대학을 나와도 취직이 어려워졌고 이과보다 문과의 취업이 어려워져 문과 출신이라 죄송하다는 의미의 '문송합니다'라는 신조어가 탄생하기도 했다. 20년 시차의 일본 취업 빙하기 세대에 해당한다.

취직이 어려운 만큼 노동 수요 주체인 기업은 양질의 신입사원을 뽑을 수 있지만, 그간 사람을 많이 뽑지 않아 일손이 부족한 탓에 교육도 제대로 이루어지지 못한 채 곧바로 현장에 투하될 가능성이 크며 자칫 직원 복지도 소홀해질 수 있다. 그런데도 이들이 노마드(Nomad), 즉 유목민적인 행동을 보이는 것은 매우 흥미롭다. 취업이 그렇게 어려워졌다고 해도 대졸 신입사원의 1년 내 퇴사율은 27.7%로 2010년에 비해 12.0%포인트 높아졌다. 퇴사의 가장 큰 이유는 조직문화 및 직무 적응 실패(49.1%)였다.

이들은 매우 현실적이다. SK그룹은 직원들의 연봉 인상 요구가 거세지자 회장과 부회장이 연봉 포기까지 선언했으나 결국 요구가 관철되었다. 기업 성과가 좋으니 지금 당당 내 몫을 내놓으라는 것이다. MZ세대는 자기중심적으로, '혼밥혼술'을 즐기고, 현재 자신의 행복을 중시하는 욜로의 사고방식을 가지며, 인생은 왕도가 없이 다양한 방식으로 선택될 수 있고 서로 다르다는 것도 인정한다.

2017년, 시민의 촛불시위로 박근혜 전 대통령이 실권한 뒤 문재인 정부가 들어서면서 경제성과의 분배적 관점에서 근로자를 우선시하는 소득주도성장과 복지를 중시하는 포용을 표어로 내세웠다. 최저시급 인상, 주 52시간 근무제, 직장 내 갑질 방지, 의료보험 대상 범위 확대 등의 복지정책을 시행했다.

MZ세대는 워라밸을 중요시하고 타인과는 느슨한 인간관계를 가지려 한다. 일본 소설가 무라카미 하루키가 만든 조어인 '소확행'에서 알 수 있듯이 크게 바라지 않고 소유보다는 경험을 중시하고 자신을 위한 작은 사치를 즐긴다. 자신의 취미활동이나 자기계발을 중시한다. '재미있게 그러나 짧게'는 이들 세대의 모토다. 사진이나 동영상을 올리는 SNS가 대표적인 예다. SNS와 인터넷의 발달로 많은 정보가 공개되고 검색이 가능해지면서 어려서부터 국내나 지구촌의 소식이나 자연환경, 빈부격차와 같은 사회적인 이슈에 노출되었고 대학교 익명

사이트인 대나무숲이나 모바일 앱을 이용한 기업 내 부조리함에 대한 제보도 늘었다(매일경제, 2019.02.17).

MZ세대는 다음 문장과 같이 우리나라 사회문화적 습성의 후진성이나 국가지배구조의 문제점을 어느 세대보다 잘 인지하고 있다(나무위키, 2021년).

> "한국 정부의 정책 기조 및 고도화의 수준, 정치의 후진적 행태, ……
> 사회문화의 후진성과 시민의식의 부족 등이 기성 선진국들의 정부와
> 체제, 구조 등에 비하면 매우 원시적이며, 이 차이를 정보통신 기술의
> 발달로 성장하면서 가장 뼈저리게 느끼는 세대이기도 하다."

진보적 성향을 띤 MZ세대의 문재인 정부에 대한 지지율이 떨어졌던 것도 집권층의 취업·병역 논란에서 공정성을 자신의 문제로 삼아 절실히 받아들였기 때문이다(국민일보, 2020.09.20). 2021년 4월에 치러진 서울시장 보궐선거에서 에코세대는 문재인 정부의 지지를 포기하지 않았지만, MZ세대는 야당으로 돌아섰다. 야당을 지지해서가 아니라 여당의 내로남불 같은 행동을 용인하지 않은 것이다. 윤석열 정부는 이 점을 제대로 새겨듣지 않으면 안 될 것이다.

부유한 경제 가난한 행복

세대 간의 갈등,
어떻게 풀어야 할까

▶ '물질 풍요 속 기회 빈곤'의 시대

한 나라의 사회경제 시스템이 유지되기 위해 한정된 자원은 한 시대, 한 세대에서만 사용되는 것이 아니라 후세대에도 지속해서 물려주어야 할 보호의 대상이기도 하다. UN 브룬틀란위원회는 지속가능성을 "후세대의 욕구 충족 능력을 훼손하지 않으면서 현세대의 욕구를 충족하는 것"으로 정의한다. 이것은 롤스의 정의로운 저축 원리에 해당한다. 주로 환경 보존을 염두에 두지만, 국가 재원을 포함한 다양한 범주에 확장될 수 있다. 지속가능성은 최소한 현재 상태의 유지를 함의한다. 노벨경제학상 수상자인 존 힉스(1939년)는 소득을 "일주일 동안 소비할 수 있는 최댓값과 한 주가 끝났을 때도 처음과 마찬가지로 동일 수준이 유지"되어야 하는 개념으로 정의한다.

한편, 한정된 자원을 세대 간에 어떻게 분배해야 바람직한지 분배적 정의를 세대 간의 형평성이라고 한다. 영국의 철학자 겸 수학자 프랭크 플럼턴 램지(1928년)는 후세대의 미래가치를 현시점의 가치로 환산한 사회적 할인율이라는 개념을 제안한다. 사회적 할인율이 낮다는 것은 미래가 현재만큼 중요하다는 것으로, 예컨대 경제 성장 전망이 불투명해지면서 후세대가 누릴 수 있는 편익이 그만큼 줄어들어 삶이 더 어려워지리라고 전망되거나 세대 간의 불평등을 중요하다고 강하게 인식할수록 낮아진다. 이것은 그만큼 현세대가 후세대를 위해 자원 소비를 자제하고 가능한 더 많은 몫을 남겨주기 위해 노력해야 한다는 것을 시사한다.

2010년대 전반 이후 우리는 후세대를 더욱 배려해야 할 사회적 할인율이 낮은 상황에 놓인 듯하다. 어느 국가나 사회경제 성장 초기에는 할 일이 많고 기회를 잡을 가능성도 크다. 시장, 법 제도, 각종 기관이나 조직이 제대로 갖추어져 있지 않기에, 물론 이 때문에 어렵더라도 잘만 찾아보면 할 수 있는 일도 많고 파고들 것도 많다.

보릿고개 시절에는 먹거리가 귀하고 삶도 팍팍했지만, 집에서 키운 옥수수나 찐빵, 심지어 팬티 고무줄이든 무엇이든 내다팔아도 생활할 수 있었고, 자녀도 교육했고, 종자돈을 모아 은행에 적금 들고 계를 붙고 해서 집도 마련할 수 있었다. 그러나 사회경제가 성장하면 제반 인프라는 촘촘히 정비되어 기능하므로 개개 사회 구성원이 얻을 수 있는 편익도, 쉽게 끼어들 여지도 점차 줄어든다. 기본적인 의식주는 해결되고 풍족해지면서 잘살게 된 것처럼 보이지만 더 나은 지위재를 추구하면서 소비가 늘고 가계의 압박은 커진다.

건물 가치를 올려준다며 건물주가 입점을 환영하는 스타벅스가 처음 우리나라에 입성했을 때는 커피값이 비싸다고 말이 많았다. 하지만 어느새 익숙해졌고, 주변의 내로라하는 일반 카페의 커피값도 천정부지다. 월급이 그만큼 오른다면 별문제 없겠지만 세계적으로 노동소득분배율은 감소 추세다. 근로자의 임금이 점차 줄어든다는 것이다. 우리나라는 예외적으로 증가 추세이지만, 2010년대 초반부터 취업이 어려워졌고 2020년 이후 코로나 대응 과정에서 과도한 유동성에 의한 인플레와 공급을 무시한 주택정책 실패로 부동산 가격이 급등하면서 생활은 점점 빠듯해지고 있다.

이른바 젠트리피케이션은 낙후 지역을 활성화해주고 주변을 깨끗하게 해주지만 외부 자금의 유입은 임대료를 상승시킨다. 도시 재개발을 명목으로 단장한 노량진 수산시장이나 핫 플레이스로 부상한 이태원의 경리단길의 상승한 임대료는 원주민을 내쫓았다. 세계적인 휴양지 하와이나 우리나라의 제주도에 막상 원주민들이 가진 땅이 없는 것과 마찬가지다. 한 나라 성장의 정체는 필자의 언급과 같이 모든 이들의 삶을 어렵게 만든다(이내찬, 아시아경제, 2018.11.26).

"모든 조직의 구성원들이 누려오던 편익은 줄어들고 성장을 전제로 사람을 뽑아 놓았으니 위로 오르기도 쉽지 않고 계단을 오른다고 해도 얻는 것은 예전만 못하다. 내부에서조차 잉여가 발생하니 젊은 세대에게 내줄 자리가 없다. 생산가능인구가 줄어든다는데도 어느 윗세대보다도 다양한 능력을 갖추도록 교육받아 온 청년의 구직난이 심각해지는 것도 이 때문이다."

우리는 10년 주기의 위기를 슬기롭게 극복했지만 2010년 전반 이후 여러 어려움에 부딪히고 있다. 2011년 삼포세대라는 신조어가 등장한 후 오, 칠, 구포 세대로 이어지는 X세대 이후의 삶의 어려움을 토로하는 용어는 악화된 현실을 여실히 드러낸다. 취업난으로 일자리를 구하기가 힘드니 후세대에게 더 열심히 해야 한다고 부추긴다. 하지만 그렇게 해서 일자리가 느는 것은 아니라서 힘만 더 들게 할 뿐이다.

현실이 이러다 보니 젊음을 마다할 사람은 없겠지만, 나중에 태어났더라면 아마 지금 자신이 일하고 있는 이 자리에도 오르지 못했을 것이라며 안도의 한숨을 내쉴 정도다. 이것은 모래성 땅따먹기 놀이와 같다. 모래성 위에 막대기를 꽂은 다음 차례대로 한 줌씩 흙을 긁어가다 보면 거의 형체가 없는 성 위의 막대기는 간당간당해지다가 쓰러진다. 바로 마지막 차례가 후세대가 되었다는 것이다.

이들은 들어갔다가 나오기 힘든 깔때기 세대다. 어려운 취업 문턱을 넘어섰건만 회사의 현실 벽에 부딪히는 인턴과 신입사원의 모습을 그린 tvN 드라마 〈미생〉(2014년)의 주인공 장그래는 이를 바둑에 빗대 "바둑에서 접바둑이라는 게 있습니다. 하수가 고수를 상대할 때 4점, 8점, 뭐 이렇게 먼저 두고 시작하죠. 그러나 사회에선 하수 즉 신입사원을 상대로 고수가 접바둑을 둡니다. 고수가 이미 4점, 8점, 아니 셀 수 없을 만큼 많은 백돌을 깐 곳에 들어가는 거죠. 그런데 더 무서

운 건 하수인 흑돌의 규칙은 바뀌지 않는다는 겁니다. 신입사원이라는 건, 경험이 없는 상황에서도 무언가를 더 남겨야만 하는 사람 아닙니까?"라고 말한다.

세대 간의 사회 이동성도 걸림돌이다. 부모의 도움 없이 사회 계층 사다리를 올라 '개천에서 용'이 나올 수 있는 사회는 누구나 노력할 유인이 있어서 역동적이며 사회 응집력도 강화된다. 우리나라의 부모와 자식 간의 교육 기간으로 본 이동성은 OECD(2018년) 29개 국가 중 1위이고 영미계도 최상위권이다. 그만큼 자녀교육에 공을 들인다. 1980년대 초반부터 1990년까지 25개 회원국의 소득 척도(1-세대 간 소득탄력성)로 본 소득이동성은 네덜란드를 제외한 북유럽이 1위부터 4위까지이고 우리는 15위로 중립적이다. 이동성과 지니계수 사이에는 부의 상관관계가 있다. 소득차가 작을수록 이동성이 높다. 이동성이 부모의 지원과 노력에 비례하는 것은 부정하기 어려운 사실이며 국민의 긍정적인 평가도 2015년 22%로 상당히 낮다(경향신문, 2019.09.30; 통계청, 2018년).

경제침체나 천연재해가 반복하는 것도 미래 전망을 불투명하게 하는 요인이다. 1997년과 2008년 두 차례 금융위기에 이어 2020년 코로나 사태를 겪으면서 예기치 못한 경제위기를 경험했다. 2003년 사스에 이어 2015년 메르스, 그리고 2020년 코로나에 이르기까지 일상에서는 상상조차 하지 못한 전염병의 창궐은 14세기 유럽을 휩쓴 흑사병의 세계적인 유행 이래 전례 없는 규모로 사람의 목숨을 앗아가고 사회경제를 파국으로 내몰았다.

사회경제는 빈틈없이 찼고, 엎친 데 덮친 격으로 미래에 대한 높은 불확실성으로 옛날보다 사는 것이 더 편해진 것 같지만 지출은 많아지면서 팍팍해지고 더 큰 노력을 들여도 옛날과 같은 편익을 얻을 수 없기에, 후세대가 설 자리는 점점 줄어들 수밖에 없는 상황이 되어가고 있다(이내찬, 아시아경제, 2018.11.26). '물질적 풍요 속의 기회 빈곤'이라는 아이러니다.

▶ 후세대에 대한 배려, 국가 빚 경감

상황이 이렇다 보니 사회적 할인율을 낮다고 인식해 현세대가 후세대를 위해 무엇인가 아껴서 남겨주는 것이 당연할 듯하지만 현실은 결코 녹록하지 않다. 자원배분권을 독점한 집권층이 윗세대로 구성되어 있고, 과거보다 노인에 대한 공경심이 줄어들었다. 그럼에도 우리 사회가 깊게 뿌리 내린 유교의 장유유서 덕목 때문인지 여전히 어르신이 우선이다.

1970년대 학생들 사이에 인기 있던 《얄개전》(조흔파, 1972년)은 매일 아버지 아침 밥상에만 올리는 달걀부침개가 주인공 얄개 앞에 놓이는 것은 시험성적표를 받아오는 특별한 날이나 가능했던 것으로 묘사한다. 같은 시절 아동지 《소년중앙》에는 소파 방정환이 어린이날을 마련한 이유가 아이들이 제대로 대우받지 못했기 때문이었다는 기사가 실리기도 했다.

부유한 경제 가난한 행복

옛이야기이거니 생각할 수도 있겠지만, 2010년대 중반만 해도 학생들에게 지역 쿠폰을 준다거나 교복을 무상으로 지원하겠다고 하자 '사지가 멀쩡한 젊은 애들에게 공짜로 퍼주려 하느냐?' 라는 비판도 적지 않았다. 아직 후세대의 취업 여건이 나빠지고 있다는 인식이 희미했기 때문일 수도 있겠지만, 어려운 시대라 젊은이들에게 이나마도 해주지 않으면 해줄 것이 없었다.

더구나 집권층 권력의 유효기간은 5년이어서 근시안적으로 현재에 더 많은 자원을 투입하려 한다. 시대가 어렵고 조직이 어렵다고 해서 기관장이 살뜰히 판공비를 절약하고 효율적으로 재원을 쓰는 사례를 찾기 힘들고, 당장 아파트가 부족하니 산을 밀어 도시를 세우고 도로를 건설하는 일이 자연훼손으로 후세대의 짐이라는 점을 인식하지 않은 채 이루어진 것도 마찬가지다. 80년 만에 폭우가 강남 한복판을 물바다로 만든 것도 자연훼손과 지구온난화의 결과다.

그나마 현실적인 옵션은 국가 예산을 절약하고 빚 절감 정도가 아닐지 싶다. 노인빈곤율은 높고 경제침체가 이어지니 발등에 불부터 꺼야 할 테고, 복지지출도 적은 비중이 아니니 정부 지출과 빚도 늘 수밖에 없을 것이다. 그런데도 불투명한 미래와 마주친 후세대에게 덤은 없더라도 최소한 빚은 넘기지 말아야 할 것이다.

우선, 불필요하거나 비효율적인 예산 집행을 철저히 방지해야 한다. 정부 지출은 세계 경제위기나 코로나 경험에서 목격했듯이 인간의 삶과 사회경제의 안정성을 위협하는 예기치 못한 사태를 해결하기 위한 불가결한 버퍼가 된다. 그러나 정부예산이 늘어나면 비효율적으로 집행될 가능성이 커지고, 영국과 일본 그리고 우리나라의 재정지출 승수 효과를 살펴보더라도 0.5~1배로 생각보다 크지 않다(8장 참조). 더구나 불경기 때 과도한 유동성 확대는 실물경제에 생산적으로 투하되지 못한 채 부동산과 증권시장에서 과도한 거품을 생성하는 부작용을 일으킨다(3장 참조). 그래서 더더욱 정부예산의 합목적적 집행과 더불어 엄격한 감시와 감사가 필요하다.

특히, 추가경정예산(추경)에 의한 비효율성 제어는 매우 중요하다. 정부의 1년간 예산이 성립된 이후 부득이한 사유로 편성되는 예산인 추경은 평상시에도 그 편성이 포괄적으로 이루어지고 과정이 투명하지 않으며 정치인들이 자신의 선거 구역을 위한 사업비용을 조달하는 쪽지 예산으로 혈세가 누수되는 비효율성이 발생한다. 연례행사로 이루어지니 본예산에 반영되지 않더라도 추경에서 만회한다는 도덕적 해이가 문제다. 일자리를 늘리겠다는 박근혜 정부가 출범했을 때 추경 다음해에는 취업자 수가 오히려 감소했고, 문재인 정부도 추경에도 불구하고 질적인 고용 사정은 나아지고 있지 않아 실효성을 의문시하는 지적도 있다.

국가채무의 상한 규정을 준수하는 것도 빠뜨릴 수 없다. 문재인 정부는 '2025년 GDP 대비 국가부채비율 60%'로 묶는 재정준칙을 발표했다. 추경의 반가량을 메우는 국채는 우리 경제의 여력을 넘어서면 후세대의 과도한 부담으로 전가되므로 경계해야 한다. 윤석열 정부는 이를 '관리재정수지 3%' 기준으로 법제화할 것을 발표한 바 있다.

후세대의 또 다른 부담은 국민연금제도다. 국민연금제도는 경제활동 기간 중 번 소득 중 일부를 적립해 은퇴 후 노후생활을 대비하게 해주는 사회제도다. 문제는 연금 수령자는 늘어나지만, 인구절벽의 가속화로 가입자가 줄면서 기금이 잠식되고 급기야 고갈되리라는 점이다. 어떻게 보면 국민연금도 많은 사람들이 피라미드의 밑에서 받쳐주어야 윗사람들에게 득이 되는 다단계판매와 별반 차이가 없다. 국민연금이 파산하지 않기 위해서는 가입자의 적립 금액을 인상하거나 수령 시기를 연기해야 한다. 하지만 수혜 당사자들인 윗세대의 저항에 부딪혀 개혁이 더딜 수밖에 없고, 적자를 보전하기 위한 세금이나 정부 빚은 후세대에 부담이 된다.

제도에 전면적으로 메스를 가하는 것이 어렵다면, 최소한 세대 간의 수익과 비용을 구분하는 세대 회계의 구축을 고민해볼 필요가 있다. 이것은 장기적으로 재정정책의 지속가능성을 평가하고 현·후세대가 직면한 재정 부담 정도를 측정하기 위한 회계 분석 및 계획 방법을 적용한다는 의미다. 예컨대 국채 발행에 따른 세대별 비용편익분석이라든지 감세나 정부 지출 축소 또는 국민연금의 납부율 인상이나 지급 시기의 지연 또는 방식(적립식) 변화가 세대별로 미치는 민감도 분석을 포함한다. 주머니를 나누지 않으면 돈이 섞여 누구 것인지 구별하기 어려우므로 돈을 마구 써버리는 것을 방지하자는 일종의 파일럿 테스트다.

사회 이동성은 해답을 찾기 어렵다. 누구나 부모가 부자였으면 할 테고 그들 자녀에게 쓰이는 교육비라면 족히 10명의 학생은 교육할 수 있겠지만, 부자 부모는 내 선택이 아니고, 효율성을 이유로 부를 강제로 재분배할 수도 없는 노릇이다. 이럴 때면 필자는 사람들에게 '어디 돌산이라도 사 두라!' 라고 말한다. 집안에 물려받은 것이 있는 사람은 현명한 조상이 있었기 때문이다. 어차피 나의 생애는 아니니 사 둔 돌산은 언젠가는 현명함이 되어 후손이 고마워할 수도 있고, 그런 상상만으로 조금은 위안이 될지도 모른다. 필자의 지인은 집안의 돌산으로 무엇인가 만들어보려 노력 중이다. 잘되기를 바라는 마음이고, 혹 그렇지 않더라도 언젠가 그의 후손이 현명한 조상에 감사할지도 모른다.

부유한 경제 가난한 행복

나라 곳간을 함부로
열지 마라

재정지출이나 금융정책을 시행하면서 무리하게 국채를 발행하면 빚을 감내할 수 없는 지경에 이를 수 있다. OECD 평균(GDP 대비) 누적부채(2016~2018년 평균)는 83.5%로 노르웨이(44%, 8위)를 제외한 북유럽은 중위권에 속하지만, 호주(66.7%, 15위)를 제외한 영미권은 최하위권에 포진하고 있다. 우리나라는 36%로 5위를 차지해 매우 양호한 수준이지만, 문재인 정부의 복지정책과 코로나가 창궐한 이후 부채가 47%(2021년)로 급증해 이후 재정안정성이 우려되고 있다.

가계나 기업도 빚을 안고 있으므로 부채가 나쁜 것은 아니지만, 빚이 경제 여력을 넘어서면 파탄에 이를 수 있다. 그리스는 아홉 차례나 디폴트, 즉 국가부도를 선언하면서 EU, IMF 및 유럽중앙은행으로부터 구제금융을 받았고, 일대일로를 추진하는 중국에서 차관을 받은 스리랑카는 디폴트를 선언해 아시아인프라투자은행의 구제금융을 받았다.

우리도 부채로 인한 기업의 문어발식 확장과 종합금융사의 무리한 외자 차입에 의한 1997년 외환위기로 IMF, WB 및 아시아개발은행으로부터 구제금융을 받았고, 그 대신 금융시장을 완전 개방하고 대대적인 구조조정을 시행했으며, 주요 기업과 주식이 헐값에 팔리는 뼈아픈 기억이 있다. 2000년대는 개방된 시장에 헤지펀드의 '먹튀'가 있었다. 국제금융기관은 빚쟁이를 괴롭히는 사채업자처럼 무리하게 압박하면서 이득을 취한다고 해서 비판의 대상이 되기도 한다.

정치가 불안하면 사회나 시장이 제대로 기능하지 못해 당해국의 통화에 대한 신뢰도가 떨어지며, 외채 비중이 크면 자국 통화 발권력을 행사하기 어려워진다(미셀 외, 2015년). 양적 완화를 지속해온 일본은 누적 부채비율이 236.2%로 OECD에서 가장 높다. 그런 일본이 부도 우려에도 그나마 유지되는 것은 엔이 기조화폐로 국가경쟁력이 높고 국채의 90%가량이 국내에서 소화하기 때문이다.

국가가 부채를 어느 정도 감내할 수 있는가를 분석하는 간단한 지속 가능성 모델에서는 균형식 $재정적자비율=\frac{(이자율-경제성장률)}{(1+경제성장률)}-누적적자비율$ 이 성립한다(IMF, 2020년). 단, 비율은 GDP 대비다. "이자율이 경제성장률보다 낮으면 누적 부채가 증가해도 재정정책을 사용할 수 있는 여지는 증가한다."라는 언급은 빚을 지더라도 변제 가능할 정도로 충분히 경제가 성장하면 된다는 지극히 상식적인 의미이며 시간이 지나면서 위의 식이 구현되기 위한 수렴 조건이다(골드만삭스, 2019년). 식은 일국의 누적 국가부채나 연간 재정적자 중 어느 한쪽을 정하면 다른 쪽이 정해지는 구조다.

1987년, EU는 마스트리흐트조약으로 유로화 도입을 결정하면서 회원국의 재정건전성 기준을 'GDP 대비 국가부채 60%'와 'GDP 대비 본원 수지 3%'로 결정했고 IMF도 이에 따른다. 그러나 OECD 회원국들 대부분의 부채는 이를 훨씬 상회하는 것이 현실이다. 우리나라는 매년 평균(2015~2018년) 35.9%를 유지했지만 2019~2020년 각기 37.7%(국가부채 723.2조 원), 44.6%(846.9조 원)로 급증했다.

우선 단순 셈법으로 매년 재정적자를 얼마로 유지해야 재정준칙을 만족할 수 있는가 살펴보자. 우리나라 GDP는 2019년에 1,918.3조 원, 2020년에는 전년 대비 1% 감소해 1,898.2조 원을 기록했다. 정부는 2021년 이후 코로나가 해소되리라는 낙관적인 예상으로 4~5%의 성장률을 가정해, 2025년 GDP를 2,370.6조 원으로 예측했고 따라서 국가채무는 1,425(0.6×2,370.6)조 원이 되어야 한다(기획재정부, 2020년). 2021년 재정적자는 846.9조 원으로, 2025년까지 균등분할하면 매년 115.6(1,425.1-846.9/5)조 원의 적자를 감내할 수 있다.

그런데 이것은 코로나 사태 이전 연평균(2015~2019년) 재정적자(36.8억) 대비 2.5배를 상회하는 금액이지만, 2021년 이미 두 차례 추경으로 126.6조 원으로 상한을 넘겼고 2022년에는 110.8조 원인 상황이다. 윤석열 정부의 신보수주의 정책에 의해 부동산 규제나 세금 부담이 완화되고 긴축금융으로 불경기가 지속되면 세수는 감소할 것이므로 대대적인 긴축재정을 시행하지 않는 한 재정준칙을 만족할 가능성은 낮아진다.

다음은 부채 지속가능성 모델을 코로나 직전의 경제에 적용해보자.

우리나라의 평균(2015~2019년) 실질경제성장률은 2.76%, 실질금리는 0.35%다. 물가상승률을 반영하면 경제는 매년 3%가량 성장하고 금리는 0%에 가깝다는 뜻이다. 경제가 빠르게 성장해 국가부채 이자 비용이 매년 평균 19조 원 발생하지만 빚 청산에는 문제가 없다.

2025년 재정준칙 목표가 균형 상태로 달성된다면 재정적자는 −1.44(0.64×60)%가, 관리재정수지 평균(−1.6%)과 유사하게 이후에도 유지되어야 하며 2026년 이후 매년 재정적자는 34(0.0144×2,370.6)조 원으로 맞추어져야 하지만, 정부예산안에 따른 연평균(2021~2025년) 재정적자 약 120억 원으로 실제 유지되기도 어려운 상황이며, 2026년 이 수준의 4분의 1로 제한한다는 것은 불가능에 가깝다.

■ 우리나라 국가채무 추이

	2019	2020	2021	2022	2023	2024	2025
국가채무	723.2	846.9	965.9	1,081.3	1,207.3	1,338.0	1,422.3
(GDP 대비, %)	37.7	44.6	48.2	51.4	55.1	58.7	60
국채증가분	723.2	123.7	128.9	115.4	126.0	130.7	84.3
GDP	1,918.3	1,898.2	2,003.9	2,103.7	2,191.1	2,279.4	2,370.6
명목 경제성장률 (정부 시나리오)	−	− 0.01	0.05	0.05	0.04	0.04	0.04

출처. 기획재정부(2021)

부유한 경제 가난한 행복

변해도 변하지 말아야
할 것

▶ 현세대에 대한 불만은 올바른가

젊은 세대의 취직이나 결혼이 어려워지면서 86세대에 책임을 묻고 용퇴를 요구하는 논지의 책이 많이 출간되었다. "꿀 빨아먹고 헬조선 만든 세대"로 우리나라를 이렇게 만든 미필적 고의가 있다는 지적(《386세대 유감》, 김정훈 외, 2019년)이라든지 한국형 위계 구조하에 "정치와 시장 권력을 장악하면서 불평등을 고착화"했다는 반감의 표출(《불평등의 세대》, 이철승, 2019년)은 그만큼 86세대가 많은 혜택을 누렸기 때문이다. 그런데 필자의 오래전 노트는 이와 비슷하게 베이비붐 세대의 앞자락에 대한 불만을 이렇게 담고 했다.

"회사 대표고 정부 부처의 차관이나 실장이고 학회장인 대학교수라면 나이는 86세대 중반 이후의 50대 초중반이다. 다들 열심히 노력했기에 그 자리에 올랐겠지만 막상 올라가도 더는 베이비붐 세대가 누렸던 그 자리가 아니다. 경기가 침체되다 보니 회사는 새로운 성장동력을 쫓아 매진하기는커녕 사업이 쪼그라드는 것을 막는 것도 버겁고 다운사이징에 맞추어 비용도 졸라매야 한다. 정부는, 사회경제가 너무 커지고 복잡해지면서 1960~1970년대 구사했던 산업진흥정책 같은 건 씨도 먹히지 않으니 원하는 흐름으로 가져갈 마땅한 방법이 없다. 먹거리 만드는 산업진흥이 제대로 안 되니 시장을 졸라매는 규제만 늘릴 뿐이다. 애당초 만들어질 수 있었다면 정부에 앞서 민간에서 이루어졌을 것이다. 또한, 갑질이라 하니 예전처럼 업자에게 떵떵거리거나 술 한 잔 받아먹지도 못한다. 유일한 위안이라면 해당 업무와의 연관성 있는 재취업으로, 물론 일정 기간 이를 금지하는 관피아 법이 있지만, 평범한 월급의 공무원 생활 청산하면 산하기관 낙하산으로 벌충하는 정도일 것이다. 교수도 별반 차이 없다. 그간 고생하면서 논문 쓰면서 정식으로 교수가 돼서 정년도 보장받고 좀 편하게 지내야지 생각했건만 인구절벽의 여파로 줄어드는 학생 수와 교육부의 대학구조조정 압박 강도를 보면 정년퇴임 때까지 버틸 수 있을까 좌불안석이다."

필자의 베이비붐 윗세대 앞자락에 대한 푸념은 "그런데 이들보다 위인 베이비붐 세대 앞자락으로 힘들게 살았지만 노력하고 성공해서, 정점에서 마지막으로 우리나라의 모든 게이트웨이를 장악하고 있는 60

　　　　　　　　　　　　　　부유한 경제 가난한 행복

대는 1960년대 방식으로 옥죄려고 한다('666'). '어려운 건 알지만 뭐라도 해야 하지 않겠느냐?' 라는 논리다. 그래서 매출도 올리라 쪼고, 신산업을 만드는 정책도 만들어내라고 쪼고, 졸업생을 취직시키고 연구비를 타오라고 쫀다. 이동통신요금 담당 사무관이 과장이 되고 국장이 되면서 계속 골치 아프다는데, 원래 다른 나라에서는 규제도 하지 않는 것으로 뭐가 그렇게 힘들다고 하는지 모르겠다. 서로 지위는 올라갔지만 여전히 밑에서 허드렛일이나 하고 있으니 10년 전이나 지금이나 쪼는 것은 마찬가지다.

그러나 그때는 그래도 꿈도 있고 희망도 있으니 참으면서 시키는 대로 했다. 이들은 결국 몇 년 있으면 '잘 안 됐네. 고생했어. 미안해.' 하면서 자리를 뜰 것이다. 미안한 마음이나 있을지 모르겠다. 원래 어른이 하시는 일은 토를 다는 것 아니라는 가부장적인 사고가 우리 사회를 지배하고 있는 시대에 살아온 세대이니 말이다. 60대가 먹다 남긴 사과는 몇 점 베어 먹을 살도 붙어 있지 않았다. 제도가 대안이고, 하도 들쑤셔 놓은 탓에 뒤죽박죽으로 만들어 놓은 탓에 수습하기도 어려울 듯하다. 그래서 또다시 이들을 힐책하려고 하면 바로 밑의 세대는 이렇게 50대를 비난한다.

'그래도 댁들은 사과 심이라도 받지 않았느냐고, 집 한 채라도 가지고 있지 않았냐고.'

이들 대부분 미안하다는 말도 없이 무대에서 사라졌지만, 얼마 전 IT 기업의 X와 M세대 팀장이 자리바꿈한다고 해서 저녁 자리를 같이했더니 바로 이 사과 이야기가 나왔다. 후임 팀장이 예전 같으면 타사와의 거래 관계에서 조 단위이니까 큰일 났다고 사장에게 보고했을 건이, 이제는 수백억 원 정도밖에 안 되는 규모라 말을 꺼내기도 남세스럽다며 전임 팀장에게 사과는 다 먹고 심만 남겼다고.

이렇듯 아래 세대의 윗세대에 대한 불만은, 때로는 사춘기 시절 부모에 대한 반감처럼 보이거나 아니면 세대를 초월한 보편적인 경향일 수도 있다. 하지만 냉정하게 생각하면 내가 활동했던 시점이 경제사회가 성장하고 팽창하고 기회도 많은 시대였는가, 아니면 시스템이 조밀하게 정비되어 기회의 여지가 적어지고, 정체된 시대였는가는 자신의 선택이 아니라 복불복으로 주어진 외적 환경이었을 뿐이다.

그런데 누구도 사회경제 시스템 성장의 어느 시점에 자신이 태어나리라고 예상하거나 선택할 수도 없다. 같은 연배라고 해도 국가마다 성장 단계가 다르다. 예컨대 전쟁을 경험하고 종료된 후 사회경제 시스템을 처음부터 재건하고 베이비붐이 발생하는 시점 차이가 있는 국가들을 살펴보면 명백해진다. 1945년, 제2차 세계대전에서 패전한 일본은 1953년 6·25전쟁이 종료된 우리나라보다 다양한 사회경제 현상에서 20여 년을 앞서간다(6장 참조). 마찬가지로 1975년에 전쟁이 종료된 베트남은 우리보다 20여 년 뒤처진다. 나이가 같더라도 어느 나라에서 태어났느냐에 따라 당연히 처한 상황이 다를 수밖에 없다.

X세대 이후의 어려움은 일본의 과거 취업 빙하기 세대의 경험으로 비추어보면 이해할 수 있고, 베트남과 같은 국가는 우리보다 사회경제 시스템이 낙후되어 있지만 좋은 기회의 땅이 될 수도 있다. 어려운 시대에 태어난 운명이니 체념하고 받아들이라는 뜻이 아니다. 윗세대를

힐책하기보다는 한정된 자원이나마 아래 세대인 자신들에게 더 배분될 수 있도록 정치·사회적으로 적극적인 참여가 바람직하지 않겠느냐는 의미다.

▶ 수평 개인주의 사회, 기우가 기우에 머물길

수평 사회로 이행과 개인주의 추구는 당연한 시대 흐름이지만, 우리 사회문화의 장점을 사라지게 하고 새로운 부작용을 초래하는 것은 아니냐는 기우가 없는 것은 아니다(이내찬, 아시아경제, 2019.04.17). 과거 수직 위계 하의 우리 사회는, 집에서는 부모에 대한 공경심과 회사에서는 상사에 대한 충성심에 따라 근면하고 성실하게 생활하고 일하면서 가계나 회사를 일구었고, 이것은 국가 발전으로 연결되었다. 북한 댐 방류에 대비한 평화의댐 건설 성금 모금(1982년), 아시아 금융위기 때 금 모으기 운동(1998년), 코로나 사태(2020년)에서 보인 국민 협조와 같이 위기 때마다 발휘되는 자발적인 참여와 단결은 우리의 장점이기도 했다.

개인이 사회관계로부터 분절되면서 사회적으로 고립될 수 있다. 퍼트넘은 1970년대 미국에서 외부 모임이 줄어드는 것을 관찰한 후 사회자본의 감소를 경고했다. 일본에서는 1990년대, 버블 붕괴 이후 바깥 외출을 삼가면서 사회생활을 거부하는 히키코모리형 인간이 늘어나 심각한 사회문제로 대두되기도 했다. 구전 전통의 단절도 걱정이다.

오프라인 만남과 대화는 이메일이나 SNS로는 표현하거나 남기기 어려운, 상사나 선배의 축적된 노하우를 전수할 수 있는 중요한 수단이다. 적정 거리 유지로 윗사람으로부터 싫은 소리 듣지 않으면 편하기야 하겠지만, '옛말에 틀린 말 없다.'라는 그 말을 듣지 못할 테고 내공 전수는 빠진 단순한 업무 지시만 이루어져 세대 단절이 심화될 수 있다.

더 큰 문제는 이와 같은 변화로 예전만큼의 국가 발전 성과를 얻을 수 있을 것인가다. 워라밸의 추구는 당장에는 근로자의 몫이 늘어나는 것을 의미하지만, 개개인의 삶의 질의 향상도 결국은 국가 발전으로 이루어져야 바람직하다. 회사 근무 시간이 짧아져 노하우를 전수할 수 있는 면대면 기회도 줄어든다면 짧은 시간 동안 주어진 업무를 완수하도록 효율성을 올리든지, 창의적인 성과를 가져와야 지속성장이 가능하다. 그런데 어느 쪽도 여의치 않다면 국가 발전은 한계에 부딪힐 수 있다. 사회문화의 변화로 개인 사이에 벌어지는 간극을 규율하는 사회가치 · 규범이 더욱 중요해지고 있지만 여전히 만족스럽지 못하다.

이처럼 수평 개인주의로의 시대 변화가 가져올지도 모를 우려에 대한 대비도 중요하다. 우선, 약자의 범위를 경제뿐만 아니라 사회 · 심리 영역으로 넓혀 단지화되고 있는 개인을 포용할 수 있어야 한다. 우리나라의 자살률(2016~2018년 평균)은 2000년대 초반부터 상승하기 시작해 2003년을 기점으로 일본과 핀란드를 앞서 OECD 내 2위로 부상했고, 2019년, 리투아니아를 앞지르며 24.6명(/10만 명), 1위로 올라서는 불명예를 안았다. 산업화와 경쟁에 덧붙여 사회관계의 단절화나 불경기는 자살률을 더 높일 수 있어서 사회·심리적 약자 보호는 더욱 중요해질 것이다.

또한, 세대 간, 좌와 우, 남과 여로 진영이 나뉘어 우리 편만이 옳다는 확증편향으로 갈등이 심해지면 사회 응집력은 저해될 수 있다. 따라서 이해관계에 얽매이지 않고 세대 간은 물론 좌와 우, 남과 여 양 진영의 상황을 이해하고 조정해줄 수 있는 촉진자나 조정자가 필요할 것이다. 이것은 다양성을 확보하기 위해서도 중요하다. 가치·규범은 단시간 내에 자리를 잡기는 어렵겠지만, 교육에 의한 학습과 글로벌 경험이 중요할 것이다(8장 참조).

마지막으로, 어떤 세대나 나이가 들면 기성화될 수 있다는 점에 유념하자. 사람이 성장하면서 관심사가 취직, 결혼 및 출산, 집 장만, 일과 승진, 자녀 양육 그리고 노후 마련으로 변하기 때문이다. 본인은 꼰대가 아니라 착각하는 젊은 세대의 꼰대질도 만만치 않다. tvN 드라마 〈미생〉에서 사원 한석율은 회사가 돌아가는 내용을 누구보다 잘 파악하고 사람들에 사근사근한 전형적인 회사원이지만, 3040 '젊꼰'인 임 대리의 꼰대질에 힘든 시간을 보낸다.

6장

외교 유산으로의 한·일 관계

우리나라와 일본의
간극

▶ 고도성장에서 장기침체에 빠진 일본

일본은 1945년 제2차 세계대전 종료 후 폐허 위에 경제를 재건하고 다시 흥망성쇠를 거쳐 왔다. 이 같은 변화는 시대별로 출간된 일본론 책 제목에 여실히 반영되어 왔다. 일본이 급성장하던 1980년 전·후반에는 에즈라 보겔의 《일본, 넘버 원: 미국에의 교훈》(1979년)이 출간되었고, 정점에 이른 1980년대 말에는 일본의 부상에 대한 위기감이 극에 달하면서 미·일 간 무역 불균형 해소를 주장한 제임스 팰로우즈의 《일본봉쇄》(1989년)가 등장했다.

1990년대에 들어서자 미국의 통상압력으로 시작된 엔의 평가절상이 방아쇠가 되어 일본 경제는 '잃어버린 20년'이라는 쇠퇴의 길을 걸었다. 《일본은 어떻게 성공했는가?》(1982년)에서 충(忠)이라는 유교 덕목을 일본 성공의 동력으로 지적했던 모리시마 미치히로 교수는 20여 년 뒤인 1999년 《왜 일본은 몰락하는가》에서 쇠퇴 요인을 에토스 상실과 리더십 부재의 지배구조에서 찾았고, 일본을 찬양했던 보겔도 2001년 《여전히 일본은 일등인가》를 출간했다.

1945년 제2차 세계대전 종료된 후 사회경제가 초토화된 일본은 1950년 한국의 6·25전쟁(1950~1953년)에 따른 전쟁 특수를 성장 발판으로 1960년대 전·후반(1956~1973년) 평균 실질경제성장률 9.1%를 기록하는 고도성장기를 기록했다. 그러나 1970년대 두 차례 오일쇼크로 원유 가격이 급등해 세계경제 침체와 더불어 1980년대 전·후반(1974~1990년) 성장률은 4.2%로 안정기에 진입했다.

일본 경제가 저성장의 늪에 빠진 결정타는 1985년 G5 재무장관의 플라자합의였다. 미국은 달러화 강세로 수입이 증가하면서 무역적자가 심각하게 누적되자 해결책으로 일본과 독일에 엔과 마르크화의 평가절상을 요구했다. 이로 인해 엔이 등귀하면서 일본의 수출은 급감했고 기업이 공장을 저렴한 노동력을 찾아 해외로 이전하자 국내 산업의 공동화로 경기는 침체 되었다. 불경기에 대처하기 위해 일본 정부는 금리를 인하해 유동성을 늘렸다. 그런데 부동산과 증권시장에서 거품을 형성했고, 과열된 경기를 진정시키기 위해 은행에 행한 대출 제한 행정명령은 거품 붕괴의 방아쇠가 되어 1991년 잃어버린 20년이 시작되었다.

일본 경제가 곧바로 무너진 것은 아니었다. 오히려 1990년대 중반에는 경기가 되살아나기도 했다. 그러나 소비세 인상으로 소비가 위축되

■ 한 · 일 경제성장률 추이 구분

		급성장기	고도성장기	성장 안정기		저성장기
한국	시기	1960년대 후반 (1963~1973)	1980년대 중반 (1974~1997)	2000년대 초반 (1998~2007)	2010년대 중반 (2008~2019)	–
	평균 실질 성장률(%)	10.7	9.1	5.2	3.1	–
일본	시기	–	1960년대 중반 (1956~1973)	1980년대 초반 (1974~1990)		2010년대 중반 (1991~2019)
	평균 실질 성장률(%)	–	9.1	4.1		0.9

출처. 내각부(2021년), 기획재정부(2021년

었고, 1997년 아시아 금융위기로 경기가 냉각되면서 2000년대 성장률
은 0.47%로 떨어졌다. 2010년대에 들어서면서 성장률은 1.25%로 다
소 회복하는 듯 보였지만 저성장기인 1991년부터 2019년 사이 성장률
은 0.9%로 떨어졌다. 설상가상으로 2020년 본격화된 코로나 사태로
일본 경제는 다시 침체되었다.

일본 경제는 1990년대 말 디플레이션 스파이럴에 빠진 이후 지금까
지 헤어나지 못하고 있다. 물가상승률(소비자 물가지수 기준)은 1986
년 0%를 기록한 후 불경기 극복을 위한 유동성 증대로 1990년 3.3%까
지 상승했지만 버블 붕괴가 시작된 다음해부터 지속해서 감소해 1995
년 −0.1%를 기록했다. 1990년부터 2000년대 중반 두 차례에 걸쳐 물
가가 다소 상승했지만 아시아 금융위기와 세계 금융위기로 다시 주저
앉았고, 2014년 물가상승률 2.9%를 기록하자 경기 회복의 전조라는
기대도 있었으나 이후 0% 전후의 수준을 유지하고 있다.

한편, 6 · 25전쟁으로 황폐해진 우리나라 경제는 1960년대에는 섬
유 · 신발과 같은 노동집약적 경공업, 1970년대에는 철강 · 석유 등의

자본집약적 중화학공업, 그리고 1980년대에는 선박 · 자동차 등 대규모 조립산업으로 성장했다. 경제 급성장기인 1963년부터 1973년 사이에는 성장률 10.2%, 이후 1990년대 중반까지의 성장기에는 9.6%를 기록했다. 1997년 IMF 위기부터 2007년까지의 성장률은 5.2%로 떨어졌고, 2008년 세계 금융위기부터 2019년까지 3.1%로 떨어졌다. 안정기에 해당하는 이 두 시기의 성장률은 4.2%다.

앞 페이지의 표와 같이 우리나라의 고도성장기나 안정기는 일본과 20여 년의 시차가 존재하는 것을 확인할 수 있다. 이렇듯 우리 경제는 일본의 패턴을 답습해왔지만 2018년 약 4만3천 달러(PPP(실질구매력) 기준)로 인당 소득에서 일본을 앞섰다(IMF, 2022년).

▶ K문화의 위상 변화, BTS에서 〈기생충〉까지

우리나라 사회경제의 성장 패턴을 들여다보면 대체로 20년가량의 시차로 일본을 뒤따른다는 것을 알 수 있다. 양국 모두 전후 폐허 위에, 특히 우리는 사회경제 시스템의 현대화 기반이 정비되어 있지 않은 상태에서 재건했기 때문이다.

1980년대까지만 해도 일본은 우리의 선망의 대상이었지만 1990년대 일본의 쇠퇴기 중반부터 우리의 캐치업이 본격화되기 시작했고 2000년대 초반의 도약기를 거쳐 2010년대 들면서 성장은 가속화되었다. 우리가 정점으로 향하면서 과거 애니메이션이나 J팝과 같은 일본 대중문

부유한 경제 가난한 행복

화의 수입국에서 K팝이나 한류 드라마와 같은 K문화의 수출국으로 변모했다(이내찬, 아시아경제, 2019.05.20).

과거 일본의 필수 관광지 중 하나는 전자상가가 즐비한 아키하바라 전자거리였다. TV부터 랩톱이나 비디오카메라에 이르는 다양한 전자 제품은 우리나라 사람들의 구매 선망 대상이었다. 코끼리표 전기밥솥 사건(1983년)은 유명한 일화다(손성진, 2008년). 당시 우리나라 주부들이 일본에 가서 사오는 선호도 1위의 기호품은 코끼리표 밥통이었는데, 아사히신문에 '한국인 관광객 덕분에 판매량이 늘어난다.' 라는 기사가 실리자 격노한 전두환 전 대통령은 '왜 밥통도 못 만드느냐?' 라며 호통을 쳤고, 이 때문에 당시 상공부 공무원들과 업계 관계자들은 대책 회의를 열기까지 했다.

밥통의 대세가 바뀐 것은 1990년대 중반 쿠쿠전자의 전기압력밥솥이 등장한 이후다. 2010년대 이후 전자기기 구매는 우리에게는 삼성 아니면 LG 중 하나의 문제로 바뀌었다. 해외에 나갔을 때 외국인들이 삼성전자의 갤럭시 스마트폰을 보면서 부러워하는 모습을 다반사로 접할 수 있다.

문화도 다를 바 없다. 1980년대의 아이돌 황금시대를 거쳐 1990년대 최전성기를 맞이했던 J팝은 우리나라의 록카페, 롤러장, 디스코장에 암암리에 퍼졌고(스카이데일리, 2015년), 국내 음악의 J팝 표절 시비도 끊이지 않았다. 1990년대 중반 남성 그룹 H.O.T.를 출발점으로 아이돌 양산 체제를 도입한 SM엔터테인먼트도 일본 방식에 영향을 받았다.

김대중 정부 시절부터 시작된 국내 문호 개방 정책(1998~2004년)은
이 같은 일본 대중문화의 범람과 양성화에 따른 급속한 확산을 우려해
네 단계로 나뉘어 시행되었다. 2000년대 초반, 대일 문화 개방 정책에
의해 빗장이 모두 열렸지만 우려했던 문화 침투는 없었고, 상황은 반
전해 2003년 우리나라 드라마 〈겨울연가〉가 NHK에서 방영된 이후
일본에서 욘(배용준)사마 열풍이 불었다. 2010년 전·후반 일본에서
는 여성 그룹 카라나 소녀시대가 인기를 얻었고, 2010년 말부터는 방
탄소년단(BTS)이나 여성 그룹 트와이스가 인기를 얻었다.

　2011년, 필자는 파리공항 입국장에 몰려 있던 천여 명이 넘는 젊은
여성들을 목격했다. 왜 그런지 궁금해 옆 여성에게 무슨 일이냐고 물
어보니 불어로 "Chanteur Coréen(한국 가수)!"라는 대답이 돌아왔다.
다른 여성에게 어느 가수냐고 물으니 샤이니와 에프엑스라고 대답이
돌아왔다. 아이돌 그룹의 이름을 읊는 것만으로 행복해하던 모습이 선
하다. 당시만 해도 이런 이야기를 하면 정부가 과대 포장한 것 아니냐
며 반신반의하는 사람들이 많았다. 그러고 보면 2000년대 초, 우리나
라가 초고속인터넷 보급률이 1위라고 했을 때도 많은 사람들이 의아해
했고, 특히 외국인들 사이에서도 '그럴 리가?'라는 반응도 적지 않았
다. 성장은 당사자들이 인지하지 못한 채 은근히 이루어지는 프로세스
인 듯싶다.

　2016년에는 LA에서 개최된 CJ E&M의 K-CON(2016년)에서 좋
은 자리를 맡기 위해 개회 전날 밤부터 스타디움 앞이 장사진을 이룬
것도 목격했다. 콘서트 말미 컨벤션센터가 떠나가라 울려 퍼진 청중의

함성은 BTS의 등장 때문이었다. J팝을 개량해 우리 콘텐츠로 소화한 뒤 세계로 발신하는 세방화를 지향한 것은 상대적으로 협소한 국내시장을 넘어서기 위한 노력 때문이다.

우리나라의 GDP 대비 수출액 비중(2014년)이 50%인 데에 반해 일본은 20%로, 우리의 문화콘텐츠도 해외 진출에는 필사적일 수밖에 없다. 반면에 일본은 어색하고 설익은 율동과 노래일지언정 나아지는 모습을 높이 평가한다든지 연예기획사 쟈니즈 사무소의 독점적인 지위가 유지된다든지 하는 특성으로 국내시장에만 머물고 있고 벗어날 유인도 없다. 쟈니스 소속 남성 그룹 아라시가 2021년 은퇴 직전 K팝이 일본 시스템을 모방했다며 인터뷰하고 싱어송라이터 에드 시런으로부터 곡을 받아 불렀으나 히트할 수 없었다는 것도 이 때문이다.

이와 달리 2000년대 전·후반에 부설된 우리나라의 초고속인터넷 인프라는 2013년 싸이의 〈강남스타일〉을 출발점으로 K팝의 오픈 디지털 마케팅의 근간이 되었고, SM엔터테인먼트이나 CJ E&M의 콘서트는 K팝을 전 세계로 확산하는 플랫폼이 되어주었다. 2020년에 들어서면서 코로나 사태로 오프라인 상가와 여행업을 포함한 상당수의 산업이 경제적인 타격을 받았지만, BTS의 세계적인 인기는 하늘을 찌르면서 〈다이너마이트〉가 최초로 그래미 어워즈 후보로 올랐다.

K팝은 물론 영화 〈기생충〉이 우리나라 최초로 아카데미상을 받았으며, 2021년 넷플릭스를 통해 공개된 〈오징어 게임〉이 세계 각국으로부터 각광을 받았다. 이와 같은 K드라마의 고품질화는 지상파 3사가 독점하던 국내 콘텐츠 시장이 다수의 종합편성 채널과 CJ E&M의 다양

한 채널이 치열하게 경쟁하는 환경으로 변모되었고, 다양한 기기로 시청할 수 있게 해주는 토종 티빙이나 웨이브, 미국의 넷플릭스, 왓챠와 같은 OTT가 가세했기 때문이다(이내찬, 전자신문, 2013.10.21).

빈곤이나 불평등, 사회부조리에서 교육문제에 이르는 사회 현안에 대한 비판적인 시각은 그만큼 다양한 주제가 표출되는 주요 이유다. 생각해보면 BTS의 인기도 이들이 3대 톱 연예기획사가 아닌 소외된 기획사 출신으로, 자신들이 겪은 어려움과 세상을 읽는 이야기로 노래를 만들어 팬들인 아미와 끊임없이 소통하기 때문이다.

필자는 우리가 자신감을 가지게 된 전환점은 초고속인터넷이 보급되기 시작한 2000년 전·후반부터라고 생각한다. 그간 미국이나 싱가포르 등 선진국의 슈퍼 하이웨이의 구상에 뒤질세라 정부는 정보화의 큰 그림을 그려 사업자를 독려했고 통신시장은 설비 기반 경쟁으로 급성장하면서 IT 강국의 입지 기반을 다질 수 있었다.

2002년 6월, 월드컵에서 4강 진출의 쾌거를 달성하면서 자신감은 하늘로 치솟았다. 당시 길거리를 메꾼 수백만 명의 응원단 붉은악마의 소통 수단은 다름 아닌 인터넷이었다. 일본은 1990년대 중반까지만 해도 한국을 개발도상국 정도로밖에 여기지 않았다. 그러던 것이 2000년대 중반 필자가 일본 출장 때 만난 상점 여점원들이 한류 팬이라면서, 한국과 일본이 동등한 입장에서 교류하는 것이 중요하다는 말을 하는 것을 듣고는 놀라지 않을 수가 없었다. 시대가 바뀐 것이다.

그렇지만 2010년대 출장에서는 혐한 관련 서적들이 넘쳐나 다시 놀랄 수밖에 없었다. 우리나라에 대한 일본의 감정이 격해지는 것은 끊임없는 제기되는 위안부나 독도 문제가 직접적인 원인일 것이다. 하지만 한국을 개발도상국으로 여기던 시절과 같은 여유가 없어졌기 때문은 아닐까 싶기도 하다.

▶ 그래도 여전한 한국과 일본의 간극

우리의 경제 및 대중문화에서의 일본 캐치업에도 불구하고 사회자본에서는 여전히 뒤처진 부문이 적지 않다. 경제적으로 성장하고 문화적으로 융성한다고 해도 개인의 삶의 질과 신뢰와 같은 사회자본이 제대로 갖추어져야 하는 이유다.

OECD의 BLI에 의한 평가나 WEF의 경쟁력지수에서 우리나라는 일본에 뒤진다. 행복지수는 주거 범주를 제외한 나머지 10개 범주에서 우리나라는 일본과 같은 평가를 받았거나 뒤처지고 있으며, 종합평가에서는 하를 받아 일본의 중보다 낮다. 우리는 투표율이나 기부와 같은 시민참여에서 일본을 앞서고 있어 정치에 관한 관심이 높고 기부문화도 어느 정도 형성되어 있다.

그러나 일본은 33위의 장기근무자 비중을 제외한 개인의 자유·사적 시간·사적 안전망 등 개인 및 워라밸 부문에서 평균 20위 정도인데에 비해 우리나라는 30위로 일본에 뒤진다. 이것은 일본의 독특한 사회문화적 특성, 예컨대 집단주의적이면서도 한편으로는 개인주의를 인정하고 사적 공간의 침해를 극도로 유념하는 데에서 기인하는 것이 아닌가 생각된다.

대인 신뢰·기업 및 국가 지배구조지수로 평가하면 일본은 14위 정도로 중위권의 선두에 속하지만 우리는 '30위가량의 최하위권에 속하는 대조를 보인다. 신뢰는 상대나 기업이나 국가를 의심하는 심리적인 비용을 줄여주는 한편 사회 교류와 경제 거래를 확대하게 해주는 중요한 확장자이므로 우리 사회의 업그레이드를 위해 필수적이다.

자동차사고 사망률이나 정부규제지수에서 우리는 평균 30위 이하이지만 일본은 각기 8위, 16위다. 실수로라도 차가 차선을 밟으면 보행자들이 멈춰서 운전자를 째려보는 나라이니 익히 이해가 간다. 웬만해서 국민이 정부 정책에 토를 달지 않을 정도로 관료가 절대적인데도 우리가 더 뒤처진다는 것은 정부 운영 방식에 심각한 문제점이 있음을 시사한다.

양성평등지수 순위는 우리나라가 36위로 26위인 일본은 물론 거의 모든 회원국들에 뒤처지며 이민자·동성애 등 포용 부문에서는 일본이 우리보다 다소 순위가 높은 편이되 양국 모두 30위 정도로, 다른 서구 회원국에 뒤처진다. 불평등 부문의 노동소득분배율은 우리는 19위로 중립적인 것과 달리 일본은 3위의 최상위권에 위치한다. 그러나 이 이외의 불평등지표의 순위는 일본이 평균 30위에 다소 미치지 못하며, 우리는 30위를 다소 상회하는 수준으로 오십보백보다. 우리나라나 일본이나 다양성을 인정하는 사회 분위기의 성숙과 계층 간 소득불평등의 해소는 공통 과제다.

■ 한 · 일 지표 비교

범주	지수	한국		일본		단위	기간
		순위	점수	순위	점수		
행복	BLI 종합 평가	29	4.53	22	5.45	10점 만점	평균(2017~2019)
	세계행복지수(UN)	34	5.87	34	5.87	10점 만점	평균(2017~2019)
	세계경쟁력지수(GCI)	10	79.6	4	82.3	100점 만점	2019
경제력	인당 실질 GDP	20	42,055	21	41,810	실질구매력(PPP)	평균(2017~2019)
	실질 GDP 증가율	15	2.7	36	1.04	%	평균(2017~2019)
	IT 인프라	1	8.83	10	8.38	10점 만점	평균(2016~2017)
개인, 워라밸	개인의 자유	36	0.58	19	0.84	1점 만점	평균(2015~2017)
	사적 시간	24	14.7	21	14.85	시간/월	평균(2015~2017)
	장기근무자 비중	34	22.0	33	21.9	50시간 이상 근무자 비중(%)	평균(2014년, 2016~2017)
	사적 안전망	37	78	25	89	100점 만점	평균(2015~2017)
공동체 협력	사회 응집력	36	3.6	8	7.83	10점 만점	2019
	학생 협력지수(PISA)	7	0.16	9	0.11	(−1, 1)	2015
	학생 경쟁지수(PISA)	1	0.52	33	−0.37	(−1, 1)	2015
가치 (포용)	소수자(포용)	32	2.57	29	3.1	10점 만점	평균(2017~2019)
	동성애(포용)	31	0.3	29	0.32	1점 만점	평균(2017~2019)
신뢰	대인신뢰지수	24	26.6	14	38.8	100점 만점	평균(2017~2019)
지배 구조	기업지배구조지수	36	3.86	14	4.84	10점 만점	2019
	국가지배구조지수	29	4.84	13	7.11	10점 만점	2019
시민 참여	투표율	12	77	32	53	%	2017
	기부지수	22	33	31	23	100점 만점	평균(2017~2019)
사회 문화	소프트웨어 불법복제율	19	32	2	16		2017
	자동차 사망률	31	7.95	8	3.5	10만 명 당 수	평균(2016~2018)
	정부규제지수	35	3.06	16	4.62	10점 만점	2019
	양성평등지수	36	0.61	26	0.69	1점 만점	
불평등	최상위 소득 계층(10%)의 소득점유율	31	0.446	30	0.432	[0,1] 구간	평균(2017~2019)
	P10/P90	33	5.73	28	5.2	10점 만점	평균(2015~2017)
	지니계수	30	0.354	25	0.339	1점 만점	평균(2015~2017)
	빈곤율	31	0.235	26	0.217	1점 만점	평균(2015~2017)
수뇌부 구속	노동소득분배율	19	55.6	3	63	%	평균(2016~2018)
	수뇌부(대통령, 총리) 사법 제재	35	8 (위법 7)	33	6 (위법 1)	명	1900년 이후

취업시장 회복과
인구 감소 예상

▶ 일본의 경기침체 속 고용 회복

일본 경제는 버블 붕괴 이후 두 차례에 걸쳐 금융위기와 코로나 사태가 10년 주기로 반복되면서 침체에서 벗어나지 못했지만 노동 수요는 오히려 2010년대 초반 이후 개선되었다. 구인배수는 2003년 이후, 세계 금융위기의 여파로 하락을 경험한 2008~2009년을 제외하고는 2019년까지 1을 상회하는 증가 추세로 구직자에게 유리한 상황이며, 시간제 근로자 시급도 유사한 패턴으로 2011년 이후 급증하는 추세다. 대학생 취업률도 2003년 저점인 55.1%를 기록한 후 청년실업률(15~24세)도 2003년 10.1%까지 상승했으며, 2004년 이후 구인배수와 유사한 패턴을 보인다. 잃어버린 20년이 시작된 이후 지속된 불경기와 불투명한 미래 전망으로 노동 수요가 자제되어 왔지만 2000년대 초반 이후 더는 버티기 어려워질 정도로 사람이 부족했기 때문이다.

필자가 2010년대 중반에 일본을 방문했을 때만 해도 도심의 편의점에서 일하는 아르바이트생은 대부분 외국인이었다. 2010년대 말에 들어서면서부터는 수석 요리사 이외에 음식점 주방에서 일하는 사람은 외국인이었고, '사람이 귀하니 마음에 들지 않더라도 있을 때 채용하라.'라든지 '일손이 부족해서 회사를 관두지 못하게 한다.'라는 상황이 된 것도 이때였다.

일본이 2003년과 2010년을 기점으로 고용 여건이 개선된 것은 경제성장이 아닌 인구절벽으로 일할 사람이 부족해진 데에서 기인한다. 일본은 1970년대 중반부터 저출산 현상인 소자화(少子化)가 진행되었다. 일본의 출산율은 1947년 4.54로 정점을 찍은 후 1950년대 중반 2.0을 약간 상회하는 수준을 유지하다가 1974년 2.08을 기록한 후 2.0 이하로 떨어졌고 2019년 현재 1.36을 기록하고 있다.

모든 남녀가 결혼해서 2명 조금 넘게 낳아야 인구수를 일정하게 유지할 수 있는데 출산율이 2.0 이하이니 경제활동인구(15~64세)와 인구수는 감소할 수밖에 없다. 일본의 경제활동인구는 1995년 8,717만 명을 정점으로 감소하기 시작했고, 인구수는 2010년 12,806만 명을 정점으로 감소세로 돌아섰다. 1995년부터 경제활동인구가 감소하기 시작했다고 해도 노동시장에서 일할 사람을 찾기 어려운 상황은 어느 정도 시간이 지나야 할 것이다.

일본의 노동 초과수요의 발생 시점은 2003년과 2010년으로, 경제활동인구 감소로부터 8~15년 지난 후다. 다만, 이 시점은 각기 1997년과 2008년 금융위기에 영향을 받아 경제 위축 기간을 2년 정도로 보면 경제활동인구 감소 효과는 6~11년 정도로 추정해볼 수 있다.

▶ 우리나라의 취업시장 회복 전망

일본과의 20년 시차는 출산율에서도 알 수 있다. 우리나라의 출산율은 1970년 4.54에서 지속 감소해 1983년 2.06을 기록한 후 다음해에는 1.74로 떨어졌다. 2019년 현재 우리나라의 출산율은 0.92로 OECD 회원국 중 가장 낮은 수치를 기록하고 있다. 출산율이 4부터 2 이하로 진입하는 패턴은 양국 간에 유사성을 보인다. 인구절벽이 시작되는 시점도 마찬가지다.

우리나라의 경제활동인구는 2016년 3,760만 명으로, 총인구 대비 비율 73.4%를 정점으로 감소하고 있으며 인구는 2028년 5,194만 명을 정점으로 감소할 전망이다. 일본과 비교하면 각기 21년, 18년으로 약 20년의 차이가 존재한다. 실상 일본의 인구 데이터를 우리나라의 인구수와의 비율인 0.42(역수는 2.37)로 축소한 후 시차 20년으로 조정해보면 패턴이 겹치는 것을 확인할 수 있다. 단, 우리는 2030년대 초반 이후 급격하게 인구가 줄어들어 고령화가 빠른 속도로 진전되는 것으로 예측된다. 우리나라의 성장 안정기의 후반부인 2010년대 초반 경제성장률은 3.1%로 유지되고 있고, 1990년대 이후의 일본과 같이 1%를 밑도는 저성장기에는 돌입하지도 않았다.

그러나 우려되는 것은 2010년 이후 노동 수요는 악화일로로 치닫고 있다는 점이다. 우리나라의 구인배수는 2003~2009년까지 0.5 근방을 유지하다가 2010년부터 2012년 사이에 증가세를 보인 후 하락 추세로 돌아섰고, 2016~2017년 잠시 회복되는 듯했으나 2019년 0.49로 2000년대 수준으로 회귀했다(고용노동부, 2021년). 구인배수 수치는 가장 높더라도 0.7 정도인데 일본이 불경기일 때도 그 값이 1 전후였다는 점과는 대조적이다. 대학생 취업률은 2012년 66%를 정점으로 찍은 후 하락해 2019년 63.3%에 이르렀다. 일본의 1990년대처럼 급격히 하락하고 있는 것은 아니지만 취업 여건은 악화일로다.

　　우리나라는 청년실업률을 남자의 군 복무라는 특수한 상황을 고려해 대상을 15~29세로 확대해 측정한다. 청년실업률은 2003~2012년까지 7~8% 수준으로 유지되다가 이후 증가해 2016년 9.8%를 정점으로 하락하고 있다. 후반부의 감소 추이는 정부의 실업 대책에 의한 것이지만, 실업 범위를 확대한 체감실업률은 2015년부터 계속 증가하고 있어 취업의 어려움을 알 수 있다.

　　이렇듯 우리나라의 고용지표는 2010년대 중반 일시적인 회복도 보였지만 2012년을 기점으로 악화되고 있다. 향후 경제가 안정기를 유지할지 정체기에 접어들지 예상하기는 어렵지만, 앞서 일본의 경제 침체에도 불구하고 경제활동인구 감소가 시작된 8~15년 지난 후 노동 공급의 부족이 심각해졌다는 점을 고려하면, 우리나라는 2027년을 전후로 일하는 사람 없이 버티지 못하는 상황이 되지 않을까 예상된다. MZ세대의 2004년생 이후부터 대학을 졸업하고 취업시장에 진입하는 데에 어려움이 없어질 수도 있다는 것이다. 이것은 우리나라 인구수가 감소하기 시작하는 시점과도 겹친다.

다만, 이와 같은 예상에도 몇 가지 돌발 상황은 있을 수 있다. 우선, 코로나의 영향이다. 다른 금융위기와 달리 2020년부터 2년여 동안 경제에 악영향을 미쳐 설령 종식되더라도 경기 회복에는 더 많은 시간이 소요될 수 있다. 제4차 산업혁명의 맹아 AI의 전개 속도도 변수다. AI 가 빠르게 확산되면서 상당수의 일자리를 대체한다면 노동 수요는 악화될 수 있다(7장 참조).

남북통일은 긍정적인 효과를 미칠 수도 있다. 우리나라 5천만 명, 북한 2천만 명으로 통일이 이루어진다면 영국·프랑스·독일 규모로 확대된다. 초기에는 혼란이 초래될 수도 있겠지만, 북한의 인프라 개발과 남북 간 거래에 의한 내수 증대 효과를 기대할 수 있을 것이다. 박근혜 정부가 통일대박론, 문재인 정부의 평화경제를 부르짖은 것도 이때문이다. 다만, 통일은 북한 내부의 요인이나 주변 강대국의 역학이 얽혀 있어서 우리만의 노력만으로 이루어질 수 있는 것은 아니다.

한·일 관계,
해법은 없을까

▶ **악화일로의 한·일 관계**

국가 간의 관계는 후세대에 넘겨줄 또 다른 유산이다. 열강에 둘러싸여 있는 우리의 지정학적 위치를 고려한다면 어떤 국가와도 각을 세우지 않고 중립을 유지하는 균형 외교가 필요하다. 이와 같은 시각에서 우려스러운 것은 일본과의 관계다.

한 · 일 관계는 2012년 이명박 전 대통령의 독도 방문과 일본에 한 · 일 일본군 위안부 문제에 사과를 요구한 이후 그야말로 견원지간으로 악화일로다. 이 흐름은 박근혜 정부로 이어졌고 2015년 한 · 일 일본군 위안부 협상이 타결되었다. 그러나 2018년 우리나라 법원은 신일본제철에 대해 강제징용자 배상 판결을 내놓았고, 독립운동 100주년을 맞이한 2019년 당사의 국내 자산 매각이 법원에 신청되었다.

2021년 서울중앙지법이 이 징용피해자 소송을 각하했지만, 이 때문에 양국은 서로 화이트리스트(전략물자 수출심사 간소화 대상국)에서 제외하는 악수를 두었고 한일군사정보보호협정 지소미아도 파기하면서 실질적인 단교 상태에 들어섰다. 필자가 신문 시론에 "최근 수년간 한·일 관계는 악화 일로다. 과거에는 정치적으로 갈등이 발생해도 상호 실리를 위해 민간 레벨의 교류는 문제없이 유지되었지만, 작금에는 점차 어려워지고 있다는 이야기가 종종 들린다."라고 기고한 직후다 (이내찬, 아시아경제, 2019.05.20).

이 같은 갈등 심화는 양국 간 교육과 역사의식의 괴리 때문이다. 서로가 국권침탈의 비극적인 역사로 엮여 있으면서도 우리는 과거의 아픔을 대를 이어 전수하고 잊지 않으려 하지만 일본은 과거의 치부를 묻으려는 입장의 차이 때문이다. 외국에서 한·일 학생이 만나면 한국인은 반드시 과거사를 화제로 꺼내고 이를 전혀 교육받지도 인지하지도 못한 일본 학생은 문화적 충격을 받는다는 것도 이런 이유다.

그간 일본의 사과가 없었던 것은 아니다. 1995년 무라야마 도미이치 총리의 '무라야마 담화'가 있었고, 1998년 김대중 대통령이 방일했을 때 당시 일왕 아키히토는 "한때 우리나라(일본)가 한반도의 여러분께 큰 고통을 준 시대가 있었습니다. 그에 대한 깊은 슬픔은 항상 본인의 기억으로 간직하고 있습니다."라며 사과하기도 했다. 2010년에는 민주당의 간 나오토 수상에 이르기까지 전쟁 피해에 대한 사과 언급이 있었다. 그러나 부친인 아베 신타로 전 외무상이 아닌 외조부인 기시 노브스케 전 수상에게서 영향을 받은 자민당의 아베 수상이 등장한

2012년부터 한·일 갈등 관계가 심해지자 과거사를 왜곡하려는 움직임마저 두드러지고 있다.

이를 보면 두 번이나 세계대전을 일으키고 피해국에 끊임없이 사죄하는 독일은 세계의 귀감이라고 하지 않을 수 없다. 독일은 가해자와 달리 피해자는 과거의 쓰라린 경험을 영원히 잊지 않으리라는 것을 알고 있고 그래서 이렇게 행동하는 것이다.

▶ 독립 100주년, 의의와 반성

역사는 세대를 건너 이어지는 흐름으로, 우리나라의 경우 한강의 기적은 국가 주권 박탈과 항일, 선교사의 교육, 광복과 혼란, 6·25전쟁의 참사 그리고 국가 재건을 위한 끊임없는 노력의 결과물이다(이내찬, 아시아경제, 2019.02.11).

안창호와 이승만은 선교사 헨리 아펜젤러와 호라스 언더우드가 서울에 세운 학당에서 공부하면서 자주독립의 의지를 키웠고 숭실학원(평양)과 신성학교(선천), 대성학교(평양), 오산학교(정주) 및 양산학교(안악)는 독립운동의 진원지가 되었다. 미주 흥사단의 학생양성소, 박용만의 한인 소년병학교, 이승만의 한인 기독학원과 상해의 인성학교는 독립운동가의 자녀나 유학생에게 애국심을 고취시켜주는 허브 역할을 하기도 했다.

신성학교 교장 윤산온(조지 새넌 맥퀸)의 사환으로 일했던 고아 백낙

준은 외국에서 수학한 후 연세대 총장과 교육부장관으로 일했고, 장이욱은 안창호의 흥사단에서 독립운동 활동을 한 후 신성학교 교장과 서울대 총장을 역임하면서 교육 재건에 힘썼다. 독립 운동가로 신성중 교목 장석인의 아들 장준하도 독립군으로 활동했고 해방 후 《사상계》를 창간해 비민주적인 권력에 항거했다.

유일한은 박용만의 지원으로 미국에서 수업한 후 유한양행을 창업해 우리나라 보건 기반을 마련했고 독립을 위해 재미한인군대를 창설했다. 오산학교의 이승훈과 조만식의 제자로 숭실대학을 설립한 방위량(윌리엄 뉴턴 블레어)의 비서였던 한경직은 미국에서 수학한 후 귀국해 영락교회를 세웠고 전쟁고아를 돌보기 위해 영락보린원을 설립했다. 한인 기독학원 출신 박에스터는 1952년 서울에서 길거리 연설 중이던 이승만과 재회하면서 40년간 YWCA 사무총장으로 국제기구와 미국의 원조를 받아 건물을 짓고 여성운동 사업을 수행했다.

필자의 외증조부로 신성학교 교사였던 이일(이용혁)은 '105인사건'으로 옥고를 치른 후 미국으로 망명(1913년)해서 흥사단에 입문해 1917년 대동단결선언 작성에 참여하고 평생을 독립운동 자금을 마련하다 오하이오주 클리블랜드에 홀로 영민(1954년)했다. 그의 아들 이태환도 중학교 시절 미국으로 망명한 후 일제 치하의 조국으로 귀국(1931년)했으며, 해방 후 경성전기회사(현 한국전력) 초대 사장과 회장을 역임했다. 전쟁 전후로, 망명 시절 미국인이 아니라는 이유로 학교에서 스카우트 활동을 거절당했던 나라 잃은 회한을 풀기 위해 1952년 11월, 비행기로 일본에 건너가서 잼버리에 참석 중이던 사무총장과 만나 한국스카우트의 국제연맹 가입을 성사시켰으며, 이후 국제 로터리클럽과 만국우편연합 가입도 추진했다(이내찬, 아시아경제, 2019.08.26; 오선환, 1985년). 그는 우표수집가로도 널리 알려져 있었는데, 동기는 구한말에 발간한 독도 3종 세트 우표가 곧 독도가 우리 땅이라는 증거라는 애국심에서였다.

이렇듯 세대를 잇는 노력이 쌓여 오늘날 우리가 있지만, 일본에 빼앗긴 나라를 되찾은 것은 출발점에 다시 서는 것에 불과했고, 이를 위한 선열의 피와 땀이 온전한 나라의 발전을 위해 쓰였더라면 어땠을까 하는 아쉬움이 남는다. 그러므로 나라를 침탈당한 역사 속의 항거를 기리는 100주년은 자랑이 아니라 반성의 계기로 삼아야 한다. 미국의 매슈 캘브레이드 페리 제독의 흑선이 출몰하자 일본은 이민족을 배척하는 양이론(洋夷論)에서 일본의 전통과 정신을 소중히 여기면서 서양의 학문과 기술을 조화롭게 발전시킨다는 화혼양재로 변모한 것과 달리 우리나라는 쇄국을 일관적으로 펼쳤다. 결국, 페리 제독의 흉내를 낸 일본에 의해 강화도조약으로 문호를 개방할 수밖에 없었던 것이 현실이었다.

유감스러운 것은 100주년을 맞이하면서 토착 왜구라는 시대착오적인 용어로 국민을 친일과 반일로 갈라 정쟁을 일삼으면서 이로 인해 국론이 분열되었고 일본과는 단교 수준의 지경에 이르렀다는 것이다. 또한, 위안부 관련 NGO는 막상 피해를 본 당사자인 위안부 할머니의 복지를 우선시해야 하지만 이를 개인적으로 이용했다. 누군가는 역사적인 이슈를 관리하고 이어나가야 한다. 하지만 친일파 명부를 만든

자들치고 조국을 위해 자신과 가족의 삶을 등졌던 독립운동가는 없고, 위안부 NGO에도 그만한 고통을 경험한 자는 없으며, 사심 없는 사명감이 투철한 대리인이 아닌 이상 그저 한 자리일 뿐이고 권력으로 굳어질 수밖에 없다.

▶ 민간 레벨의 관계 개선

일본의 사과가 있더라도 공식적으로는 유감 표명에 불과할 것으로, 한 · 일 관계는 골 깊은 역사적인 멍울 때문에 허물을 벗고 진정한 친구가 되기는 쉽지 않을 것이다. 그러나 국가 차원에서 한 · 일 간 고착 상태가 계속되고 NGO도 믿지 못하다면, 민간 레벨에서의 협력 가능성은 충분하다. 핵심은 우리를 이해하려는 일본인들의 자발적인 모임을 격려하고 동참하고 지원하는 것이다.

2019년, 필자가 참석했던 재일본대한민국민단의 세미나에서는 90세를 넘긴 노학자가 일본의 교육과 역사의식 부재가 한국인들에게 잘못된 인식을 심어주었다는 주제의 강연이 있었다. 민단의 역사 전시장에는 이런 사실을 모르고 있었다며, 양국을 이해하기 위해 노력해야겠다는 손 글씨가 쓰여 있었다. 세미나를 마무리하는 시간에 한 일본 여학생이 자신은 K팝도 한국도 좋은데 왜 서로가 사이가 나쁜지 모르겠다는 질문을 해 청중의 웃음을 자아내기도 했다. 2010년대 초반 이후 한 · 일 간의 관계가 악화일로였음에도 불구하고 드라마 〈사랑의 불시착〉이나 BTS·트와이스와 같은 한류 문화가 일본에서 인기를 얻은 것은 SNS를 통한 젊은 세대의 호응 때문이다. 일본 정부의 교과서 검증이 올바른 과거사를 제대로 보장하지 못한다면, 위안부 피해자 이용수 할머니의 "양국 간에 친하게 지내면서 역사 공부해야 한다."라는 지적과 같이 비공식적이라도 이들에게 과거사에 대한 인지 기회를 제공하고 교류를 활성화하는 것이 효과적인 디딤돌이 될 수 있다.

또한, 우리나라의 노동력 공급 부족이 발생하는 시점까지 일본 취업은 매우 중요한 기회다. 2010년 전반 이후 노동력 부족 문제가 심각한 일본 기업은 자국과 정서가 비슷하고 교육 수준이 높은 한국 학생의 취업을 모색하기 시작했다. 코로나 창궐하기 이전만 해도 일본의 부족한 인력을 확보하기 위해 100여 개 넘는 중개 회사가 우리나라의 젊은이를 리크루트하기도 했고, 매년 최고 4천 명가량의 청년이 일본에 취업했다. 우리나라 청년이 일본에서 일할 수 있는 여건을 조성함으로써 서로 윈윈할 수 있을 것이고, 이들이 다시 우리나라로 돌아와 재취업하면 기업에도 활력이 될 수 있다.

핀란드도 해외 취업의 주요 대상국이다. 필자는 IT, 고용 및 디자인 분야에서 일하는 핀란드 사람들과 만나, 이들이 한국에 매우 긍정적인 이미지를 가지고 있다는 것을 알 수 있었다(이내찬, 아시아경제, 2019.06.24). 한국이 기술 혁신을 선도하며 높은 학력 수준과 풍부한 해외 경험을 지닌 인재를 많이 보유하고 있다는 것이 이유였다. K팝과 한국 드라마의 인기도 한몫 거들고 있었다.

핀란드와 한국은 비행기로 14시간의 거리만큼 떨어져 있고 수교한

지도 50년밖에 되지 않는다. 하지만 한국에 대한 긍정적인 인식은 핀란드가 한국의 IT나 헬스 분야 등의 인재를 리크루트하기 위해 추진하고 있는 탤런트 부스트업 구상으로 이어진다. 이들은 국적기인 핀에어가 한국을 아시아의 허브로 북유럽과 직접 연결하고 있다는 점을 강조한다. 또한, 자녀 교육과 워라밸이라는 더 행복한 환경을 제공한다는 점도 홍보하고 있다. 청년실업이 우리 경제의 심각한 문제라는 점을 고려하면 일본과 더불어 핀란드는 기회의 땅이 될 수도 있다.

▶ 균형 외교와 자주국방

국가안보와 국민안전을 보장하기 위한 외교는 국가의 신성한 의무로, 주변 강대국들과 등지지 않는 균형 외교를 펼치면서도 자주국방을 강화해야 한다.

세계 정세는 세계 파수꾼으로서의 미국의 힘이 약해지면서 영토 분쟁이라는 패권 다툼의 혼탁한 상태로 빠져들고 있다. 조만간 지구온난화가 지구 전체를 엄습할 위험이 커지는 상황에 작은 땅덩어리를 하나라도 더 차지하려 한다. 2020년 아프가니스탄은 미국이 철수하자마자 이슬람국가(IS)의 손에 넘어갔고, 러시아는 2014년 크림반도를 합병하고 급기야 2022년 우크라이나와 전쟁을 벌이면서 본격적으로 영토 확장 야욕을 드러냈다.

미국은 과거 친중 노선을 취하면서 구소련에 대항했던 것과는 반대로 러시아와 직접적인 충돌은 자제한 채 중국에 경제제재를 가하고, 센카쿠열도 분쟁으로 중국과 갈등이 고조된 대만을 지원하면서 잠재적인 무력 충돌 가능성이 징후마저 보인다. 일본도 중국과의 센카쿠열도 분쟁과 러시아가 소일공동선언(1956년)을 무시한 채 반환을 거부하고 있는 쿠릴열도 분쟁 및 우리나라와의 독도 분쟁에 더해 2027년까지 국방비를 GDP 2%로 끌어올릴 계획이며 전쟁 포기와 군대 보유 금지를 명기한 헌법 제9조를 개정 논의를 진행 중이다.

그야말로 100년 전 미국 · 일본 · 중국 · 러시아의 패권을 둘러싼 군웅할거가 재현되고 있으며, 세계 패권의 역학과 갈등의 분출은 우리나라를 포함해 어디에서라도 이루어질 수 있다.

러시아의 우크라이나 침공 이후 북대서양조약기구(NATO)는 러시아 금수 및 천연자원 수입 금지 조처, 회원국의 군사력 증강과 군사 추가 배치 및 우크라이나 무기 공여 및 군사훈련 지원으로 대항하고 있다. 구소련 붕괴 후 3대 핵 강국이었지만 1994년에 체결한 부다페스트 안전보장각서에 따라 핵을 포기했던 우크라이나는 약속을 깬 러시아를 상대로 NATO의 군사개입 없이 홀로 전쟁 중이다.

또한, 러시아와 서방 세계에서 완충 역할을 해온 중립국 핀란드와 스웨덴이 NATO에 가입하면서 주변 강대국들 어느 쪽에도 치우치지 않는 균형을 지향하면서 경제 실리를 추구한다는 핀란드화라는 용어는 더는 통용되지 못했다. 그러나 원칙론으로는 열강에 둘러싸인 우리나라는 핀란드화에 따라 어느 쪽도 치우치지 않는 균형 외교를 추구해야 한다(이내찬, 아시아경제, 2019.06.24). 이것은 테니스 시합에서 한쪽으로 치우친 플레이 전략은 상대 선수에게 간파되기 쉬워 오른쪽과 왼쪽을 적절하게 섞는 혼합 전략을 취하는 것과 유사한 의미다. 눈에 보이든 말든 중국과는 경제적인 실리를, 미국과는 안보 강화를, 그리고 일본과도 등지지 말라는 것이다.

그러나 우크라이나전쟁이나 앞으로 어떻게 될지 알 수 없는 대만, 지구상 유일한 분단국인 우리나라나 패권 역학에 균열이 생기면서 어느 쪽도 속하지 못한 채 갈등의 소용돌이에 홀로 놓인다면 그간 쌓아 올린 경제력이나 삶의 질은 한순간에 무너질지도 모른다. 그러므로 자주국방을 위한 군사력 강화는 피할 수 없는 지상과제가 될 수 있다.

본서는 섬기는 지도자상(8장 참조)을 이상적으로 제시하고 있지만, 이와 같은 혼동이 발생한다면 지도자는 단지 선거 공약으로 국민을 위한다는 데에 머물지 않고 국가의 생존권을 보장하기 위해 목숨을 버릴 수 있다는 각오로 대처해야 한다. 그렇게 하지 못한다면 우리의 미래는 장담할 수 없다. 볼로디미르 젤린스키 우크라이나 대통령의 다음과 같은 발언은 그런 마음가짐과 준비 없이는 실현될 수 없다.

"나는 우크라이나가 글로벌 강자의 체스판 위의 조각이 되어 누군가가 우리를 이리저리 뒤척이고, 은폐 수단으로, 거래 일부로 사용하는 것을 절대 원하지 않는다."

무엇보다 우리를 복잡하게 만드는 것은 한반도의 분단 상황이다. 남북통일은 반드시 이루어야 할 우리의 과업이다. 그래서 김대중 정부는

부유한 경제 가난한 행복

금강산 관광을 시작했고, 노무현 정부는 햇볕정책을 계승했으며, 박근혜 정부 시절 통일대박론이나 문재인 정부의 평화경제가 등장했다. 경계와 동시에 북한과 우호적 관계를 유지하는 것은 매우 중요하다. 문재인 정부에서는 미국과 북한의 관계 악화로 한반도 위기설이 나돌자 긴박해진 주변 정세에 대응하기 위해 대통령이 직접 강대국 정상을 만나 소통의 장을 마련하기도 했다. 그러나 이후 북한의 과거 미사일 발사나 천안함 사건과 같은 안보 위협 문제, 인권 문제, 남북한 연락사무소 폭파에도 함구하고 코로나 백신과 식량을 지원하는 올 협력 전략으로 일관했다.

반복되는 관계에서 최선은 아이들의 응석을 받아주는 올 협력 전략이 아니라 '협력에는 협력, 배신에는 배신'의 호혜성, 그러나 다시 협조의 손을 내미는 '틱택톡(tif for tat)' 전략이다. 그나마도 이것은 불신이나 잘못된 소통과 같은 노이즈가 없는 경우다. 노이즈가 존재한다면, 올 배신 전략이나 처음 협조 제안에도 상대방이 배신하면 이후 배신 전략으로 일관하는 '무자비한 방아쇠 전략'을 취하는 것이 더 합리적이다. 가치적 측면에서도 남·북한 사람들은 같은 민족이니 어떤 잘못을 범해도 덮어주어야 한다는 자세는 집단의 우리주의와 마찬가지로 이런 사회문화적 습성을 고치려는 노력과도 대치된다.

7장

국민이 주인이 되는 나라

국민의 삶의 질과
복지

▶ 상호성 시뮬레이션: 반복 수인 딜레마

좁은 산책로에서 마주친 모녀에게 길을 양보했더니 고맙다는 말은커녕 반려견의 페이스에 맞추어 지나간다. 문을 잡아주었더니 그 틈새로 그냥 지나가버린다. 예전에는 공중전화기를 이용한 후 남은 시간은 뒷사람이 사용하라고 수화기를 올려놓기도 했는데. 이런 상황이 반복되면 누구도 길을 양보하거나 문을 잡아주려 하지 않을 것이다.

우리는 타인의 배려에 대한 이해나 내 행동이 타인의 안녕을 침해한다는 의식이 부족하다. 이것은 집단주의와 우리주의로 인해 '나'와 '우리'를 구분하는 의식이 모호하고, 내가 취한 행동에 상대방은 어떻게 행동하고 이를 고려해 어떻게 행동해야겠다는 '이 단계 사고'가 체화되어 있지 않기 때문이다(이내찬, 서울신문, 2020.03.17). 이래서야

세대를 거친 변화는 기대할 수 없다.

　사회·규범 준수는 어렸을 때의 교육이 중요하다지만, 남에게 피해를 주지 말라고 아이들에게 강제로 주입해봐야 먹혀들 리 만무하다. 오죽하면 아이들이 게임 중독에 빠지지 않게 하려면 이를 시험 과목으로 하면 된다는 말이 나올까. 그런데 상호성을 익히는 데에 유용한 수단이 있다. '반복 수인 딜레마(IPD)' 게임은 상대방과의 이 단계 사고를 시뮬레이션해서 신뢰하고 협조하는 의미를 보드게임 감각으로 몸소 체험할 수 있게 해준다.

　군사전략 연구기관 랜드연구소(1950년)는, 플레이어 둘이 각기 협력 전략 또는 배신 전략 가운데 하나를 고르면 각자의 이득이 결정되는 시뮬레이션을 100회 반복한 후 수인의 딜레마 존재를 확인했다. 엑슬로드(1984년)는 상대방의 전략 여하에 대응하는 특정한 전략 대응 방침을 내장한 오토마톤 간에 IPD 게임을 실행한 후, 팃포탯(TFT)이 가장 성과가 좋았다는 것을 관찰했다. 필자의 수업에서도 두 명씩 페어로 이득 표를 주고 랜드연구소 게임과 같이 IPD를 하면서 전략을 선택한 이유와 감상을 적으라고 하면, 시작 전의 '이게 뭐지?' 하는 두려움은 사라지고 몰입도가 높아진다. 무료 온라인 사이트도 있으므로 누구나 실행해볼 수도 있다.

　필자는 IPD 시뮬레이션은 학생들이 사회인이 되기 이전이라도 소통 기법과 가치·규범 형성에 큰 도움이 되리라고 생각한다. 다만 유념할 점은, 일부 학생은 일관되게 배신 전략을 선택하기도 하는데, 물론 이것도 선택지이기는 하지만 모든 구성원의 협조를 끌어내는 것이 목적이라면 게임 후라도 의의를 명확하게 설명해주어야 한다. 또한, 팃포탯이 최선의 오토마톤이 되려면 부정확한 소통이나 실수로 전략을 잘못 선택하는 노이즈가 없어야 한다(이내찬, 2022년). 수치 표현이 부담스럽다면 플레이어가 동시에 끈을 끌어야 간식을 먹을 수 있다든지, 양 도장을 끈에 묶어 도화지에 한 명만 도장을 찍을 수 있는 아날로그식 상황으로 협조와 신뢰를 학습하게 할 수도 있다.

▶ 가치와 규범을 정립하기 위한 법제화

가치·규범이 자생적으로 형성되지 못하거나 지켜지지 않는다면 정부는 벌금이나 형벌 형태로 과세할 수 있다. 과세는 국가가 공공 목적을 위해 공권력으로 경제주체로부터 금전을 징수한다는 의미이지만, 구성원의 왜곡된 행동을 바로잡기 위한 수단이기도 하다. 예컨대 남산터널의 자동차 통행료를 비번 시(오후 9시~오전 7시)에 징수하지 않는 것은 수익보다 교통혼잡 억제가 목적이기 때문이다.

경제학자 프랭크(2010년)는 "지위재가 개인을 오도하는 것이 문제가 된다면, 가장 단순한 해결책은 사치세로 덜 매력적으로 만드는 것이다. …… 세금은 경제가 더 효율적으로 작동할 수 있도록 해줄 것이다."라고 언급한다. 행복경제학자 레이야드도 과세로 일하는 시간을 줄여 왜곡된 워라밸을 바로잡거나 상대 비교의 근원이자 지위재 획득을 위한 과당경쟁을 유발하는 광고를 제한해야 한다고 제안한다. 현실에서 과세는 왜곡된 행위를 바로잡고, 법적으로 제재하며, 구속력을 높이기 위해 위반 시 벌금이나 형벌이 수반되는 형태로 이루어진다. 때에 따라서는 위반 기준이나 당사자 간 이해조정 절차의 얼개만 규정하기도 하는데, 제재 조항을 명시하기 곤란하다고 판단하기 때문이다.

강한 형태의 과세는, 문재인 정부에서 도입된 위반 시 사업체 대표의 형사처분을 수반하는 직장인의 워라밸 보장을 위한 '주52시간 근무제'(근로기준법, 2018년), 아동의 교통안전을 위해 스쿨존 사고 형량을 강화한 '민식이법'(특정범죄 가중처벌 등에 관한 법률, 2019년)이다. '사내갑질방지법'으로 불리는 '직장 내 괴롭힘 금지법'(근로기준법 제6장의2, 2019년)이나 '층간소음방지법'(공동주택관리법, 2016년; 소음·진동관리법, 2018년)은 약한 과세다. 이 과세의 공통점은 워라밸·쉴 권리와 안전 같은 개인의 힘으로는 지키기 어려운 삶의 질과 관련된다.

▶ 워라밸, 쉴 권리가 당연한 사회

우리는 과중한 회사 일로 개인이 휴식이나 사적 용도로 할애하는 시간이 OECD에서 가장 낮고 장시간 근무하는 사람의 비중도 가장 높지만 아이러니하게도 생산성은 평균 이하다. 개인의 삶을 희생하면서 회사에서 오랜 시간 머물지만 그만큼 성과가 나오지 않는다는 것이다. 이것은 과거 우리 삶의 중심이 가족보다 회사로, 야근과 회식은 다반사였고 상사가 퇴근하기 전까지는 자리를 지켜야 했던 강한 권력거리와 집단주의 성향에서 기인한다(이내찬, 아시아경제, 2019.04.17).

직장상사의 느닷없는 "오늘 한잔할까?"라는 말 한마디에 만사 제쳐 놓고 2, 3차 고주망태가 될 때까지 '부어라, 마셔라!' 하는 회식문화, 그리고 과중한 업무에 밤마저 꼬박 새웠으니 몸이 온전할 리 없어 다음날 능률이 오를 리 없다. 2010년대 중반, 필자는 미국 실리콘밸리로 건너간 엔지니어들과 만나 이야기를 나눈 적이 있었다. 그들은 이구동성으로 IT 기업에서 일하는 장점으로 자기만의 시간은 물론 가족과 시간을 충분히 가질 수 있는 것을 꼽았다.

왜곡된 워라밸을 수정하기 위해 2018년 7월부터 주52시간 근무제가 도입되었다. 평일 하루 8시간 일하고 일주일에 12시간을 초과하면 안된다는 규정으로, 2021년 7월 이후 모든 사업체에 적용되고 있다. 이 법이 시행되면서 칼퇴근이 정례화되었고 회식도 줄어들어 굳이 실리콘밸리로 건너가지 않아도 저녁 있는 삶을 누릴 수 있는 환경이 마련되었다.

그러나 일하다 보면 효율성 측면에서 연속해서 더 많은 시간이 필요한 때도 있을 텐데 '너무 일하는 것은 안 좋아.' 라는 같은 잣대로 위반 시 사업주를 형사처분하는, 과도하게 개입하고 있다는 점이 이 법이 안고 있는 문제다. 우리 사회는 이미 권력거리와 집단주의의 약화로 수평 개인주의로 옮겨가고 있다. 젊은 사원은 퇴근 시간이면 무슨 일이 있어도 주저하지 않고 칼퇴근한다. 조직에 대한 충성도가 엷어지고 있을뿐더러 취직 빙하기에 어렵사리 얻은 직장이니 목을 매며 다닐 만

한데 마음에 들지 않으면 미련 없이 그만둔다. 한 직장만 고수해도 예전의 상사가 누리던 권한과 혜택을 기대할 수 없기 때문이다.

상하관계가 느슨해진 만큼 동료 사이의 수평 관계도 우리에서 개인으로 옮겨가고 있다. 동료보다는 절친, 동호회, 자기계발, 이마저 귀찮으면 집에서 홀로 쉬는 것을 선호한다. '혼밥혼술'에서 알 수 있듯이 예전 같으면 인간관계에 문제가 있는 것으로 투영되었지만 이제는 거리낌없는 분위기다. 코로나의 창궐로 온라인 생활에 익숙해지면서 재택근무도 선호한다.

이런 변화는 거스를 수 없는 대세이며, 언젠가는 관련법이 없더라도 워라밸은 사회에 정착할 수 있을 것이다. 따라서 설문조사 등으로 워라밸에 대한 사회 인식을 조사하고 현황을 파악하는 것이 우선이다.

왕따나 괴롭힘과 같은 태움은 피해자 개인의 삶의 질을 피폐하게 한다. '다 탈 때까지 태운다.' 라는 태움은 간호사들 사이에 이루어지는 갑질을 넘어 스포츠계에서 군대에 이르기까지 폐쇄적인 집단에 만연하다. 2019년 7월, 직장상사나 동료의 괴롭힘으로부터 개인의 안녕을 보장해주기 위한 직장 내 괴롭힘 금지법이 시행되었다. 이 법은 회사가 피해자의 내부고발에 불이익을 주는 경우 처벌 조항을 담고 있지만 막상 가해자 처벌은 빠진 약한 형태의 제재다. 이것은 아마도 공권력이 사적 조직의 인간관계에 과도하게 관여하는 것에 대한 우려와 괴롭힘의 명확한 기준을 정하기가 쉽지 않았기 때문일 것이다.

처벌 규정이 없더라도 '갑질은 옳지 않다.' 라는 법이 존재한다는 상징성만으로도 충분한 때도 있다. 예컨대 뉴질랜드 정부는 통신공사를 민영화하면서 '키위주'로 불리는 주식 한 주만 보유했는데, 계산상으로는 의사결정에 영향을 미칠 수 없겠지만, 행여 문제가 생기면 언제라도 정부가 관여할 수 있다는 의미로 충분한 억제력을 발휘한다는 것은 참고할 가치가 있다.

▶ 사적 공간의 존중과 층간 소음

사적 공간을 침범하는 것은 엘리베이터 안의 사적 대화나 머리 빗기 같은 물리적인 침해부터 초면에 나이나 결혼 여부를 묻는 심리적인 침해까지 다양하다. 과거와 정도는 다르더라도 매장 계산대 앞의 줄에 틈이 보이면 무조건 비집고 끼어들거나 앞사람에게 바짝 붙는 행태도 여전하다. 코로나 창궐 이후 '2m 사회적 거리 두기'가 장려되었지만, 사적 공간을 침해하지 않는다는 인식에 기반해 확장되지 못한 것이 아쉽다.

　이는 불쾌감을 유발하는 정도인 데에 반해 층간 소음은 피해자의 단순한 부정적인 정서를 넘어 정신적으로 피폐하게 한다. 가해자가 '우리 집이고 애가 뛰는데, 이웃인데…….'라고 생각하는 한 당사자 간의 이해나 해결을 위한 대화는 불가능에 가깝다. '그런 거로 이웃끼리 왜 그러지?'라는 제삼자의 시선도 있지만, 필자는 고3 자녀 때 경험해서 피해자의 고통을 익히 이해한다. 내가 당하기 전까지는 절대로 모른다. 코로나가 만연된 이후 집에서 머무는 시간이 늘었고, 2021년 초

연예인이 가해자인 기사를 보면 층간 소음 피해가 만연하고 있음을 충분히 짐작할 만하다.

현재 층간소음방지법은 공동주택의 당사자 간에 이해관계 조정절차라든지 기준, 상담, 측정 및 지원 절차를 마련하고 있지만 보상 관련 조항은 명기되지 않아 실효성 없는 약한 과세다. 오죽하면 실제 층간 소음에 시달린 변호사조차 소송을 권하지 않을 정도일까. 애초 건축 단계에서부터 공동주택 바닥충격음 차단 구조를 의무화하는 것이 바람직하다. 정부는 2022년 7월 이후 안전 인증을 사후관리로 변경했다. 하지만 강제 보완은 제한적일 것이라는 전망이고 이조차 기존 주택에는 적용되지 않는다.

아이디어 차원에서 신규 공동주택에 층간 소음 방지 조처의 등급을 나누어 제3의 기관이 엠블럼을 부여하고, 건설사는 자사 브랜드의 가치를 높이는 도구로 활용하도록 하는 유인책을 고려해볼 수 있다. 한편, 기존 공동주택은 빈번한 이사에 집수리가 이루어지는 것이 일반적이므로 개별 수리할 때 바닥 소음 차단 구조를 설치하도록 권고하는 방안도 검토해볼 만하다. 혹자는 건물의 원가나 비용 상승을 우려하기도 하지만, 서로의 쉴 권리를 침해하지 않는 삶의 질을 위한 조치 때문이라면 그 정도의 비용은 감내할 가치가 있다.

▶ 생명의 안전을 위한 교통사고 근절

안전은 보장되지 못하면 구성원 모두의 생명이 위협받을 수 있으므로 결핍되어서는 안 될 인간의 권리다. 매슬로(1957년)는 "평화롭고 유연하게 운영되는 양호한 사회는 그 구성원이 야생동물, 극한 기온, 범죄자, 폭행, 살해자나 폭군 등으로부터 안전하다고 느끼게 해준다."라고 말한다. 우리나라는 밤길을 안심하고 걸어 다닐 수 있는 나라이지만, '사람보다 차가 중심'인 교통문화는 안전한 보행을 위해 바뀌지 않으면 안 된다.

우리는 OECD에서 세 번째로 교통사망률이 높은 안전 불감 국가다. 이것은 횡단보도에서 차보다 약자인 사람의 안전이 우선되어야 하며 판단능력이 불완전한 아이는 보호 대상이 되어야 한다는 포용 의식이 미흡한 데에서 비롯한다. 신호등이 없는 이면 '생활도로구역'에서 아기를 실은 유모차나 거동이 불편한 노인이 서 있는데도 아랑곳없이 주행하고, 보행자의 횡단을 기다려주는 차 뒤에서 단 몇 초도 참지 못해 경적을 울려대는 것을 볼 때마다 생명의 중요성을 인지하지 못하는 우리 사회의 성급함과 미성숙에 한숨이 절로 나온다.

2019년 12월, 스쿨존 교통사고의 형량을 강화한 민식이법이 도입되었다. 스쿨존을 피해 다녀야겠다는 볼멘 목소리도 없지 않다. 하지만 어린이보호구역이라는 장소, 최소속도 30㎞/h, 안전운전, 13세 미만의 대상 아동 등 합리적인 기준이 마련되었고, 평소 운전자의 행동을 떠올리면 부득이한 조치다. 아이가 건너면 '속도를 낮춰야지.', '정지선 앞에 서야지.' 라는 의식과 긴장감이 없다면 영원히 해결되지 못할 문제다. 보행자를 슬금슬금 밀고 들어와 사선으로 밀려 건너가게 하는 것도 살인미수죄에 버금가는 행위다.

이면도로에서의 안전 역시 중요하다. 2017년에 이면도로를 속도제한 30㎞/h의 '생활도로구역(30구역)'으로 지정해 법을 위반할 경우 벌점도 강화했고, 2021년 4월에는 범칙금 조처도 취했다. 그럼에도 전혀 개선되고 있지 않은 것은 스쿨존처럼 속도제한 CCTV로 감시하는 것과 같은 실행력이 없기 때문이다. 실제 교통사고 보행 사망자의 65%가 생활도로구역에서 발생하고 있다. 자동차 사거리 우회전 사고도 마찬가지다. 2022년 7월부터 위반 시 범칙금 강화 조처가 이루어졌는데, 사거리 꼬리물기와 마찬가지로 용두사미로 끝날 가능성이 커, 교통 시스템의 오류를 발본색원하는 재구축이 필요하다.

일반도로에서 교통 사망 비중은 '차 대 사람'이 '차 대 차'와 유사한 40% 수준이다. 해결책은 시스템을 놔둔 채 차 속도를 줄이는 것이 아니라, 사람과 차의 접촉점을 최소화하는 회전교차로를 늘리고, 자동차가 횡단보도 정지선 앞에 정차하고 보행자가 사거리를 횡단할 때 우회전하지 못하게 '정지선 옆 신호등'을 설치하는 것이다.

직진이더라도 우리나라와 유럽의 차이는 명백하다. 우리나라와 같이 운전자가 신호 정보가 건너편에 있는 신호 정보를 주시하는 한 차량은 정지선을 밟을 수밖에 없지만, 파리와 같은 시스템이라면 정지선을 넘는 순간, 파란불의 출발 정보를 놓칠 수밖에 없다. 원래 안 되는데 정서에 읍소하고 처벌한 들, 말짱 도루묵이 될 수밖에 없다.

부유한 경제 가난한 행복

이와 같은 시스템 미비는 우리 사회에 사람의 생명과 안전이 우선이라는 인식이 주류화되어 있지 않기 때문이다. 정부 지출은 엄한 곳에 쓰지 말고 국민의 안전을 위해 먼저 집행되어야 한다. 스웨덴의 비전 제로 교통정책이 인간은 실수를 저지를 수 있다는 한계를 전제로 교통체계 설계에 접근한다는 것은 시사하는 바 크다.

포용적 복지, 어떻게 구현할까

▶ 왜 포용적 복지인가

모든 사람은 인간으로서 당연히 누려야 할 인권이 보장되어야 하지만 현실에서는 최소한의 인권조차 누리지 못하는 소외계층이 있다. 인권에 대한 접근이 어려워 결핍 상태에 놓인 이들의 결핍을 채워주기 위한 포용 정책을 수립하고 시행하는 것은 국가의 신성한 의무다. 이것은 센의 역량 접근 방식과 롤스의 정치철학이 지향하는 바이고, 부탄의 국민총행복이나 EU의 유럽 삶의 질과 같은 행복지수의 지향점이기도 하다.

'누구도 굶주림이나 폭력으로 삶의 위협을 받아서는 안 된다.' 라는 것은 정언명령인데도 경제적으로 윤택해졌지만 생활고를 견디지 못해 가족이 목숨을 끊고, 인구절벽 위기로 아이를 하나라도 더 낳으라고 아우성치는데도 아동학대로 꽃도 피워보지 못한 채 세상을 뜨는 경악할 사건을 종종 목격한다. 국가의 존재 이유는 국민이 부족함 없도록 하는 데에 있으며, 궁핍함으로 국민이 목숨을 끊거나 아동학대로 아이들이 목숨을 잃는 국가는 진정한 나라라고 할 수 없다.

국민 개개인의 삶은 하나같이 중요하지만, 소외계층의 삶이 누구보다 극한 상황에 놓여 있기 때문에 포용이 우선시되어야 한다. 그럼에도 같은 불행이 반복되는 것은, 국가가 존재하는 이유가 무엇이며 어떤 임무를 우선시해야 하는가에 대한 의식과 고민이 부족하고 대응 시스템 구축과 이를 가동할 수 있는 인력 양성과 배치에 재원이 제대로 투하되지 않기 때문이다.

소외계층이 현실에서 처한 삶의 어려움을 파악하고 효율적으로 지원하기 위해서는 다면적인 통계 DB를 구축해 관리하고, 다차원 빈곤지수를 개발해 현황을 파악하며, 이에 대처하기 위한 촘촘한 사회안전망을 구축해야 한다. 혹자는 포용복지는 일반 국민에게 혜택이 돌아오지 않아 '힘든 것은 매한가지인데 남 좋은 일 해주나?' 라며 불만을 표출하기도 한다. 하지만 롤스의 무지의 베일처럼 누구라도 취약계층으로 전락할 수 있으므로 불투명한 미래의 안전장치로 생각할 수 있다. 또한, 윌킨슨과 피케티의 지적대로 사회응집력 약화를 방지하고 구성원의 안전을 보장해주는 보험으로 간주할 수도 있다.

포용복지가 단순히 취약계층의 결핍을 메워주는 것으로 끝나는 것이 아니라, 이들이 스스로 살아갈 수 있는 역량을 갖출 수 있는 생산적 복지로 이어지는 선순환의 마중물이 되었으면 하는 바람이다.

▶ 사회 가치, 국경을 넘지 못하는 현실

포용은 범세계적으로 통용되는 것이 이상적이겠지만 국경을 넘지 못하는 것이 현실이다. 코로나 창궐로 전 인류가 건강에 위협을 받는 절체절명의 위기 상황에 놓인 초반을 보자. 백신에 보편적 접근권이 보장되어야 했지만 현실은 요원했다.

2021년 9월, 하위 20%의 저소득 국가(52개)는 백신 총공급량의 3%에도 미치지 못한 것에 비해 25%를 보유했던 선진국은 일부가 백신 접종률 50%를 넘어서 부스터샷까지 시행했다. 이면에는 일부 제약회사의 백신 특허권 독점과 초과수요 우위에 의한 고가의 불공정 계약이 있었다. 2020년 4월에 저소득국가 지원을 위한 코백스가 설립되었지만 제공 백신 대부분은 후유증으로 문제가 많던 아스트라제네카다. 급기야 175명의 전직 국가 정상과 노벨상 수상자들은 바이든 미국 대통령에게 서한을 보내 백신 특허권을 한시적으로 중단해달라고 요청했지만 대답은 돌아오지 않았다.

국경을 넘어선 소송도 다를 바 없다. 삼성과 애플은 2010년 초반부터 스마트폰 지적재산권 위반 관련 소송전을 펼쳤는데, 미국 국제무역위원회의 양사 해당 스마트폰의 미국 내 판매 금지(2013년) 조처에도 불구하고 오바마 전 대통령은 애플에만 거부권을 행사했다. 국내 매스컴은 행여나 하는 기대도 했지만 이런 편향적인 결정은 국익을 우선시했기 때문이다.

미국은 국가 인프라인 통신 · 방송 산업의 해외자금에 의한 M&A의 국익 유해 여부를 판단하기 위해 공익성 심사를 시행한다. 말이 공익성이지 국익 논리는 어떤 합리성도 능가하는 자의적인 조처를 할 수 있는 안전장치다. 우리나라도 2003년에 기관투자기관 소버린이 SK텔레콤에 대해 적대적 합병을 시도한 이래 공익성 심사 조항을 마련했다. 어느 나라든 국익이 먼저다.

▶ 아무리 밖에서 온 손님이라도

손님에게는 잘 해주는 예의만큼 우리를 소홀히 해서도 안 된다. 우리 정부는 그간 구글이나 페이스북 같은 IT 기업을 정책 회의에 부르지도 못했다. 미국 정부의 항의로 문제가 커질 것을 우려했기 때문이다. 이렇다 보니 제도도 네이버나 카카오 같은 토종 기업을 역차별하는 기운 운동장을 만들었고, 이들은 '미국·중국·러시아 정부도 자국 기업 보호에는 혈안인데 왜 유독 우리만 가지고 이러느냐?' 라고 볼멘소리를 했다. 우리 애들만 잘 해주라는 이야기가 아니다. 남이나 우리나 같이 대우하라는 것이다. 그런데도 경쟁에서 밀리면 어쩔 수 없다.

　코로나가 심각하게 인식된 2020년 초, 우리 정부는 주로 중국에 마스크 등의 방역물품을 무상으로 지원했다. 사드 미사일 배치 문제로 소원해진 관계를 개선하기 위해 이루어진 조처였지만, 문제는 국내에서 국민의 안전을 위한 필수재인 마스크와 손 소독제 공급 체계가 제대로 갖추어지지도 않은 채 주문 폭주와 사재기로 가격이 폭등하는 상황에서 설레발을 떨었다는 점이다. 외국인에 대한 과도한 의료서비스 제공도 문제다. 코로나 초기 외국인에 대한 무상 검사 · 치료는 팬데믹의 여파가 불투명하고 타국의 호혜적 의료 공여도 없는 상황에서 이루어졌다. 심지어 러시아 선박은 코로나 무료 검사를 위해 부산항에 몰려들기까지 했다.

이는 의료복지도 마찬가지다. 국내 생산활동에 전혀 참여하지 않거나 참여 이상의 혜택을 받는 '건강보험 먹튀'의 도덕적 해이는 심각한 문제다. 5년간 30억 원에 이르는 상상을 초월하는 의료 혜택을 누린 중국인이 있었고, 귀화했던 사람이 의료 혜택을 위해 귀국하는 사례도 비일비재하다. 건강보험 먹튀를 방지하기 위해 2019년 7월부터 외국인의 의무적 의료보험 가입을 위한 국내 체류 최소 기간을 3개월에서 6개월로 상향화하기도 했지만 허점은 여전하다.

▶ 난민 수용에 앞서 사회문화 변화부터

2018년, 예멘 난민 수용을 둘러싼 논쟁으로 이주민 포용 문제가 불붙었다. 필자는 보수적인 접근이 바람직하다고 보는데, 우리 사회가 난민과 그 후손이 동화되도록 동등한 기회를 부여할 수 있는 성숙한 사회가 아니라면 훗날 사회적 불안을 가져올 수도 있기 때문이다(이내찬, 아시아경제, 2018.11.26).

우선, 우리의 폐쇄적인 집단주의 성향부터 고칠 일이다. 미국의 실리

부유한 경제 가난한 행복

콘밸리는 이주민 IT 엔지니어와 창업 기업 수가 50%를 넘어서 경제동력으로 작용한 데에 비해 우리는 국내 박사를 취득한 외국인의 60%가 국내에서 일자리를 구하지 못해 해외로 나가는 것이 현실이다.

그런데 인구절벽을 앞서 경험한 유럽조차 포용 구현과 노동력 확보를 위해 이주민을 받아들였으나 이들은 경제적 어려움에서 벗어나지 못하고 사회에도 동화되지 못했다. 스웨덴에서는 2013년 스톡홀름 근교 허스비에서 경찰이 노인을 사살하자 소요사태가 발생했다. 이 지역은 일찍이 높은 실업률, 치솟는 임대료, 낮은 임금과 열악한 노동 조건으로 화약고로 평가되어 왔다. 넷플릭스 시리즈물 〈영 월랜더〉의 배경이 폭발과 방화가 자행되는 말뫼인 것도 이와 같은 혼란을 반영한다. 경기침체로 평소의 여유로움도 사라지고 자국민을 추스르기조차도 힘든 상황이다 보니 방치된 이들의 불만이 분출된 것이다.

OECD에서 북유럽의 이주민 포용이 낮은 것도 사회 불안정이 가치와 실익을 넘어서기 때문이다. 난민 문제는 미군이 철수하고 IS 정권이 들어선 아프간 난민 391명을 받아들이면서 재점화되었다. 그런데 이 건은 예멘과 달리 당사자들이 우리의 국익에 도움을 주었다는 것이다. 그러므로 곤란한 처지에 있는 이들을 받아들이는 것은 당연한 도리이며, 이런 조처는 향후라도 타국과의 우호관계에서 오히려 긍정적으로 작용할 수 있다.

▶ 선을 넘는 포용, 이동통신요금

포용의 범주를 넘어 무리하게 보편복지를 추진하는 것도 바람직하지 않다. 문재인 정부는 대선 공약으로 국민에게 월 2만 원에 데이터 1GB, 전화 200분을 이용할 수 있는 보편요금제 도입을 내걸었다. 정부가 개정 법안을 발의하자 부담을 느낀 이동통신사들은 4G에서 2GB를 제공하는 요금 상품을 자율 형식으로 출시했다.

　이동통신은 집전화와 달리 민간 부문의 서비스로 시장경쟁이 기본인데도 그간 마케팅의 핵심인 요금과 보조금은 규제 대상이었다. SK텔레콤 요금은 30년간 인가제로 묶여 있다가 2020년 유보신고제로 완화되었고, 이동통신사의 보조금은 2017년 상한선 폐지 등의 완화 조치가 이루어졌지만 골격은 그대로 유지되고 있다. 이렇듯 강력한 규제에도 여전히 요금이 높다는 비판이 끊이지 않는 것은 규제가 제대로 작동하지 않는다는 방증이다. 이런 규제가 없었더라면 정부는 제4 이동통신사의 진입이나 알뜰폰 활성화로 산업 구조적 측면에서 경쟁을 촉진하기 위해 노력했을 것이다(이내찬, 전자신문, 2019.4.18). 보편요금제와 같은 인위적인 요금 상품 출시는 그간 이동통신사에 경쟁적 대항력으로 작용해온 알뜰폰의 역할에 찬물을 끼얹었다(이내찬, 2017년). 이것은 제4 이동통신사인 이엑세스와 라쿠텐의 시장진입으로 시장경쟁을 촉진시키려 한 일본의 노력과는 대조적이다.

　관련법에서는 이미 취약계층에 요금 감면이나 면제와 같은 형태의 사회적 요금을 지원하는 포용적 접근이 이루어지고 있다. 시장경쟁이 원칙이지만 경제적으로 부담되는 한계 계층을 지원한다는 취지다. 초고속인터넷이 2020년 보편적 서비스로 지정된 것도 20년 넘게 설비 기반 경쟁으로 제공되었음에도 혜택을 받지 못하는 소외 지역이 있기 때문이라는 포용복지 구현의 본래 의미를 깊이 새길 필요가 있다.

보편복지의
길목에서

▶ 1 YES 5 NOs

문재인 정부 초기에 논쟁이 일었던 선택적 포용복지와 보편복지인 기본소득 중에서 무엇을 택하느냐는 2020년 본격적으로 확산한 코로나 대응 과정에서 현실로 다가왔다. 실상 불평등이 심화하고 있고 인공지능(AI) 기술의 확산으로 사람들이 대규모로 일자리를 상실한다면 기본소득의 도입을 신중하게 검토해야 할 수도 있다. 그러나 이전에 보편복지를 구현하려면 '1 YES 5 NOs'의 선행조건이 갖추어져야 한다.

우선, 복지 개념이 정착되어야 한다. 본서가 행복이나 삶의 질 그리고 불평등과 같은 다양한 개념을 살펴본 것도 복지에 대한 이해도를 높이고 주류화하기 위해서다. 누군가의 주머니에서 나오는 것이지만 공짜 돈이 들어오니 언제든지 오케이라거나 마음대로 써도 된다는 생각을 넘어서야 한다. 보편복지의 도입은 국가 운영체제의 변혁을 의미하므로 이해와 주류화를 거쳐 사회 구성원들의 합의가 이루어지지 않으면 안 된다.

두 번째는 국가와 정부에 대한 신뢰다. 국가나 정부가 국민의 안녕을 위한 대리인으로 사회 구성원이 낸 세금을 공익을 위해 제대로 사용하고 자신에게도 그 혜택이 돌아오리라는 믿음에 기초한다. 국가와 정부가 안전이나 치안, 국방이나 외교와 같은 국민의 삶의 질을 보장하기 위한 기능을 제대로 수행하지 못하거나 무분별하게 예산을 낭비하고 부패가 만연하다면 국민은 배신감으로 신뢰를 상실할 것이다. 필자가 만난 북유럽 사람들은 이구동성으로 국가가 자신의 소득의 반을 세금으로 떼어가더라도 자신이나 다른 사람들의 복지를 위해 쓰일 것이므로 기꺼이 받아들인다고 말한다. 정부를 신뢰한다는 것이다. 프리드먼의 "시스템에 대한 높은 수준의 신뢰는 또 다른 전제 조건이다. 이것은 시스템이 합법적이고 사람들이 세금을 내며 기꺼이 이바지해야 한다는 것으로 인식되도록 하는 데에 필수적이다."라며 이점을 적시한다.

세 번째는 국가의 효율적인 재정 운영이다. 정부가 새는 양동이가 되는 것은 남의 돈을 걷어 남을 위해 쓰기 때문이며, 규모가 커질수록 그 같은 개연성은 더욱 커질 것이다. 재정의 효율적인 운용은 세대 간 형평성 면에서 후세대에 과도한 부채를 넘겨주어서는 안 된다는 점에서도 중요하다. 현세대가 근시안적으로 현시점의 문제 해결만 위해 한정된 재원을 써버려 후세대에 남겨줄 것이 빚밖에 없다면 국가의 지속가능성은 훼손될 수밖에 없다.

세 부담의 형평성도 중요하다. 여론조사기관 리얼미터의 설문조사에 따르면 연간 영업이익 2천억 원이 넘는 대기업과 연간 소득 5억 원이 넘는 고소득자에게 '증세해야 한다.'라는 의견이 85.6%이고 반대는 10%였다(연합뉴스, 2017.07.24). 복지를 반대하는 사람들이 '홍길동세(로빈후드세)'라고 부르는 이유다. 고소득층이 세금을 더 부담하는 것은 피할 수 없더라도 부잣집 곳간도 한계가 있으며, 따라서 보편복지를 시행해야 한다면 누구도 부담에서 벗어날 수는 없다는 점에 유념해야 한다.

2019년 기준 세수 구성을 살펴보면 국내에서 총 세수의 약 90%를 징수하고, 이 중 소득세와 간접세가 각기 30%, 법인세가 20%다(국세통계, 2019년). 근로소득 분위별 소득세 부담을 보면 상위 10%가 결정세액을 기준으로 70% 이상을 부담하며, 차상위 10%를 포함한 상위 20%의 부담은 90%에 가까운 80/20 룰이 성립한다. 복지 혜택을 누리는 것에는 표를 던지지만, 자신의 비용 부담에는 부정적인 공짜 점심의 마음가짐으로 체제의 변화를 원하기는 어불성설이다.

마지막으로, 수혜자의 도덕적 해이가 발생하지 않도록, 즉 일할 유인이 상실되지 않도록 유념해야 한다. 복지를 강조하는 국가 개입의 또 다른 문제점은 국민의 일할 의욕을 상실시킬 수 있다는 것이다. 프리드먼은 "경쟁과 협력이 적절히 혼합되어 약간의 변화가 초래되는 것은 바람직할 수도 있겠지만, 경쟁을 도외시하는 것은 사적 유인을 포기하는 것이며 복지제도는 스스로 일할 수 있는 사람들을 국가 의존적으로 만들었다."라며 비판한다.

▶ IT, 기회이지만 일자리를 위협

기회부터 살펴보자. 앞으로 10년간 성장 가능성이 매우 클 것으로 예상되는 IT 접목 산업으로는 환경보호, 건강 범주, 그리고 네트워크 환경으로 요약할 수 있다(일본경제신문사; 동양경제신문사; 한국비즈니스정보, 2021년).

이 중에서 환경은 지구온난화에 대처하기 위한 탄소 저감과 중립 구현이 목표다. 우선, 석탄·석유 등 화석연료에서 전기·수소·풍력·지열·암모니아 등 대체원으로 전환하기 위한 그린경제의 실현이다. 전기차 관련 인프라와 이에 수반되는 축전지, 반도체, 전자부품 및 화학 부문의 활황이 예상된다. 또한, 재화를 대량생산·폐기하는 시대에서 벗어나 자연생태계를 유지하기 위해 폐기물과 오염 배출을 절제하고 제품이나 재료를 재사용하는 순환경제도 중요하다. 예컨대 이케아의 폐플라스틱을 이용한 제품 생산, 에너켐의 폐기물 탄소 추출 후 가스 변환이나 폐 토너를 이용한 아스팔트 원료(Close the Loop)를 예로 들 수 있다(WEF, 2021년). 아직은 제한적이지만, 노하우가 축적되고 광범위하게 확산되면서 체계적인 순환 플로가 형성될 것이다. 산림 산업은 숲이 재해를 막아주고 탄소를 머금는 절감 효과를 보유하며 연료로도 CO_2 배출이 적고 가구와 건축 재료에도 활용되어 주목하는 대상이다.

건강과 관련해서는 신선한 먹거리나 데이터 제공·배양육 등 대체 식자재 생산 같은 푸드테크, 당뇨병·우울증·흡연 중독에 대한 환자의식이나 행동 변화를 꾀하는 디지털 치료제, 2019년 다빈치의 특허권 소멸 후 경쟁이 치열해진 수술 로봇 분야를 들 수 있다(NEC, 2022년). 마지막으로 사람을 둘러싼 의복 및 댁내 IoT, 원거리 텔레워크, 사내외 사이버 보안 및 슈퍼·스마트 시티 등 IT 네트워크 구축을 꼽을 수 있다.

■ 미래 주목 산업

환경	지구온난화 대처를 위한 탄소 중립 구현	
그린 경제	화석 연료 사용 억제 및 대체원 모색	화석 연료의 전력, 연료 및 원료 사용 억제 전기, 수소, 풍력, 지열, 암모니아 등 대체 원 모색 축전지, 전자부품, 화학, 반도체 부문 활황
순환 경제	대량생산·폐기 시대에서 순환 경제로 전환, 생태계 지속을 위한 폐기물과 오염 절제, 제품과 재료 지속 사용	중고/폐플라스틱제품 판매(이케아), 포장 사용(버거킹), 쓰레기 측정(Winnow), 염료(화학 약품 불용, DyeCoo), 페토너 아스팔트(Close the Loop), 폐기물 탄소 추출/가스 변환(Enerkem)
산림	탄소 절감 효과, 상, 하류 모든 공정 육성	관리(인구절벽으로 소유 불명 산림 증가(일본)), 연료(저탄소 배출), 가구 또는 건축(초고속 빌딩) 활용
삶의 질	건강 등 개인의 삶의 질을 제고	
푸드텍	신선한 먹거리, 인구 증가에 따른 식량 문제 해결	대체 식재료(배양육), 유전자 정보 조사(식생활 개선), 스마트 조리(스마트폰 연계 온도 조절)
수면	건강한 삶과 업무 효율성 증진	IT 이용 모니터링, 조명 조절 등 잠의 질 제고
간호/로봇	수술 편의성 향상 및 간호 인력 고갈 대응	수술 로봇 다빈치의 특허권 소멸(2019)로 40여 개사 경쟁
치료 앱	환자의 의식과 행동의 변화를 촉진	불면, 당뇨병, 우울증, 금연 약물치료 대응 디지털 치료제(DTx: Digital Therapeutics)
사람과 IT	사람의 신체에서 주거 주변 환경을 IT가 지원	
텔레워크	코로나를 계기로 근무 행태 및 사회적 인식 변화. 탈 탄소에도 유익.	IT를 이용하여 장소와 시간에 구애받지 않고 일할 수 있는 환경. 재택근무와 회사 내 자리 배치 자유도 포함 여행, 숙박 등 산업과 연계 가능
사이버 보안	사이버 공간의 악의적 공격으로부터 기업 데이터 및 기술 자원을 방어	재택근무 증가로 사내 서버뿐만 아니라 외부 PC 단말 보호 강화 필요.
IoT	댁내 체류 시간 증가에 따른 편의성 증대	AI 스피커를 UI로 각종 센서, 가전 로봇 제어
스마트·슈퍼 시티	주민의 생활 편의성 향상	특정 지역 단위에 IT 기술(IBCM +AI)을 활용, 개별 분야(교통, 전력)에서 다분야(의료, 교육 등) 연계로 발전

출처. 日本經濟新聞社(2021), 東洋經濟新報社(2021), 産業學會(2021), WEF(2019.02.26., 2020.12.08.), NEC (2022), 매일경제(2020.06.26.), 중소벤처기업부(2020.06.02.).

이와 같은 기회에도 불구하고 IT는 일자리 대책의 위협으로 작용할 수 있다. 19세기 초, 제1차 산업혁명으로 보급된 방적기가 노동자들의 일거리를 위협한다는 우려로 기계를 파괴하는 러다이트운동이 발생했다. 그러나 자동화에 따른 효율화로 무명천이 싸게 공급되면서 속옷 입는 습관이 정착되자 노동 수요가 증가했고 증기기관의 보급으로 기관차가 보급되자 철도원과 기술자 같은 새 일자리가 창출되었다.

새로운 기술이 등장해 일자리를 대체해도 새 산업을 만들어 더 많은 일자리를 창출할 수 있는 더 큰 새 포대가 만들어진다면 걱정할 것 없다. 문제는 제3차 IT 산업혁명의 중핵인 인터넷과 컴퓨터의 생산성이나 고용 효과가 점점 감소하고 있다는 것이다. 미국은 1996년 이후 30여 년(1996~2004년)간 평균 노동생산성이 2.46%에서 연이은 10여 년(2004~2012년)간은 1.3%로 감소했다. 로버트 솔로(1987년)가 "생산성 관련 통계를 제외하고 어디에서나 컴퓨터 시대를 볼 수 있다."라고 지적한다. 에릭 브린졸프슨이 분석한 생산성 역설이다.

고용 효과도 1980년대 8%, 1990년대 4.5%, 그리고 2000년대에 들어서면서 0.5%로 감소했다(프레이·오스본, 2015). 제4차 산업혁명의 핵심인 AI의 발전이 일할 자리를 어느 정도 대체할 것인가에 대해서는 앞으로의 일이어서 찬반양론이 분분하다. 그러나 AI의 스스로 학습하고 판단할 수 있는 능력이 전 인류의 지능을 능가하는 기술적 특이점(싱귤레리티)에 도달한다면 대량실업이라는 최악의 시나리오도 배제할 수는 없을 것이다.

2014년 5월, 물리학자 스티븐 호킹을 포함한 학자 4명이 시사지에 기고한 글에서 "위험 회피 수단을 마련하지 않는 한, AI는 인류가 이룩한 마지막 위업이 될 우려가 있다."라고 경고했고, 이세돌과 알파고의 세기의 바둑 대결을 기획했던 딥마인드 테크놀로지의 AI 전문가 세인 레그는 "결국 인류는 기술에 의해 멸종할 것이다. …… 금세기의 가장 큰 위험 요인은 AI다."라고 말하면서 구글을 매각(2014년)할 때 AI 윤리위원회의 설치를 요구했다.

미국의 AI 일자리 대체는 직종별 접근에서는 47%, 특히 중간층이 일상 작업의 코드화로 타격이 클 것으로 전망되고 있으며, 기능별로는 10% 대체, 특히 고·저숙련자에 영향이 크리라고 예상된다(프레이·오스본, 2013년; 안츠 외, 2016년; 오토 외, 2003년; 로트맨, 2013년). OECD의 기능별 분석에서는 독일이 12%로 가장 높고, 우리나라는 6%로 가장 낮게 예측된다.

AI의 대체로부터 안전한 분야라 해봐야 비좁은 데에서 안전한 손재주(미용)가 필요한 지각, 창조(예술) 및 간호와 같이 직접 사람을 원하는 사회적 지능 정도다. 지능을 갖춘 로봇이 사람보다 선호될 이유는 충분하다. 중국 선전에 있는 대만의 전자제품업체 폭스콘은 그립, 용접 및 기본 조립 작업을 수행하는 로봇 체제로 전환하면서 6만 명의 근로자를 해고했다. 그간 중국의 경제 성장과 임금 상승으로 노동비 절감의 이점이 약화되었기 때문이다.

"더 많은 기계를 도입하면 단순한 인건비 절감을 넘어서 개선된 품질, 일관성 또는 자동화된 준비가 더 위생적이라는 소비자 인식과 같은 중요한 이점을 얻을 수 있다."라는 지적은 코로나 확산으로 대면 기피가 일상화되면서 더욱 설득력을 얻는다(포드, 2016년). 로봇은 시간이 지날수록 감가상각으로 성능이 떨어지겠지만, 그렇다면 대체하면 될 테고 적어도 사람처럼 최소임금을 지급해야 한다든지 노동쟁의와 같은 골머리도 썩지 않는다.

사람의 조작 없이 스스로 운행이 가능한 자율주행 자동차는 완전 자율의 4단계에 들어서면 전 세계 차량의 약 75%가 전환되리라고 예상한다(IEEE, 2012년). '정말 편한 세상이 오네!' 라고 생각할 수도 있겠지만, 택시와 택배의 기사 수요가 대폭 감소하거나 아예 사라질 수도 있다. 실업으로 소득이 감소한다면 누가 AI로 저렴해진 택시에 탑승할 수 있겠느냐는 유효수요 부족 문제가 대두될 수도 있다. 2017년, 신문 기고를 준비하던 필자의 노트에는 이런 문장이 적혀 있다.

"스마트 공장의 건설로 제품 가격은 내려가고 현명해진 로봇으로 삶은 편해질 수 있다. 무인차가 상용화되면 은행 대출로 몇 대 구매해 사업자 등록하고 새벽에 시동을 걸어 두면 알아서 영업하고 돈 벌어 돌아오니 참 편한 세상이 될 듯싶다고 말하는 사람도 있다. 그러나 이는 빌딩 주인이 되어 월세로 생활하려는, 초등학생 꿈의 AI 버전에 불과할 수도 있다."

공장 역시 생산 프로세스가 AI에 의해 점진적으로 자동화되다 보면 단순노동은 완전히 대체되고 은행도 금융 전문가보다 시스템 관리를 위한 IT 전문가가 더 중요해질 것이다. AI로 인해 생산활동의 성과가 자본가와 IT 전문가에게 귀속되면서 근로자와 자본가의 부의 격차, 특히 로봇이 일자리를 없애 일이 줄어들면 청년·여성·소수 민족·대학 학위가 없는 사람 등 사회적 약자의 계층 사다리의 디딤돌이 사라질 수 있다는 지적이 있다(슈바프·로스, 2016년; 앳킨슨, 2014년).

▶ 코로나 재난지원금 경험

만일 AI가 급격한 속도로 일자리를 대체한다면 기본소득 도입을 신중하게 고민해야 할지도 모른다. 기본소득 이슈를 2020년 코로나 사태에 대응하기 위해 시행된 정부의 재난지원금 경험을 통해 살펴보자.

문재인 정부의 주요 이슈는 보편복지의 핵심인 기본소득 도입이었지만 막상 코로나가 퍼지면서 탁상공론의 단계를 넘어서 현실 문제로 닥쳤다. 세계적인 불경기 때마다 사람들은 식당에 앉아 불경기를 걱정했는데 식당조차 갈 수 없는 상황을 만들었다. 여행·숙박·외식 및 상점 등의 경제 부문과 서민 생활이 심각한 타격을 입었고 주변으로 영향이 확산했다.

정부는 코로나로 인한 충격을 완화하기 위해 2020년 네 차례 추경으로 국채 40조 원을 발행했고 기존 예산 삭감에 의한 지출 조정과 기금 재원으로 20조 원을 마련해 총예산 60조를 편성했다. '긴급재난지원금'은 2020~2021년 네 차례에 걸쳐 지급되었다. 2020년 5월에 집행된 1차 지원은 논란 끝에 최초로 그리고 지금까지 유일하게 전 국민을 대상으로 기본소득 형태로 제공되었고 나머지는 포용 소득의 선택 복지 형태로 지원되었다. 2021년에 진행한 4차 지원 대상은 소득 하위 80%에서 88%로 확대되기도 했다.

포용 소득은 해당자가 기준에 해당하는가를 확인해서, '단순 자산조사 보장 소득' 방식이라고 한다. 장점은 정부 지원이 삶이 어려운 소외 계층에 초점을 맞춘다는 것이지만, 조사를 위해 상당한 시간과 비용이 소요되며 다양한 상황을 고려해 기준을 설정하다 보면 형평성 문제가 발생한다. 또한, 소득이 기준보다 조금만 높은 사람들은 혜택을 받지 못해 일할 유인이 감소할 수도 있다.

기본소득은 같은 금액을 모든 국민에게 지급하므로 자산조사를 위한 시간과 행정 비용을 절감할 수 있다는 장점이 있다. 정부가 최저임금 · 식량 배급표 · 복지 및 주택 보조같이 구성원 개개의 의사결정에 개입하는 대신, 각자 알아서 선택하도록 한다는 측면에서도 효율적이다. 소득이 높아 세금 부담이 큰 사람들의 위화감을 없앨 수도 있다. 단점은 불필요한 구성원에게도 소득이 돌아간다는 것이다.

실제 지원금의 지급 과정에서 복지 형태별 장 · 단점은 그대로 드러났다. 포용 소득은 필요한 사람의 기준 마련과 확인 절차와 같은 자산 조사로 인해 제때 지급되지 못한다는 비판과 '왜 누구는 빠지고 누구는 들어가느냐?' 는 공정성 시비가 끊이지 않았다. 기본소득은 기준 마련과 확인 절차 없이 즉시 지급되었지만, 최상위 계층도 포함되었고 정부는 재정 부담을 이유로 이들에게 수수를 포기하고 기부하도록 호소하면서 지원금 신청 사이트의 화면을 기부를 쉽게 유도하도록 넛지

방식으로 만들었다. 하지만 실제 기부금액은 미미한 수준에 그쳤다. 대부분 수혜자가 공짜로 생긴, 그러나 내 세금으로 가져갈 것으로 생각했기 때문이다.

국민의 최소한의 삶의 질을 유지하기 위한 사회안전망의 견고화라는 관점에서 정부의 긴급 재난지원금은 설령 정책의 승수효과가 낮고 국가채무가 늘어난다고 하더라도 집행이 불가피한 지출이다. 그런데 평상시 보편복지인 기본소득을 모든 국민에게 지원한다면 재정 부담은 어느 정도일까? 가계 구성원의 수에 따라 40만 원(1인)에서 100만 원(4인)까지 지급된 1차 지급 기준 금액을 인당 평균으로 환산해보면 30(40/1+60/2+80/3+100/4)만 원으로, 총인구를 5천 만으로 보면 15조 원이므로 1차 재난지원금 총액 14.3조 원과 비슷한 수준이다.

국민 1인에 30만 원씩 지급한다면 '2025년 60%'의 재정준칙에 따른 연간 허용 통합재정수지 115.6조 원의 13%에 해당하는 금액이므로 최대 월 약 8회까지 240만 원을 지급할 수 있다. 1~4인 가구의 소비지출에 따른 인당 평균 지출(2019년) 109.7만 원의 60%인 65.8만 원을 빈곤선으로 보면 석 달 10일을 커버할 수 있다는 계산이다. 1년

■ 추경 및 재난 지원금

예산 집행 항목	2020					2021
	1차	2차	3차	4차	합계(조)	1차
소상공인, 중소기업 회복	4.1		5.0	3.8	12.9	7.3
민생, 고용안정	3.5	12.2	10.0	4.0	29.7	3.6
지역경제, 상권 살리기	1.2		10.4		11.6	
방역체계 고도화	2.1			4.1	6.2	4.2
계	10.9	12.2	25.4	11.9	60.4	15.1

출처: 기획재정부(2020.09.10)
주. 단위는 조 원, GDP 대비 %

부유한 경제 가난한 행복

간 기본소득을 모든 국민에게 지원한다면 통합재정수지의 4배가 되는 426.4조 원이 필요하며, GDP를 얼추 2,000조 원으로 잡으면 23%에 해당하는 금액이다. 대략적인 계산으로도 국가의 빚이나 증세로 충당하기에는 큰 금액임을 짐작할 수 있다.

핀란드에서 이루어진 기본소득 실험(2017~2018년)에서는 25~58세 총 2,000명의 실업자를 대상으로 월 560유로를 지급했다. 실험 결과, 실업자들은 경제적 안정과 정신적 안녕을 얻었지만 고용 효과는 미미했다. 애당초 그간 복지 혜택을 현금으로 일원화해 줄이려는 목적으로 시행된 것이지만 재정 부담을 이유로 시행되지 못했다.

앞서 언급한 바와 같이 향후 코로나 같은 예기치 못한 전염병의 창궐이나 천연재해, AI 보급에 의한 대량 실직이 발생하면 기본소득 도입은 불가피할 수도 있다. 그러나 후세대에 대한 과도한 부채를 넘겨서는 안 되며, 국민이 국가를 신뢰할 수 있는 양호한 지배구조 수립 등 '1 YES 5 NOs' 조건의 선행은 필수적이다.

문재인 정부가 들어서면서 정치인들은 정부가 모든 국민에게 같은 액수의 일정 금액을 지불하는 기본소득 이슈를 들고 나섰다. 모든 국민에게 기본적인 삶의 질을 보장해주겠다는 것이니 취지는 훌륭하다. 그러나 한 나라의 재정지출 규모는 당해 국가의 경제 성장잠재력이나 기조 화폐 여부 등 다양한 변수에 제약받고 있고, 이것은 결국 국민의 세 부담을 증대시키고 후세대에는 빚을 남기는 것이므로 신중한 접근이 필요하다.

국민 스스로가
주인이다

▶ **국가에 대한 과도한 기대감은 금물**

개인이 자신의 행복을 위해 과도한 기대감은 자제하는 것이 바람직한 것처럼 국가의 역할에도 불구하고 국가에 과도하게 기대하는 것은 금물이다.

대통령선거가 치러질 때마다 대통령이나 집권층이 바뀌면 '이번에는 잘하지 않겠냐?' 라든지 '경기도 좀 나아지고 먹고 살기 좋아지지 않겠냐?' 라는 높아지는 국민의 기대감을 관찰한다. 그런데 출범 초기에야 정부가 포부를 갖고 일을 추진하지만, 집권 기간이 반을 넘어서 3년째쯤 되면 국민이 실망하는 현상이 반복된다. 많은 국민이 원하는 기대에 맞추어 애당초 실현할 수 없는 공약을 내세웠고 이를 무리해서 추진하려 하기 때문이다.

우리 사회경제 시스템은 어느 날 갑자기 몇몇 사람이 등장해서 작동 방식을 바꾸겠다고 해서 단시일 내에 변하기에는 너무 커지고 성숙했다. 1970~1980년대만 해도 아파트 실외 아스팔트 주차장에서 테니스를 칠 정도로 차가 많지 않았고, 1980년대에서 1990년대만 해도 주변에 운전 연습할 정도의 큰 공터가 한둘은 있었다. 하지만 이제는 그런 여유 공간을 더는 찾아볼 수 없을 정도로 빼곡히 들어선 것과 유사한 이치다. 시스템이 조밀하게 구성되다 보니 부속품 하나라도 바꾸려면 전체에 미치는 영향은 나비효과처럼 확산되어 사방에 역기능이 발생한다. 아무리 국민의 삶의 질이 중요하다고 해도 시장 기능을 무시한 정책은 성공할 수 없다.

나 자신이나 시장 기능으로나 해결할 수가 없는데 바뀐 정부가 대신해줄 수 있으리라는 생각도 오산이다. 경제 성장은 정체되어 파이는 한정적인데 재분배가 급격하게 이루어진다면 특정 계층이 얻는 편익은 다른 계층의 희생을 의미한다. 공짜를 마다할 사람이 있겠느냐마는, 그렇다고 국가가 알아서 해줄 테니 자신은 비용을 부담하는 희생 없이 어부지리로 얻을 수 있으리라 생각해서도 안 된다.

약자의 포용과 분배가 중요한 만큼 사회 구성원 모두가 세금을 부담하는 것도 매우 중요하다. 필자가 만난 북유럽 사람들은 이구동성으로 국가가 자신의 소득의 반을 세금으로 가져가더라도 자기와 가족을 위해 사용될 것을 알기에 기꺼이 수용한다고 말한다. 이것은 국가의 양호한 지배구조와 신뢰에서 기인하는 것은 두말할 나위 없고, 앞서 언급한 바와 같이 우리도 추구해야 할 바다.

민간 부문이 하지 못하는데 정부가 찾아낼 수 있는 신산업은 일부 공공 부문을 제외하면 없다. 독재 시절이었더라도 박정희나 전두환 정부 때가 더 나았다는 이야기를 종종 듣는다. 그러나 운은 자신의 선택에 의한 것이 아니었듯이 우연히 경제가 성장하는 단계였을 뿐이다.

전후 폐허의 잿더미 위에서 처음부터 다시 시작해야 하는 시점이라면, 없는 재원을 모아 경쟁력 있는 중점 산업을 육성하는 산업진흥정책을 펼칠 수 있고 경제 전반의 성장을 위한 밑그림을 그리고 계획을 추진하는 정부의 역할이 중요했다. 그러나 전후 70년을 넘어선 지금은 상황이 다르다. BTS로 대표되는 K팝, 영화 〈기생충〉과 〈미나리〉, 드라마 〈오징어 게임〉과 같은 콘텐츠가 세계로 퍼져나가고 여자 프로골퍼가 세계에 진출한 것은 개인이나 기업 노력의 결과일 뿐 정부의 청사진에 의해 이루어진 것은 아니다. 우리나라를 IT 강국이라고 하지만, 정보 접근과 온라인 거래가 활성화된 것은 통신사업자나 애플 아이폰과 삼성전자 갤럭시의 치열한 시장경쟁에 기반한다.

▶ 누구나 주인이 되는 환경

시민의 사고와 식견은 상당히 높아졌다. 2020년, 청와대 국민청원 홈페이지에는 필명 '진인 조은산'이 문재인 정부의 정책을 비판한 청원문 '시무 7조'가 화제가 되었다.

그는 약자의 편에 선다며 가진 사람에게 무리하게 과세하고, 과도한 부채로 분배 정책을 추진하며, 외교가 실리를 따지며, 주변국과의 균형을 이루지 못하고, 통일이라는 대의로 북한과 중국에 지나치게 치우치는 한편, 재화에 대한 소유가 인간 욕구의 본성인데도 집권층과 관리의 다주택을 매각하게 하고, 권력의 추구가 아닌 진정으로 국가를 위해 일하고자 하는 사람을 기용하지 못했다고 주장했다. 이에 따라 문재인 정부가 무리하게 추진한 법제화는 '대한민국의 주권은 국민에게 있으며 모든 권력은 국민에게서 나온다.' 라고 규정한 헌법 1조를 준수하지 못했다고 비판하면서, 대통령 스스로가 변하지 않으면 안 된다고 마무리한다.

평범한 주부 '삼호어묵맘' 은 정부는 집값이 오르면 세수가 늘고 표밭이 유지되니 굳이 집값을 잡을 이유가 없다며, 각자도생할 수밖에 없는 문재인 정부의 주택정책을 신랄하게 비판했다.

코로나로 힘든 시기에 지상파 방송에서 노래 〈테스형!〉을 부른 나훈아는 다음과 같이 이야기했다.

"저는 옛날 역사책을 보든 살아오는 동안을 보든, 왕이나 대통령이 국민 때문에 목숨을 걸었다는 사람을 한 사람도 본 적이 없다. 이 나라는 바로 오늘 여러분이 지켰다. 유관순 누나, 진주의 논개, 윤봉길 의사, 안중근 의사 이런 분들 모두가 보통 우리 국민이었다. IMF 때도 세계가 깜짝 놀라지 않았느냐? 국민이 힘이 있으면 위정자들이 생길 수가 없다. 대한민국 국민 여러분 세계에서 1등 국민이다."

조은산이나 삼호어묵맘은 겉으로 드러내기를 꺼리지만, 개인의 의사 표현이 과거보다 훨씬 자유로워졌다는 사실은 고무적이다. 이명박 정부 때만 해도 다음 아고라에서 필명 '미네르바'로 30대, 전문대 졸업, 백수였던 박대성은 2008년 투자은행 리먼브러더스의 파산과 원화 급등으로 인한 한국경제의 악화를 예견하면서 '경제대통령'으로 불렸다. 이런 그를 눈엣가시로 여긴 집권층은 인터넷 허위 글로 전기통신 기본법을 적용해 기소했다. 최종적으로는 대법원에서 무죄 판결이 났지만 이때부터 정치권은 직접 위해나 국가폭력이 아닌 소송으로 인한 시간과 돈, 심리의 피폐화 전략을 사용했다. 그는 결국 신경쇠약으로 사회활동을 하지 못하고 말았다. 그야말로 현대판 예수 박해다.

박근혜 정부 때는 tvN이 영국 BBC의 아동 인기물 〈텔레토비〉로 대통령을 희화하고 CJ가 노무현 대통령이 주인공인 영화 〈변호인〉을 만들자 미운털이 박혔다. 결국, CJ 계열사 수뇌부의 좌천 요구까지 이르렀고, 한·불 수교 130주년이었던 2016년 파리에서 개최한 K-CON에는 한국문화를 세계에 알리는 데에 크게 공헌한 CJ 부회장은 참석도 하지 못했다.

대중의 지혜가 모이면서 우리나라는 어떤 정부가 들어서도 일방적으로 권력을 남발하고 무력을 행사하는 것이 불가능한 선진화를 이루었다. 옳지 못하거나 국민을 생각하지 않는 대통령이나 집권층에 시민들은 촛불시위에 의한 항거로 대응했다. 민의는 이명박 정부의 국민 건강을 무시한 미국산 쇠고기 수입에 불만을 터뜨렸고, 박근혜 정부의 세월호 사건이나 메르스 사태에 대한 안이한 대처를 힐책했으며 이후 대통령 탄핵으로 이어졌다.

2020년 전후로 태국에서 발생한 왕정에 대한 시민들의 항거나 미얀마 군사쿠데타에서 많은 시민의 희생을 목격하면서, 우리는 '어떻게 지금 같은 시대에 이런 나라가 있지? 그런 곳에서 태어나지 않아 다행이야.' 라며 안도의 한숨을 내쉴지 모르겠다. 하지만 독재에 항거하는 시민들을 무력으로 진압하고, 그래서 외국인들이 '거기 나라는 맞냐?' 라는 시선으로 우리를 바라보던 시절이 있었다.

그러나 우리도 전두환 정부의 독주에 맞선 6·10민주항쟁이나 대통령 직선제로 회귀한 6·29선언 이후에야 더는 무력이 통하지 않는, 사회경제가 성숙하고 민도가 높아진 선진국 대열로 향했다. 태국이나 미얀마도 우리와 마찬가지로 한층 성숙한 단계로 발돋움하기 위해 진통을 겪는 중이다.

▶ 보충성 원리와 공유지 비극

건전한 국가지배구조의 수립으로 집권층이나 정부의 과도한 힘이 제한되어야 하는 만큼 국민의 자발적인 참여와 문제 해결은 중요해진다.

보충성 원리는 현안은 하위의 덜 중앙화된 지역 기관에서 처리해야 하며 중앙기관은 지역 기관이 수행할 수 없는 작업만 수행해야 한다는 원칙이다. 작가 라이드 버클리는 이를 "어떤 공공기관도 민간기관이 더 잘 할 수 있는 일을 해서는 안 되며, 더 높은 수준의 공공기관은 낮은 수준의 기관이 할 수 있는 일을 시도해서는 안 된다는 원칙"이라고 정의한다.

인터넷도 네트워크는 단순한 도관으로 정보의 흐름을 제어하지 않지만, 단말기는 지능을 내장하고 상호 정보의 흐름을 확인하는 단-대-단 원리에 따른다(아이젠버그, 1997년). 잘처 등(1984년)은 이를 "시스템의 하부계층에, 상부 계층을 지원하는 특정 기능을 내장시키지 않는 보수적인 자세가 필요하다. 이는 하부계층 기능이 조금이라도 잘못되면 상부 계층이 제대로 작동하지 않을 수 있기 때문이다."라고 설명한다. 주요 의사결정이 각 주체에 돌아가는 분권화가 이루어지지 않고 중앙에서 모든 것을 통제하는 경우 잘못된 통제 기능이 시스템 전체에 악영향을 미칠 수 있다는 의미다. 메커니즘이 복잡한 시장을 규제하려다가 제대로 작동하지 않아 다시 규제를 도입하는 과정을 반복하다 보면 수습은커녕 오히려 역기능을 가져오는 것도 이 때문이다.

노벨경제학상을 수상한 엘러너 오스트롬(1990년)은 공유지의 비극 문제를 사회 구성원이 자발적인 노력으로 해결할 수 있다고 주장한다. 이것은 자원이 한정된 어장에서 구성원들이 자신의 이익만 위해 어류를 남획하다 보면 어류가 고갈되어 결국 모든 구성원에게 불이익이 돌아올 수 있다는 수인의 딜레마의 한 유형으로, 일반 재화와 달리 구성원들이 별도 비용을 지급하지 않고 사용하기 때문이다.

그녀는 스위스 퇴르벨 주의 숲과 초원이나 스페인의 관개시설과 같은 세계 각지의 공유재 관리 사례를 분석한 후, 국가기관의 제도적인 관리에 의존하지 않고서도 천연자원을 남획하는 갈등이 발생하면 구

부유한 경제 가난한 행복

성원 간에 그 정도에 비례해 제재하는 룰을 자율적으로 설정함으로써 이 문제를 해결할 수 있다고 주장한다. 그녀는 "우리가 간과한 것은 수도 워싱턴의 관료가 규칙을 세우는 것보다 시민들이 할 수 있는 것이 있고 관여된 사람들이 실제 참여하는 것이 중요하다는 것이다."라고 말한다.

▶ 다양한 시민참여 방식

국가의 권력과 정부의 규제가 최소화되는 만큼 시민참여는 갈수록 더 중요해지고 있다. 그렇다면 시민들은 어떤 형태와 어느 정도의 자유로 중요한 의사결정에 참여할 수 있을까? '시민참여'는 국민의 영향력이 미치는 정도에 따라 다양한 스펙트럼으로 구분할 수 있다(IPA2, 2021년; OECD, 2020년). 초보적인 단계는 '정보 제공'으로, 정부가 현안 및 대안이나 의사결정 사유를 국민에게 이해할 수 있도록 중립적이고 객관적인 정보를 제공하는 것이 목표다. 예컨대 웹사이트나 매체 브리핑으로 특정 사안과 관련한 정보를 국민에게 공개하는 것이다.

　정보 제공이 정부가 국민과 단방향으로 관여하는 것과 대조적으로 '자문', '관여' 및 '협업'은 양방향으로 이루어진다. 양방향 시민참여의 핵심은 국민의 관심·우려·열망 등 민의를 어느 정도 반영하게 할 것인가가 핵심이다. 자문은 국민에게 대안의 검토나 의사결정을 할 때 피드백을 요청하며, 관여는 의사결정 전반에 걸쳐 국민과 직접 협력하는 시민참여다. 전자는 공청회나 '공개 자문 과정', 후자는 자문위원회나 작업반을 예로 들 수 있다. 민의라고는 하지만 참여 대상은 다양한 전문가나 이해당사자다.

정부 또는 작업반은 대안을 만들고 자문위원회는 안을 결정하거나 보완을 요구한다. 자문위원회 대신 대안을 제안하고 이해당사자의 의견을 피드백 받아 최종안을 정하는 공개 자문을 할 수도 있다. 공청회는 문제 제기와 대안 제시는 이루어지지만, 최종적인 정책 방향은 정하지 않고 정부가 향후 다양한 의견을 반영해 결정하겠다는 원론적인 생각을 밝히는 것이 통상적이다.

협업이란 "공공기관이 공공 정책을 수립 또는 구현하거나 공공 프로그램이나 자산관리를 목적으로, 공식적이고 합의 지향적이며 숙의적인 집합 의사결정 과정에서 민간 이해관계자를 직접 참여하도록 하는 정부 지배구조 유형이다."로 정의되는 '협력적 거버넌스' 다(안셀 · 개쉬, 2008년).

협력은 의제 설정이나 이를 성공적으로 실행하기 위해 정부와 독립적인 이해관계자의 자발적 참여나 그들이 보유한 명성 또는 사회자본이 중요한 경우에 유용하며, 민간 부문의 다양한 전문성을 활용할 수 있고, 정부 조직의 사고나 틀에 얽매이지 않고 혁신을 추구하기가 쉽다(송경순, 2021년). 구성원들에게는 적절한 역할을 부여하되 기능을 수평적으로 수행하게 하고, 이를 조정하고 통합해 대안을 도출하는 방식으로 운영된다. 이것은 관여와 같은 형식을 띠지만, 기술적으로 틀을 만들고 추진하기가 쉽지 않아 구성원에게 상당한 자율권을 준다.

부유한 경제 가난한 행복

안셀 등(2013년)은 협력 체계가 제대로 작동하기 위한 세 유형의 지도력을 언급한다. 직관적으로는 강의와 같은 단방향 학습이 아닌 구성원 간의 상호 지식 공유, 의제 설정 및 추진, 갈등의 중재, 틀에 의한 지식 정제, 그리고 최종 결론 도출과 같은 기능이 제대로 작동해야 한다는 의미다. 협업의 예로 든 '참여적 의사결정'은 정부 레벨은 물론 민간 기업이 업무와 관련된 의사결정 시 사내 직원들의 적극적인 참여를 유도하는 방식도 포함한다.

필자가 정부 산하 연구원에 재직할 당시만 해도 이와 같은 협력 방식에 따라 일했다. 2000년대 전·후반의 미디어 부문은 완전 규제 대상이었지만, 기술 발전 속도가 빠른 통신 분야는 공정경쟁을 위한 규제틀이 제대로 잡혀 있지 않았다. 통신시장에서 최초로 M&A가 이루어졌지만 이를 심사할 기준이 없었고, 이용자가 통신서비스를 이용할 때 사업자들이 네트워크 비용을 정산하는 상호접속 체계도 부재했으며, 이동통신요금 규제도 기준 없이 주먹구구식으로 운영되었다. 통신의 또 다른 축인 품질의 평가는 오리무중이었다.

네트워크 및 통화량의 구성이나 특성, 회계 비용 처리에 관한 정보가 부족했고, 경쟁 촉진을 위한 경제이론도 공공산업론 정도의 수준에 머무르던 시절이었다. 또한, M&A가 사업자의 시너지 추구를 위한 자율적인 동기에 의해 이루어지고 정부는 이를 공정경쟁 저해 여부 등을 판단해 인가를 거부할 것인지 아니면 조건부로 인가할 것인가라는, 지금은 당연시하는 접근방식이 낯선 시기이기도 했다.

이와 같은 제도 연구의 연구 결과로 도출된 여러 안 가운데 하나를 선택하는 최종 선택권은 정부에 있지만, 적어도 내부적으로 이루어진 합리성과 정당성에 관한 토론은 중립적인 정책을 도출하는 데에 크게 이바지했다. 필자가 교편을 잡은 후에 외부 전문가로 관여한 이동통신 요금 국제비교지수 설계(코리아 인덱스)와 방송통신 서비스 결합판매 제도 개선은 '협력'의 형태로 이루어졌다.

다만, 각 시민참여 형태는 장점과 함께 단점도 유념해야 한다. 정보 제공은 국민의 불확실성을 감소시키지만 정부에 불리한 정보의 왜곡 가능성이 있다. 자문은 공개 논의로 투명성을 높일 수 있지만 정부 복안대로 최종인 의사결정이 내려질 위험성이 있다. 관여는 전문가의 의견을 투입하는 집단지성이 작동되지만 그룹이 친정부 인사로 구성되면 편향적으로 운영될 우려가 있다.

▶ 권한 부여와 경합

최종 의사결정권이 시민에게 있는 시민참여의 단계는 '권한 부여'와 '경합'이다. 권한 부여는 예컨대 대통령선거·지방선거와 같은 투표라든지 국민참여재판 제도, 즉 배심제가 포함된다. 우리나라의 투표율은 OECD에서 최상위권에 속하며 그만큼 국민이 정치에 관심이 많다. 투표는 왜곡된 국가지배구조에 대한 중요한 견제 수단이다. 대통령 재임 기간 중 국정 운영이 제대로 이루어지지 않으면 국회의원이나 지방자치단체장 선거를 통해 견제할 수 있다.

그런데 어떤 정부를 보더라도 3년 정도 지나면 문제점이 드러나지만, 이런 견제에도 불구하고 결국은 대선 공약으로 결정된 국시는 집권이 끝나는 마지막 순간까지 게가 절대로 앞으로 걸을 수 없는 것처럼 바꾸지도 바꿀 수도 없다. 더 큰 문제는 그러면서 재원도 그대로 집행된다는 점이다.

대통령과 집권층의 절대권력을 약화하고 견제하기 위한 중립성 장치가 제대로 작동하기 어렵다면 대통령 임기를 현재의 5년 단임에서 예컨대 3년 3선까지 최고 9년으로 늘리고, 국정을 제대로 운영하지 않는다면 언제라도 국민의 참여 주기를 늘리는 방안을 생각해볼 수도 있다. 2022년 대통령선거 비용은 4천억 원을 조금 넘었지만, 코로나 효과를 제외한 2016년 비용은 대략 3천억 원이었으므로 세 번 정도 치러지면 1조 원, GDP 규모 대비 0.2%가량의 비용이 든다. 하지만 이것은 국민의 권리를 강화하기에 충분히 지불할 가치가 있는 금액이다(매일경제, 2022.03.08).

■ 시민참여의 단계

	정보 제공	자문	관여	협업	권한 부여	경합
관계도						
상호 관여	단방향	양방향				
의제 제안 주체	정부					시민
최종 의사 결정권	정부				시민	

출처: OECD(2020년), IPA2(2021년)

투표는 대통령이나 국회의원, 지방자치단체장의 선거를 통해 그간에 이루어진 국정 운영과 관련한 과실을 평가할 수 있는 유효한 장치이지만 개인이나 일부 그룹의 결정에 좌우되지는 않는다. 한편, 배심제의 영향력은 강하지만 사건은 국가가 배당하므로 이슈는 한정적일 수밖에 없다. 그래서 필자는 '경합' 을 제안한다.

'경합' 이란 국민이 직접 이슈를 발굴해 P2P 방식으로 자발적으로 해결하는 시민참여 방식이다. 예컨대 정부가 중국으로부터의 미세먼지로 인한 대기오염 문제를 적극적으로 해결할 의지가 없다면 민간 수준에서 아이디어를 내어 작은 이슈라도 추진해야 한다. 이때 참여는 자율적이고, 비형식적이며, 한시적인 P2P 방식으로 출발해야 하며, 목적이 달성된 뒤에는 언제든 해산할 수 있는 형식을 취한다. 재원은 자발적인 모금과 더불어 담당 정부 부처의 지원으로 마련되며, 후자의 경우 지원에 따른 불필요한 서류 작업과 과도한 비용 통제를 최소화한다. 세금은 국민을 위해 쓰여야 하고 국민이 삶의 질과 관련해 필요하다는 것을 알면서도 정부가 제대로 조처하지 않는다면 국민 스스로가 쓰는 것이 옳다.

경합 방식에 의해 제시된 의제가 가시적이고 지속해서 발전시킬 가치가 있다면 협업 방식으로 전환하고, 최종 결정권은 P2P 방식에 참여한 시민들 또는 대표가 보유하도록 한다.

경합을 구현한 예를 찾아보기는 어렵지만, 초보적으로는 문재인 정부 들어 활성화된 국민청원이나 스웨덴의 '스터디 서클' 을 들 수 있다. 국민청원은 국민이 제기한 어려움이나 문제를 일정 수 이상의 국민 동의를 얻으면 해당 부처가 답하고 필요하다면 조처하는 방식으로 운영되고 있다. 필자는 이를 보다 적극적으로 활용해, 국민의 중요한 제안은 자발적인 참여로 실제로 시행하도록 하는 것이 바람직하다고 본다. 이때 중요한 것은 어떤 제안을 중요시할 것인가를 결정할 때 집권층의 구미에 맞추는 것이 아니라 국민의 삶에 필요한 것이 기준이 되어야 한다. 이는 과도한 힘의 집중을 억제하고자 하는 노력이므로 집권층 스스로가 추구해야 할 사항이다.

이것은 스웨덴에서 운영하는 스터디 서클의 확장이다. 스웨덴의 올로프 팔메 총리는 "스웨덴의 민주주의는 스터디 서클 민주주의다."라고 언급했다. '스터디 서클'은 여러 명이 서로 배우거나 연구 주제로 정부, 참가자 그리고 지역 정부의 지원으로 삶의 질과 관련한 취미·봉사 활동에서 사회 이슈에 이르기까지 다양한 주제를 자발적으로 운영하는 그룹을 의미한다. 이슈가 상위 레벨은 아니지만, 시민에게 자치권을 부여한다는 면에서는 유용한 시사점을 준다.

전제는 비형식적인 형태로 이루어져야 한다는 것이다. NGO처럼 되면 안 된다. 형식적인 조직으로 굳어지면 개인의 경제적인 이익을 좇거나 권력이 될 수 있기 때문이다. NGO의 원래 기능은 시민의 대표로 이들의 이익을 대변해 국가와 정부를 비판하는 것이다. 하지만 박근혜 대통령을 하야시킨 촛불시위의 주역들은 스스로 문재인 정부 권력의 핵심이 되었고, 심지어 공무원은 정책 대안을 가지고 NGO의 추인을 받기 위해 달려가는 형국으로 바뀌었다.

과거 우리나라 NGO의 양대 축은 기독교여자청년회(YWCA)와 기독교청년회(YMCA)였고, 필자가 알고 있는 이들은 개인의 영욕을 위해서보다는 항일이나 반공, 민주화 그리고 국민 계몽을 위해 애썼고 봉사했다. 이를 뿌리로 시대가 지나면서 시민운동의 스펙트럼이 넓어졌고 경제사회 비판 기능과 영향력도 강해졌지만, 이 과정에서 세속화나 권력화가 강화되고 있는 것은 매우 유감스럽다. 정부가 정책을 정하는데 NGO를 먼저 만나야 하고 위안부 문제를 다루는 NGO 대표가 이를 자신의 영욕의 수단으로 사용한다면 과연 이들의 견제와 비판 기능은 누가 해야 할 것인가?

▶ 함께 나서야 할 대기오염 문제

정부의 해결 의지가 없는 예로 지구 온난화와 대기오염 문제를 살펴보자. 지구온난화에 의한 재앙의 도래를 목전에 둔 지구에서 러시아가 우크라이나를 침공하면서 세계를 뒤흔드는 것은 그야말로 부질없는 짓이다. 심지어 미국의 트럼프 정부는 경제 성장을 저해하는, 자신의 차기 대선이라는 개인적인 욕망을 위해 파리기후협약을 탈퇴하기까지 했다. 땅이든 경제 성장이든 근시안적인 도긴개긴의 어리석음이다. 지구온난화로 남극과 북극의 눈이 녹아내리고 사막에서는 눈이 오는 기상 이변이 속출하고 있다. 또한, 미국 · 캐나다 · 호주 · 이탈리아 · 그리스 · 터키 · 브라질(아마존) · 러시아 · 레바논을 비롯해 세계 각지를 덮친 산불은 산림의 온실가스 흡수 기능을 저해하면서 지구온난화의 악순환을 가중하고 있다(그린피스. 2021.08.19).

아무리 봐도 지구가 정상이 아니다. 그래서 도쿄의정서의 맥을 잇기 위해 2015년 파리에서는 IS에 의한 불특정다수의 일반인 대상의 테러가 발생하는 중에도 도심으로 통하는 모든 도로를 봉쇄하면서까지 159개 UN 회원국의 정상이 모여 탄소 배출량의 감축을 의무화하는 파리 기후협약을 맺었다(한국에너지공단, 2016.10.19).

기후협약은 모든 국가가 경제 성장이라는 국익을 위한 이기적인 행동을 취한 결과, 모두에게 해가 돌아가는 목초지의 비극을 바로잡으려는 조처였다. 파리협약에서는 애당초 2100년까지 지구 기온 상승 목표를 1.5도로 잡았으나 2021년 유엔환경계획(UNEP)은 2021~2040년 내로 앞당겨질 것으로 예상을 발표했다(그린피스, 2021.08.10). '1.5도 상승'은 극심한 폭염과 가뭄, 폭우, 홍수 등의 기상 이변 현상이 증폭되는 티핑 포인트다.

우리나라는 대기오염도 큰 문제다. 중국이나 국내 산업으로 유발되는 심각한 미세먼지로 인한 대기오염으로 2010년 중반까지만 해도 당연시해온 신선한 공기를 더는 누릴 수 없는 지경에 이르렀고 국민 건강과 수명에 심각한 악영향이 우려된다(JTBC. 2021.03.15). '미세먼지로 어린 자녀가 기관지가 나빠져 걱정'이라는 외국 주재관의 말을 들으면 미안한 마음과 더불어 우리 후세대가 걱정된다.

이와 같은 부(不)의 경제 일부가 중국에 의한 것이라면, 어떤 형태이든 규명을 위한 노력은 정부의 몫이 되어야 하지만 일관되게 정부가 함구해온 것은 심히 유감이다. 중국은 2016년, 중국은 우리나라의 고

고도미사일방어 체계(사드) 배치에 반발해 금한령을 내리며 K문화 관련 콘텐츠의 송출을 금지했다. 그럼에도 중국이 여전히 중요한 무역국이므로 악화된 한·중 관계를 회복하려는 의도는 이해하지만, 국민 건강이 우선되어야 할 삶의 질의 범주만은 그대로 지켜보기만 할 일은 아니다.

1960~1970년대에 한반도에 전쟁이 일어날 것을 우려해 돌아간 외국인들이 많았다면, 이제는 후세대의 건강을 위해 우리가 청정국으로 이주해야 할 판이다. 길거리에 대기오염 상태를 알려주는 현황판도 설치해 정보의 접근성은 매우 높아졌지만 근본적인 원인과 해결책은 전혀 이루어지지 않고 있다. 황사가 오면 물이나 바람 폭탄을 쏴서라도 다른 곳으로 보내버리는 황당한 상상이라도 그 안에서 논의의 계기나 실마리는 찾을 수 있다. 그래서 정부의 적극적인 해결 의지가 없다면 언제든 민간 수준에서 P2P 방식의 자발적인 참여를 이루고, 정부 재원을 경합해 지원받을 수 있는 환경을 만들어야 한다. 세금은 국민을 위해 쓰여야 하고, 그렇지 않다면 국민 스스로가 쓰는 것이 옳다.

8장

계영배 정신으로 돌아가라

국가는 얼마나
건전한가

▶ 모리시마 교수와의 대화

일본인으로 노벨경제학상 수상 후보에 가장 가까웠다고 평가되던 런던경제대학 모리시마 미치오 교수는 일본의 국가지배구조에 관심을 둔 학자다. 그의 저서 《일본은 어떻게 성공했는가》(1982년)와 《일본은 왜 침몰하는가》(1999년)는 일본 사회경제가 각기 정점과 내리막길로 치닫는 시점에서 쓴 것으로 흥미로운 대조를 보인다.

전자에서 그는 '화혼양재', 즉 서구 문명으로부터 기술을 받아들였지만, 맥스 웨버(1930년)의 프로테스탄트 윤리에 대응하는 유교 덕목 '충'이라는 특유의 정신이 있어서 일본이 성공할 수 있었다고 주장한다. 후자에서는 일본이 파탄한 이유로 선거구 이권 배분에만 신경을 쓰는 무신념·무정책·무책임의 3무 정당정치, 정치·관료·재계라는 '철의 트라이앵글'의 담합과 직업윤리 황폐화, 노블레스 오블리주를 갖춘 엘리트층을 육성하지 못하는 교육 방식, 유교의 쇠퇴와 대체 에토스 부재 그리고 세대교체에서 찾았다.

그는 국가를 재건하기 위해서는 교육을 통해 인문학적이며 창의적인 소양, 윤리적 직업의식과 통찰력을 가진 정치인을 배출해야 한다고 결론짓는다. 당시 그의 저서가 우리나라에서도 주목받은 것은 우리 사회가 나아갈 방향을 모색하는 데에 도움이 될지 싶어서였을 것이다.

행복한 나라의 조건을 찾기 위한 본서의 고민은 모리시마 교수와 같아도 시각은 전혀 다르다. 그가 일본의 재기를 정치와 정부의 지배구조 부활에서 찾았다면, 본서는 사회 업그레이드를 위해서는 유교적인 사회문화 습성의 극복, 후진적인 정치체제와 과도한 규제로 왜곡된 국가지배구조의 건전화에 있다고 본다.

1989년, 북해도에서 모리시마 교수와 우연히 만났고, 서로 많은 이야기를 나누었다. 대화에서 필자는 한국은 일본과 달리 혈연이 중심인 '효'가 주 에토스이지만, 양국이 유사한 패턴으로 성장한 것을 보면 유교의 개개 덕목보다는 성실함과 순종이 공통으로 작동한 것으로 보는 것이 타당하며, 경제 성장이 정체되고 사회가 다기화되면서 이것이 오히려 사회발전에 장애가 되지 않겠느냐고 했다. 모리시마 교수 역시 적극 공감했다.

▶ 우리에게도 '류마'가 필요하다

'수직적 집단주의'에서 '수평적 개인주의'로 변하는 사회에서 필요한 첫 번째 시대정신은 나를 따르고 시키는 대로 하라고 압박하는 엄부형 지도자나 정부가 아닌, 국민과 기업이 스스로 찾을 수 있게 두고 필요한 것이 있으면 측면에서 지원하는 '스튜어드 리더십'이다.

현덕(賢德)은 헤르만 헤세의 단편소설 〈동방으로의 여행〉(1956년)에서, 순례자들을 섬기다 도중에 사라지자 새삼 소중함을 깨닫게 해준 종교지도자 레오로 구현된다. "예술가는 반쯤 죽어 사는데, 왜 작품은 반박할 수 없는 생명력을 가지는가?"라는 물음에 그는 "어머니도 마찬가지다. 자식을 낳고 젖과 아름다움과 힘을 주고 나면 막상 자신은 보잘것없이 되어 아무도 다시는 바라지 않는다."라고 답한 후, 이것은 "슬프면서도 아름다운 봉사의 법칙"이며, "오래 살고자 하는 사람은 섬겨야 하지만, 다스리고자 하는 사람은 오래 살지 못한다."라고 말한다. 후쿠다 세이지가 2009년에 쓴 《핀란드 교실 혁명》을 보면, 학생들은 각자의 방식으로 일기 기호 숙제를 하며 선생님은 희한한 기호를 그린 학생에게 다가가 묵묵히 이야기를 경청해줄 뿐이다. 교사는 단순한 지식 전달자가 아니라 학생 스스로 탐구하고 구성하도록 돕는 조력자라는 의미다. 노자의 《도덕경》은 "크게 벌리려는 욕심을 자제하면 백성이 불안해하지 않고 국가 기강이 서며 국력은 튼튼해질 것이다."라고 말한다.

'대통령인데 왜 힘을 내려놔?', '선생인데 왜 내 멋대로 가르치지 못해?', '부모인데 왜 자식을 마음대로 못해?' 라는 마음가짐으로는 험한 시대를 헤쳐 나갈 수 없다. 지도자는 재임 기간 중 무엇인가 업적을 남기겠다는 욕심이 아니라 국민이 밥은 제대로 먹는지, 거처는 따뜻한지, 안전과 치안은 완벽한지, 편하게 쉬고 충전할 여유는 있는지와 같은 기본적인 삶의 질부터 챙기라는 뜻이다. 정부는 불필요한 억지 정책으로 들쑤셔 더 어렵게 하지 말고 본연의 신성한 의무에 충실하라는 의미다.

두 번째는 개입 최소화의 권원 이론이다. 롤스와 같은 시기에 하버드 대학 교수 로버트 노직은 저서 《무정부, 국가 그리고 유토피아》(1974년)에서 17세기 영국 철학자 존 로크에 따라 모든 사람은 생명, 자유 및 재산에 관한 자연권을 소유하며, 정당한 소유나 양도로 분배된 상태는 그 자체가 정의로우며, 이를 침해받지 않도록 국가의 개입은 최소화되어야 한다고 주장했다. 그는 부당하게 침해된 자연권을 해결해 주는 '보호협회' 와 계약을 맺으려 하는 사람들을 보면서, 경쟁에서 살아남아 전 국민을 대상으로 한 거대 협회가 국가의 참모습이며, 이 범위를 넘어서면 개인의 권리를 침해는 정당화될 수 없다고 말한다. 협회란 더도 덜도 아닌 필요한 만큼만 허용되어야 할 국가 역할의 경계를 은유한다.

세 번째는 과도한 권력행사를 억제하기 위해 권력에 수반되는 여분 편익을 줄이는 계영배 정신의 실현이다. '가득 참을 경계하는 잔' 이라는 뜻의 계영배, 즉 피타고라스 컵은 사이펀 효과로 액체가 넘치지 않게 해준다. 국가권력의 원천은 자리를 나누어주는 인사권과 국가예산

집행권에 있다. 권력의 주위를 맴도는 사람들을 보라. 비단 줄이 될지 썩은 동아줄이 될지 모르는 그것이라도 잡기 위해 오랜 시간을 투자하고, 그러다 보니 시간이든 자금이든 본전을 건지고 싶은 마음이 생긴다. 이것은 권력에 대한 맹종이나 이권 개입에 따른 부패로 이어질 우려가 크다. 자리에 동반되는 판공비, 비서진이나 의전과 같은 여분 편익도 권력을 지향하게 하는 요인이다. 덴마크 국회의원은 국가에 봉사하는 직업으로 남들과 같이 자전거를 타고 다니고 비서도 없고 업무 강도도 높아 이직률이 높다는 것을 귀담아들을 필요가 있다.

한 세미나에서는 권력을 억제하기 위해 청와대가 결정할 수 있는 자리 3,300개를 600개로 줄이고 나머지 인사권은 해당 기관에 일임해야 한다고 주장한다(문화일보, 2022.01.36). 올바른 지적이기는 하지만 인사권을 하부기관에 일임하는 것은 '낙하산'을 불러오고, 이로 인해 '관피아' 아성을 견고하게 할 우려가 있다. 정부 일이 많다면 인재 활용은 중요하므로 승진 기수에 밀려 퇴임하지 않도록 정년을 보장해주어야 한다. 동시에 인사혁신처의 공무원 재취업 업무연관성 심사를 강화하고, 정부 부처의 비주요 기피 부서에서는 개방직 모집 범위를 확대하고 이를 산하기관에도 확장할 필요가 있다.

정부 예산(2022년)은 607.7조 원으로, GDP를 얼추 2,000조 원으로 잡아도 30%에 이르는 금액이 매년 지출되고 있다. 그런데 재정정책 효과는 생각보다 크지 않다(5장 참조). 정부의 세출예산 항목들을 들여다보면 자명하다. 우리나라의 경우 보건, 복지, 고용, 국방, 외교, 통일, 공공질서 및 안전과 같은 공공재적 측면이 강한 부문에 투하하거나 중

소기업이나 일반 지방행정의 지원과 같이 다양성을 위한 균등 발전, 문화 · 체육 · 관광과 같이 문화적 가치의 제고를 위해 지출된다.

물론 교육이나 R&D에도 투자가 이루어지지만 이 분야는 상당 기간이 지나야 효과를 볼 수 있고, 사회간접자본은 인프라 구축을 위한 정부 역할이 필요하지만 파급효과는 한정적일 수밖에 없으며, 산업 발흥은 원칙적으로 민간 부문의 몫이어서 정부 정책의 역할은 마중물 정도밖에 기대할 수 없다. 유효수요를 창출하기 위한 정부의 재정지출이 민간 부문을 잠식해 활력을 감소시키는 구축 효과가 발생한다면 효과는 한층 반감될 수밖에 없다. 또한, 불경기 대책의 일환인 금리인하로 증가된 유동성은 실물 부문이 아닌 부동산이나 증권 시장의 버블을 형성하고 다시 과열된 경기를 진정시키기 위한 긴축 금융은 버블 붕괴와 불경기를 가져오는 악순환을 반복한다.

나아가 복지지출 증가와 함께 코로나 창궐로 인한 대책으로 국가부채는 GDP 47%에 달했고, 카톡에 의한 추경예산은 비효율의 온상이다. 삶의 질이나 소외계층의 포용 등 국가의 신성한 의무가 제대로 이루어질 수 있도록 재정 집행에 우선순위를 두고, 예산집행이나 추경예산 편입은 엄격하게 감독 · 관리해야 한다.

혹자는 자리 배분과 예산집행이 무소불위 권력을 지향하는 이들이 쟁취하려는 것으로 이를 움켜잡았는데 쉽게 포기하겠느냐고 반문하기도 한다. 이 말을 들을 때마다 일본이 근대화로 발돋움하기 위해 1867년 에도막부 15대 쇼군 도쿠가와 요시노부가 막부의 정치 통치권을 메이지 덴노에게 반납한 '대정봉환'이 떠오른다. 이를 압박한 앙숙이던 사츠마와 조슈 번의 동맹을 주도한 인물은 탈번 낭인인 하급 무사 사카모토 류마다.

류마의 심정은 "미국에서는 대통령이 하녀의 삶이 제대로 이루어지도록 생각하고 정치한다. 도쿠가와 막부는 도쿠가와 가문의 번영만 생각해 3천만 명을 붙잡아 왔다. …… 일본인은 300년에 이르는 낮은 신분에 휩쓸려 어떤 정치적 혜택도 받지 못했다."라는 문장에 잘 표현되어 있다. 그는 메이지유신 이후 각료 인사안을 초안했으나 자신의 이름은 넣지 않았다. 그는 다음과 같이 말한다.

> "나는 일본을 태어나게 하고 싶었을 뿐 영달할 생각은 없다. …… 평소 그런 심경이었기에, 일개 처사에 지나지 않는 내 의견을 세상 사람들은 경청해왔다. 일은 전부 해서는 안 된다. 8분까지가 좋다. 나머지 2분은 다른 사람에게 맡기고 공을 양보해야 한다."

우리나라 신문에서는 "왜 한국엔 '료마'가 없는가"라며, 구한말 이후 미국 페리 제독의 흑함에 의한 외침을 같이 경험했는데도 불구하고 한국과 일본이 서로 다른 길을 걸어간 것은 이 차이라고 지적한다(조선일보, 2007.11.12). 이와 같은 위기까지는 아닐지라도 선진국으로 업그레이드하기 위한 사회문화의 변화와 국가지배구조의 건전화는 우리가 당면한 과제다. 국민이 응원해야 할 지도자는 권력을 쟁취해 휘두르려는 사람이 아니라 오히려 내려놓겠다는 사람이어야 한다.

▶ 계영배 정신으로 돌아가라

신뢰는 사회자본의 주요 요소로 그 대상은 사람은 물론 국가와 정부를 포함하며, 이에 대한 신뢰는 건실한 지배구조에서 연유한다. 우리나라의 국가지배구조지수 순위는 OECD 37개국 중 29위이며, 정부규제지수 순위는 37개국 중 35위로 최하위권에 속한다(4장 참조). 이것은 경제사회의 개혁을 선도하겠다며 한시적으로 무소불위 권력을 가지는 집권층과 이들의 의도를 강하게 반영한 비합리적인 정책, 과도한 규제를 수행하는 정부가 오히려 행복한 국가를 만드는 데에 걸림돌이 된다는 것을 의미한다.

　기업의 환경 · 사회 · 기업 지배구조(ESG)의 수립도 중요하지만, 국가 · 정부로도 확대된 'G-ESG'도 병행되어야 한다(이내찬, 전자신문, 2022.01.27). 국가(정부)지배구조를 개선하고 건실화하기 위해서는 집권층의 권력 집중을 견제하기 위한 중립성, 정부의 과도한 규제를 억제하기 위한 투명화, 그리고 예산과 자리를 제한하는 계영배 정신의 실천이 무엇보다 절실하다.

미디어, 눈을 가리지 않은
정의의 여신

▶ 미디어 매체의 편향성

권력에는 눈을 가리고 저울로 공정하게 판정해 검으로 벌이는 로마신화 속의 정의의 여신 유스티티아는 중립성을 상징한다. 이것은 권력기관의 장이, 설령 국가의 수뇌가 앉혀주었다고 해도 성역 없이 견제 기능을 수행하는 것을 의미한다. 편향되면 중립성은 깨진다.

영국의 공영방송 BBC는 '기계적 중립성'을 추구하는 것으로 유명하다. 1982년 4월, 영국과 아르헨티나의 포클랜드전쟁이 발발했을 당시 BBC는 '아군' 대신 '영국군'이라는 용어를 사용했고 반전론자가 등장한 프로그램을 편성하는 등 중립적인 보도로 일관해 마거릿 대처 총리가 시민들에게 BBC에 항의를 독려할 정도였다.

우리나라에서는 2016년 서울시 교육감선거 당시, 교육감 후보로 나선 고승덕을 그의 딸이 "친자식조차 가르칠 생각도 없었던 사람이 어떻게 한 도시의 교육을 책임지는 지도가 될 수 있겠는가."라며 부정했는데, 교육감에 당선된 조희연의 아들과는 대조적이어서 큰 화제였다. 한편으로는 '어떻게 자기 아버지에게 그럴 수가 있지? 불효 아닌가?' 라고도 생각할 수 있겠지만, 가족이라도 '자격이 없는 사람이 그 자리에 앉아서는 안 된다.' 라는 중립성 시각에서는 합당한 발언이다(이내찬, 아시아경제, 2017.07.17).

중립성의 의미를 신문과 방송 등 미디어 매체의 뉴스 기사와 방송을 예로 살펴보자. 사람의 인지는 편향되기 쉽고, 정치나 미디어 매체는 이를 이용해 프레임을 만들어 우리와 적으로 가르고, 우리가 옳다며 편향된 방향으로 몰아간다(2장 참조). 프레임은 간결한 문장과 과감한 단순화에 의해 추종자들에게 흡착되고, 이들은 집단사고에 동화된다.

국내 매체는 일간지 조선일보 · 중앙일보 · 동아일보와 KBS · MBC · SBS 등 지상파 3사, TV조선 · 채널A · MBN 등 종합편성 채널의 보수 진영과 한겨레 · 경향신문 · 오마이뉴스나 종편 JTBC 같은 진보 진영으로 이분화되어 있다. 온라인상에서도 유명세를 업고 극단적으로 우 또는 좌를 지향하는 상당수의 추종자를 거느리는 '1인 방송 채널'이 있을 정도다. 애석하게도 매체는 같은 사건을 두고도 자신에게 불리한 것은 버리고 유리한 사실만 드러내면서 서로 다른 해석을 내놓는다. 예컨대 반공은 영원한 진리라는 입장이나 반대로 북한은 동족이니 무엇을 해도 너그럽게 받아들여야만 한다는 극단적으로 대치된 의견도 이분화된 정치와 미디어 매체를 통해 증폭된다.

▶ 매체의 편향성 사례

매체는 뉴스나 기사에 짧고 간결하게 요점만 드러나도록 몇 개의 문구로 구성된 헤드라인을 붙인다. 신문 헤드라인은 통상적으로 문구의 전반부는 사실을, 후반부는 해설이나 주장으로 구성된다. 문제는 매체마다 자사의 이념적인 성향에 맞추어 헤드라인을 구성함으로써 그러기를 바라는 확증편향의 독자를 만족시키거나 분위기를 끌고 가려 한다는 점이다.

사실을 오도하는 문맥으로 전반부 문구를 바꾼다든지, 후반부는 본인들이 원하는 결론으로 오도하거나 대립 의견의 한쪽만 부각하는 것이 편향성이다. 한 예로 2020년, 월성원전 폐쇄와 관련된 감사원의 감사 결과와 이를 다룬 기사를 살펴보자. 국민의 안전이 우선이라는 정부 시책에 따라 '월성원전 1호기 조기 폐쇄' 결정이 합리적이었는지 감사원이 감사한 결과, 경제성이 제대로 검토되지 않았다고 결론을 내린 사건이다. 원전 폐쇄를 고려할 때 합리적인 판단 기준은 국민의 안전보장이라는 안전성음 물론 다른 전력원과 대비해 비용 효율성이나 폐기할 때의 경제적 부담을 고려하는 경제성이다. 감사원의 감사 사유는 정부가 안전성만으로 폐쇄를 결정했다는 내용이었다.

매체별로 관련 기사를 어떻게 다루었는지 살펴보자. 뉴시스와 채널 A, TV조선은 헤드라인의 전반부에 정부의 '경제성의 저평가' 라는 감사원의 판단을 언급한 후, 후반부에서는 그렇다고 이것이 원전 폐쇄가 부당하다고 판단한 것은 아니라며 중립적으로 접근한다. 반면에 한겨레나 경향신문은 전반부에서 '경제성은 일부에 불과' 하다고 언급한 후, 후반부에서 이로 인해 폐해가 발생함을 언급한다. 이것은 경제성은 작은 비중이므로 안정성에 근거한 원전 폐쇄가 합당한데도 감사가 긁어 부스럼을 만들었다는 프레임이다. 중앙일보는 전반부에 '탈원전이 잘못되었다.' 라고 언급한 후 후반부에서 이 보도는 '원전 감사' 내용임을 밝히고 있다. 이를 읽은 사람들은 '자기들 멋대로 해먹고 있구먼. 이래서는 안 되지.' 라고 생각할 수도 있겠지만, 감사원은 두 평가 기준을 종합한 판단은 내리고 있지 않다.

■ 신문기사 헤드라인 편향성 사례 1: 월성 원전 감사(2020년)

전반부	후반부	중립성 여부	판단	매체명
감사원 "월성 1호기 경제성 저평가…	폐쇄 타당성은 판단 유보"	중립	중립	동아일보
감사원 "월성 1호기 경제성 저평가"…	폐쇄 타당성 판단은 유보	중립	중립	뉴시스
안전성 빼고 경제성만 따져…	'가동 중단' 종합적 판단과 거리	원전 폐쇄 시 누락된 경제성을 추가한 것이 팩트	편향	한겨레
타당성 판단 없이 경제성만 평가…	소모적 갈등 키운 감사원	상동	편향	경향신문
감사원 "월성 1호기 경제성 불합리하게 낮게 평가"	–	팩트이지만, 오류 부각으로 오도 가능성	편향	TV조선
업계선 "탈원전 꼼수 터질 게 터졌다"…	월성원전 감사 결과 보니	원전 폐쇄 시 경제성 저평가의 지적이지 탈원전이 잘못되었다는 결론을 내린 것이 아님	편향	중앙일보

두 번째 사례는 2020년 당시 추미애 법무부장관과 윤석열 검찰총장의 기나긴 갈등 속에 국정감사에서 총장이 장관의 부하가 아니라고 언급한 기사들이다. 사실은 총장의 발언이고 이들의 다른 주장은 옳고 그름을 떠나 형평성 있게 다루어지는 것이 중립성 원칙이다. 경향신문

과 TV조선은 헤드라인을 총장과 장관의 대립 발언 양쪽을 언급하는 중립성을 보인다. 반면에 한겨레는 장관의 발언만 언급함으로써 총장이 잘못되었다는 것을 부각하려는 편향성을 보인다. 뉴시스는 총장의 발언이 장관까지 발언하게 하고 국감을 민감하게 만든 인과관계로 헤드라인을 구성하고 있다. 국감 갈등을 키웠다는 것이 결국 '총장 때문이니 총장이 문제다'라는 것인지, 아니면 단순히 국감을 떠들썩하게 했다는 사실을 전달하려는 것인지는 명확하지 않다. 한편, 동아일보는 총장의 발언만 언급하고 후반부는 이를 인용해 정치참여와 연계하고 있다. 여당은 이를 정치나 할 거라면 직을 내려놓으라고 말한 것이고, 동아일보는 이를 매일 당할 것 같으면 정치를 하라는 메시지를 보여주는 듯한 느낌이다. 물론 헤드라인이 회색 존에 있어서 해석이 애매해지는 경우도 적지 않다.

한없이 민주적일 것으로 여겨지는 미국도 우리와 별반 차이가 없다. 케이블TV를 기반으로 한 24시간 보도 전문 채널 CNN은 진보 성향을, 폭스뉴스는 보수 성향을 보인다.

2021년 1월 6일, 도널드 트럼프 전 대통령의 지지자들은 대통령 당선인 조 바이든의 인준을 저지하기 위해 수도 워싱턴 DC의 국회의사당에 난입했다. 트위터는 대통령 SNS 계정을 차단하기에 이르렀고, 탄핵안은 상원에서 기각되었지만 하원을 통과했다. 그런데 일련의 사건 전개 관련 보도를 살펴보면 트럼프 정부와 대립각을 세워온 CNN은 탄핵안이 기각되었지만 그래도 몇몇 공화당 의원의 찬성이 있었다는 점을 부각한다. 반면에 폭스뉴스는 트위터의 계정 차단 조치를 두고 조지 오웰의 소설 《1984》을 언급하면서, 개인의 표현의 자유를 침해했으며 모든 국회의사당 폭도를 트럼프 지지자인 양 몰고 간다며 비판한다. CNN은 간혹 폭스뉴스의 편향성을 비판하는 기사를 내놓지만, 스스로가 옳다고 주장하는 편향성은 폭스뉴스의 보수 편향성 못지않다.

미디어의 편향성을 넘어서기 위해서는 사회 구성원 개개인이 확증편향을 지양하는 자유의지를 실현해 합리적으로 판단하기 위해 노력할 수밖에 없다. 같은 주제를 다양한 스펙트럼의 미디어 매체 기사를 동시에 나열하거나 분석해 종합적으로 판단하게 해주는 플랫폼의 활성화도 바람직하다.

■ 신문기사 헤드라인 편향성 사례 2: 법무부와 검찰청 갈등(2020년)

전반부	후반부	중립성 여부	판단	매체명
추미애 "검찰총장은 장관 지휘 · 감독 받는 공무원"		한쪽 의견만 기술 대립 의견을 균등 기술	편향	한겨레
尹 "부하 아니다"→秋 "검찰 더해라"	국감, 갈등 키웠다	국정 갈등을 기술한 것은 의중 불투명	불명	뉴시스
"총장은 장관 부하가 아니다" 윤석열 발언이 남긴 과제	검찰 '정치적 독립'과 '민주적 통제'의 양립	대립 의견을 균등하게 기술	중립	경향신문
尹 "장관 부하 아니다" 작심발언 ↔	秋 "지휘 받는 공무원"	상동	중립	TV조선
尹 "검찰총장은 장관 부하 아니다"	與 "옷 벗고 정치를 하라"	한쪽 의견만 기술한 후 원하는 방향의 메시지를 가이드라인으로 사용	편향	동아일보

부유한 경제 가난한 행복

국가권력 집중의
견제와 균형

▶ 국가지배구조의 왜곡

국가가 제도를 수립하고 정책을 시행하는 당위성을 얻기 위해서는 국민의 국가에 관한 신뢰가 전제되어야 하며, 이것은 국가의 양호한 지배구조에서 비롯된다(OECD, 2017년). 그런데 지수로 평가한 우리나라의 국가지배구조는 4.84점으로, OECD 평균인 8.25점을 밑도는 29위로 최하위권에 속한다.

우리나라는 권력 집중에 대한 '견제와 균형'의 부재로 중립성이 제대로 지켜지지 않고 있다는 점이 가장 큰 문제다. 새 정부가 들어서면 대통령과 집권층에 의한 권력의 '승자독식'이 이루어진다. 리더의 철학이나 의지 그리고 욕망에 따라 법과 제도를 언제나 바꿀 수 있는 수단이라고 믿는 성향이 강하다. 그래서 대통령이나 단체장이 바뀌면 그간 추진해온 정책이나 사업은 모조리 없던 것이 되고 윗사람의 생각에 따라 전혀 다른 방향으로 진행된다.

권력은 자신의 범법행위는 제대로 처벌하지 않으면서도 실현되기 어려운 비합리적인 정책을 국시 또는 윗선의 의지라는 이유로 무리하게 밀어붙이는 형태로 남용하며, 이것은 결국 정치가 불안해지는 원인이 된다. 문제는 이런 전철이 새 정부가 들어서고 시대가 바뀌어도 반복된다는 데에 있다. 근본적으로는 법원과 검찰, 감사원 등 중립적이어야 할 권력기구가 견제 기능을 제대로 발휘하지 못하기 때문이다.

검찰과 법원은 지위 고하를 막론하고 위법한 행위를 수사하고 기소해 법 위반 정도에 합당한 형을 선고하는 것이 원래 기능이다. 그러나 현실은 어떤가? 대통령이나 집권층이 권력기구 장을 압박해 자기편의 범법행위는 기소하지 못하게 하거나 무죄나 약한 수위의 형이 내려지도록 하는 경우를 적지 않게 목격한다.

집권층이 국시로 정한 정책은 말이 되든 되지 않든 무리하게 밀어붙인다. 새 정부가 들어설 때마다 키워드, 예컨대 이명박 정부는 '그린', 박근혜 정부는 '창조'와 '행복', 그리고 문재인 정부 때는 '복지'가 등장했으나 정부가 바뀌면 어느새 자취를 감추고 만다. 정권의 힘이 한창일 때는 국제기구에 우리나라의 정책 기조를 서둘러 홍보하지만, 기구의 관심이 무르익을 시점에서는 정부가 바뀌어 아무도 뒤돌아보지 않는다. '그린'이 그랬고, '창조'가 그랬으며, '복지' 역시 마찬가지였다.

모두가 5년마다 바뀌는 정부와 정책 방향의 자금줄을 찾아 동분서주

한다. AI가 제4차 산업혁명의 중심이자 돈이 된다고 하니 다들 여기에 달려든다. 제5차 산업혁명으로 넘어갈 때쯤에는 올바른 지식과 관점을 지닌 전문가는 찾아볼 수 없고, 다들 자신이 제5차 산업혁명의 전문가라고 주장하며 자금줄을 찾아다닐 것이다.

▶ 권력기관의 중립성

공무원은 윗선의 지시에 따라, 아니면 윗선이 원하는 바라고 미루어 짐작하는 자기검열로 정책을 무리하게 추진한다. 억지라서 하지 못하겠다고 하면 잘릴 테니 살아남으려면 하라는 대로 할 수밖에 없다. '공무원은 바뀐 용기 속의 액체'라는 말 그대로다. 합리성이 없는 억지 정책의 추진은 사회경제 시스템을 왜곡시켜 혼란에 빠지게 하고 국가 재원의 낭비를 초래한다.

이 때문에 국가 예산을 결산하고, 행정기관의 회계를 감사하며, 직무감찰을 수행하는 감사원이 존재한다. 그러나 서슬이 퍼런 정권 속에서 주요 정책의 합리성을 감사하고 사법기관이 법적 책임을 물리는 경우를 찾아보기 어렵다. 이명박 정부 시절 4대강 수질을 조사를 위해 개발한 '생체모방형 수중로봇'은 57억 원이나 들인 불량품으로, 막상 감사원이 이를 지적하고 연구원을 뇌물 혐의로 구속한 것은 박근혜 정부에서였다. 무리한 정책을 추진한 집권층과 생존하기 위해 정책을 수립한 공무원이 만든 콜라보의 결과였다.

그나마 감사원이 원전 1호기 조기 폐쇄로 당해 정부에서 윗선의 의중에 맞추어 보고서를 왜곡하고 폐기한 공무원들을 감사·기소한 것은 중립성 원칙이 실현된 진일보된 사례였다. 원전이 위험하지 않다는 것이 아니다. 그러나 공약이니 무조건 추진해야 하는 것이 아니라 주요 고려 요소인 경제성과 안전성을 객관적으로 형량해보고 판단을 내렸어야 했다.

한국은행이나 공영방송 KBS도 마찬가지다. 한국은행은 경기에 대한 중립적인 전망을 통해 금리를 인하할지 인상할지를 결정한다. 코로나로 인해 경기침체가 심할 경우 경기활성화를 위해 금리를 낮추고 양적 완화를 할 수도 있다. 하지만 과도한 인플레를 조장하고 국가가 과도한 부채를 짊어질 수도 있으므로 신중해야 한다.

집권층이 경기 활성화를 위해 시중에 유동성이 늘어나기를 바라도 한국은행은 인플레로 물가안정이 중요하다고 판단되면 금리를 인하하기보다는 인상하는 것이 올바른 결정이다. 트럼프 전 미국 대통령의 재선을 위한 금리인하 압박에도 연방준비이사회가 굴복하지 않은 것도 이 때문이다. 그간 한국은행은 중립성을 고수하기 위해 총재를 금융·경제회의에 부르지 않았지만, 코로나 여파로 2020년 3월 청와대 관련 회의에 배석하는 초유의 상황이 발생했다.

또한, 한국은행 총재의 재정 안정성을 위해 국가채무 상한을 명기하는 재정준칙이 필요하다는 발언에 여당 정치인들의 비난이 일기도 했다. 한국은행 총재의 지적은 정부가 헬리콥터 머니를 한도 없이 찍어내는 양적 완화가 과도해지면 국가경제에 무리가 갈 수 있다는 우려와, 이를 방관하는 것은 한국은행이 소임을 제대로 하지 못하는 것으로 생각했기 때문이라고 여겨진다. 우리 경제가 긴박한 상황에 부딪혀 본격적인 양적 완화가 필요하다면 일본처럼 은행법을 개정해서 정부의 화폐 발권력을 제어할 일이지 한국은행의 중립성을 훼손하면서 청와대 회의에 배석시키거나 정치인들을 비난하는 것은 옳지 않다.

공영방송 KBS는 사회 환경 감시·비판, 여론 형성, 민족문화 창달이라는 역할을 담당하는 공영 미디어 매체임에도 정부와 정책의 지향점이 바뀔 때마다 중립성 문제가 불거진다. 정권에 누가 되는 보도나 시사 내용은 의도적으로 축소하고 득이 되면 강조해 방송하는 수문장 역할을 하고, 정부 이념에 반하는 연예인은 블랙리스트에 올려 출연을 금지한다. 그러고는 정부가 바뀌니 안팎이 다른 리버서블과 같이 축소 내용은 확대되고, 블랙리스트에 올랐던 연예인에게는 스포트라이트를 비춘다.

정부가 바뀌면 정책 방향성은 어디로든 변할 수 있다. 하지만 KBS의 역할은 정부의 정체성과 상관없이 사회경제 이슈를 객관적으로 분석하는 비판적인 시각을 가져야 함에도 불구하고 편파성은 바뀌지 않고 있다. KBS의 광고 수익 감소에 따라 수신료를 인상하려는 여론이 있지만, 신뢰를 잃은 공영방송을 유지하기 위해 국민 부담을 늘릴 정당한 이유를 찾기는 쉽지 않다.

이렇듯 검찰, 법원, 한국은행 및 KBS 등 권력기구가 견제 기능을 제대로 수행하지 못하는 것은 대통령과 집권층이 임명한 기관장이 범법 행위에 눈을 감고 압력에 굴하기 때문이다. 원칙대로 하겠다고 건드리기만 해도 엄청나게 힐책하거나 쫓아낸다. 물론 권력기관이 또 다른 권력이 되어서는 안 되므로 이들에 대한 견제 장치가 마련되어야 하는 것은 두말할 나위도 없다.

▶ 권력의 말로가 우리에게 말하는 것

권력은 한시적이어서 권력기구를 압박해 위법 사항을 덮은들 단지 현재 치러야 할 법적 대가를 미래에 이연할 뿐이다. 즉 미래 시점에서는 위법 사항이 들추어지고 백 벌로 징계된다. 우리는 권력의 최고 자리에 오른 대통령이 말년을 편안하게 보내지 못하거나 감방을 드나드는 모습을 접해왔다. 외국인에게서 곧잘 듣는 질문이 "너희 나라는 도대체 어떻기에 한순간에 정책이 바뀌고 임기가 끝나면 대통령이 구속되느냐?"다. 이것은 삼권분립을 무색하게 할 정도로 대통령의 힘이 과도하고 권력기구가 견제와 균형 기능을 제대로 발휘하지 못하기 때문이다. 권력은 원래 그렇게 해서는 안 되는 것을 되도록 만드는 힘이다.

20세기 이후 OECD에서 대통령과 총리, 수상 등의 구속 사례가 없는 회원국은 총 17개국, 우리나라는 17명의 헝가리와 15명의 독일에 이어 총 7명으로 35위다. 프랑스, 터키 및 그리스가 각기 5명으로 31위, 일본이 6명으로 34위다. 그런데 이들 국가도 대부분은 제1, 2차 세계대전 때 변절자 처벌에 해당하고, 추가로 헝가리는 적색 및 반소혁명, 독일은 동서독 통합 후 동독 지도자에 대한 처벌과 같은 특수 상황을 반영하고 있다.

　이와 같은 큰 지각변동을 제외한 범법행위는 1976년 록히드 사건으로 구속된 일본 다나카 가쿠에이 전 수상, 2014년 미디어세트 TV 회계 부정으로 1년간 사회봉사를 한 이탈리아의 실비오 베를루스코니 전 수상, 프랑스는 공금을 횡령한 자크 시라크와 프랑수아 필론 전 대통령과 판사를 매수한 사르코지 전 대통령 정도다. 통계에는 5·16군사정변으로 하야 후 하와이로 망명한 이승만 전 대통령이나 1976년 불법 도청에 따른 워터게이트 사건으로 기소 대신 사임한 미국의 리처드 닉슨 전 대통령은 포함되지 않았다.

■ 20세기 이후 OECD 수뇌부(대통령, 총리) 사법 제재 순위

순위	국가	합계
18	리투아니아	1
18	칠레	1
18	에스토니아	1
18	아일랜드	1
18	이스라엘	1
18	멕시코	1
18	노르웨이	1
18	폴란드	1
18	포르투갈	1
18	슬로바키아	1
28	핀란드	2
28	이탈리아	2
28	슬로베니아	2
31	프랑스	5
31	그리스	5
31	터키	5
34	일본	6
35	한국	7
36	독일	15
37	헝가리	19

사법 처리 총 기준

순위	국가	위법	전범·혁명	계
22	칠레	1	0	1
22	에스토니아	1	0	1
22	그리스	1	0	1
22	아일랜드	1	0	1
22	이스라엘	1	0	1
22	이탈리아	1	1	2
22	일본	1	5	6
22	리투아니아	1	0	1
22	멕시코	1	0	1
22	폴란드	1	0	1
22	포르투갈	1	0	1
22	슬로베니아	1	1	2
22	터키	1	4	5
35	핀란드	2	0	2
36	프랑스	3	2	5
37	한국	7	0	7

특수 경우(전범·혁명)를 제외한 사법 처리 건수

출처. 위키피디아(2021). 주: 단위 명.

우리나라는 20세기 이후 통상적인 위법 사례로는 가장 많은 7명의 수뇌가 구속된 국가로, 권력기구의 중립성이 실현되지 못하면 '현재의 권력 남용, 미래의 법적 구속'이라는 악순환에 빠지고, 결국 대통령이 하야하면 잡혀가는 나라라는 오명에서 벗어날 수 없을 것이다. 대통령제의 과도한 권력 집중에 대한 견제와 균형이 필요한 이유다. 프리드먼(1962년)은 다음과 같이 말한다.

> "정치적 자유란 사람들이 다른 사람들에게 강요하지 않는 것을 의미한다. 자유에 대한 근본적인 위협은 군주, 독재자, 과두 정치, 또는 순간 다수결에 의해 강제되는 힘이다. 자유 보존을 위해서는 그런 권력 집중을 최대한 제거하고, 제거하지 못한 권력에는 견제와 균형이 필요하다."

사람이나 미디어 매체의 확증편향을 극복하는 것이 어려운 만큼 국가지배구조에서 중립성의 확립은 쉽지 않다. 그러나 확증편향을 그대로 내버려두면 그것이 아닌데 그렇다고 믿는 허상의 삶을 살게 되고, 현실을 제대로 인지하지 못한 왜곡이 막대한 대가를 가져올 수 있다. 이처럼 국가지배구조도 왜곡된 채 내버려둔다면 정치 후진성에서 벗어나지 못하고 국민의 국가 신뢰를 담보하기는 어려울 것이다.

상징적일 수는 있지만, 그리고 쇼로만 끝나서는 안 되겠지만, 권력 위계의 최상위에 있는 대통령이 권력기관 장과 공식적으로 자리를 같이하지 않는 것을 선언하고 실천하는 자율성을 보이는 것도 한 가지

방법이다. 권력기관 장을 대통령 옆에 앉혀둔다는 것은 대통령이 이 위에 군림하고 있음을 현시하는 상징성을 가지기 때문이다. 권력기관 장이 대통령을 만나는 것은 취임식 때 한 번이면 된다.

이와 같은 맥락에서 영국 의회의 독특한 의식에 따른 개원식은 시사하는 바가 크다. 여왕은 정부가 통과시키려는 정책과 법률을 낭독하며 제안하는 연설을 한다. 이 의식은 17세기 의회와 군주가 실랑이를 벌이며 견제와 균형을 추구하던 전통에서 연유한다. 여왕은 개원식 때 하원에 발을 들이지 못한다. 대신 수위관이 하원의 닫힌 문을 지팡이로 세 번 두들기고 나서 의원들을 상원으로 인도한다. 이것은 하원의 독립성을 상징하는 행위로, 1642년 국왕 찰스 1세가 하원 의원 5명을 체포했던 사건에서 연유한다.

견제와 균형은 영국의 상징적 군주인 엘리자베스 여왕과 정부의 수장인 총리 관계에서 관찰할 수 있다. 1980년대 '철의 연인'으로 불린 대처의 가혹한 신자유주의 정책 추진으로 실업률이 증가했다. 국민의 불만은 실업자 미셸 페이건이 두 번이나 버킹엄 궁전에 침입한 사건으로 표출되었다. 넷플릭스 시리즈물 〈크라운〉은 이 사건 이후의 대화를 다음과 같이 묘사한다.

여왕: 그 사람이 문제가 있을지는 몰라도 그게 온전히 그 사람 탓은 아니라고 봐요. 그 사람 역시 실직자고 실업률은 총리가 취임한 3년 전보다 두 배 이상으로 치솟았죠.

수상: 실업률이 일시적으로 높다면 그건 저희가 영국 경제에 처방한

치료제로 인한 불가피한 부작용에 불과합니다.

여왕: 그 치료제에 신중해야 하지 않나요? 아주 지독한 항암 치료로 정작 치료해야 할 환자를 죽이면 안 되잖아요? 페이건 씨 같은 사람들이 힘겨워한다면 그들을 도와야 할 공동의무가 있지 않을까요? 도덕 경제는 어디 간 거죠?

수상: 이 나라 경제를 호전시키려면 공동의무라는 구시대적이고 그릇된 관념은 반드시 버려야 합니다. 더 나은 삶을 위해 자기 이익을 꾀하는 사람들이야말로 국가에 불을 지피는 원동력이죠. 제 아버지가 사업에 실패했을 때 의지할 정부라곤 없었습니다. 파산의 위험과 가족 부양의 책임감으로 다시 일어설 수 있으셨어요.

여왕: 모두가 총리 아버지처럼 비범하진 않겠죠.

총리: 보십시오. 그게 폐하와 저의 생각의 차이입니다. 전 모두에게 그런 점이 내재되어 있다고 보죠.

대처의 발언에서는 영국이 신자유주의를 구현함으로써 세계 강국으로 부상하리라는 신념을 엿볼 수 있다. 실제로 여왕은 "정부 정책이 의도적으로 사회 분열을 악화시킨다고 우려했고 높은 실업률을 걱정했으며 1981년 폭동과 광부 파업의 폭력에 놀라기도 했다."라고 발언했다. 또한, 1984년 3월 이후 1년간 18만7,000명의 광부가 탄광을 떠나는 것을 보고 여왕은 그들의 아내들에게 동정심을 보였다고 한다. 드라마나 현실에서나 엄부의 강직함을 보이는 총리와 국민 복지를 걱정하는 자모의 온화함을 가진 여왕을 인지할 수 있다.

총리는 매주 한 번 여왕을 방문해 국정 현안을 설명한다. 여왕은 국가권력의 상징으로 국가의 앞날과 국민의 안위를 걱정하며 현안과 관련해 의견을 내놓을 수 있고 총리는 여왕이 이해하도록 설명한다. 여왕은 결정권이 없지만, 적어도 양자의 소통 과정에서 영향력을 미치고 견제력으로 작용할 수도 있다.

기업이 소유와 경영으로 분리된 일본도 이와 유사하다. 창업자 집안은 경영을 전문인에게 맡겨, 의사결정권은 없지만 사주를 보유하며 사회사업이나 비영리재단의 운영과 관련해 기업으로부터 지원을 받는다. 그러다가도 기업의 대계에 문제가 있다고 판단하면 운영진과 만나 우려를 표명한다. 운영진은 창업자 집안의 대화를 경청하고, 이해시키고, 때에 따라서는 의견을 반영하는 비형식적인 유대를 가진다.

우리에게 부족한 것이 바로 이것이다. 나라에 상징적이며 형식적인 주인이 없는 탓에 누군가 대통령이 되면 5년 동안 무소불위의 힘을 가지고, 누구도 이해시킬 필요도 없으며, 주변에 쓴소리하는 사람도 없다. 국민을 받든다고 한들 불특정다수를 대상으로 산전수전 겪으며 대통령에 오른 사람이 얼마나 겸허할지도 걱정이다. 지지율 하락은 신경 쓰이겠지만 무리가 되더라도 포기하지 않고 국시를 밀어붙이는 것을 보면 더욱 그렇다.

정부가 커지면 혜택도 커질까

▶ 커지는 정부와 공무원 수

10년마다 반복되는 세계 불경기, 전염병의 창궐, 패권국의 영토분쟁 및 지구온난화에 의한 천연재해 대응, 국민의 삶의 질 보호와 관련해 정부의 역할은 늘면 늘지 줄지는 않을 것이다.

공무원 수는 정부의 규모를 가늠할 수 있는 척도다. 우리나라 중앙공무원 수는 인구 대비 비중으로 비교하면 영국·프랑스보다 훨씬 낮고, 일본보다는 다소 높으며, 연방제 국가인 미국이나 독일과는 큰 차이를 보이지 않지만 지방공무원 비중이 상당히 낮다. 그러나 문재인 정부하에서는 평균(2015~2017년) 중앙공무원은 63만 명에서 2021년 75.1만 명으로, 지방공무원 수는 305만 명에서 372만 명으로 각기 20%나 증대되었다.

공무원 채용은 어느 정도 침체한 고용시장의 완충재 역할을 할 수 있으며, 특히 소방 등 재난 부문의 인력 공급은 절실하다. 그러나 과도한 공무원 충원은 세금을 갉아먹고, 불필요한 인력으로 업무 비효율성을 가져오며, 일거리를 찾기 위한 불필요한 규제를 늘릴 가능성이 크다. 또한, 조만간 심각한 인구절벽으로 지방 거주민이 감소하고 읍·면 등 기본 행정구역이 소멸하는 상황이 도래하면 오히려 지방공무원의 역할은 감소하므로 다운사이징이 필요한 것이 현실이다. 더구나 불경기속에 어렵사리 취직한 이들도 당장은 일자리를 얻어서 좋겠지만 향후 내부적으로도 심각한 적체 문제가 유발될 수 있다.

▶ 정부지출과 정책 실효성

일본과 미국은 경제위기에 대처하기 위해 금리인하라는 전통적인 수단을 넘어 제로 금리를 도입했고, 정부가 발행한 국채를 중앙은행이 매입해 헬리콥터 돈을 찍어내는 양적 완화를 시행했다(1장 참조).

이 과정에서 형성된 MMT(현대금융이론)는 후케인즈 경제학의 삼면등가의 원칙으로부터 민간경제 활성화를 위한 정부의 재정적자는 정당하고, 이에 따른 화폐 수요는 중앙은행의 발권력을 통제해 충당하며, 통합계정 관점에서 국가부채는 중앙은행의 자산으로 상쇄되므로 국가 빚은 전혀 문제가 되지 않는다고 주장한다. 완전고용에 달하지 않아 성장 여력이 있는 산업에서는 인플레를 우려할 필요가 없다고도

한다. 일본이 발권력을 강화하기 위해 일본은행법을 개정하고, 디플레 스파이럴에서 벗어나기 위해 실질 인플레 2%를 목표로 하는 아베노믹스를 추진하며, 미 민주당의 인권 · 지구온난화 및 스마트 산업 활성화를 골자로 한 녹색뉴딜이 MMT 정책에 속한다(가루베, 2018년; 네이션, 2019.01.14).

우리가 미국 · 일본과 같이 양적 완화를 시행하기에는 기조 화폐국도 아니고 국가경쟁력도 제한적이지만, 문재인 정부 때 복지지출과 코로나에 대응하는 과정에서 이와 흡사한 상황으로 접어들었다. 2020년 Q2, 환매조건부채권(RP) 매입 제도를 도입했으, 한국은행은 2020년 Q3~2021년, 총 17조 원의 국채를 매입했다(한국은행, 2020.03.26, 2020.09.08, 2021.8.31).

RP는 단기적인 대처이며, 국채 단순매입은 시장안정화 차원의 조치로, 금액의 중요성도 약해 양적 완화와는 성격이 다르다. 하지만 2010년 이후 한국은행의 국채 단순매입 추정(이투데이, 2021.06.25) 규모 연 2~4조 원에서 2020년에는 5조 원과 2021년은 12조 원으로 코로나 사태 이후 국채 발행과 비례해 증가해 준 양적 완화에 가까운 상황이다. 정부와 중앙은행 사이에 중립성이 묵시적으로 유지되는지는 알 수 없지만 이것은 법적으로 명기해야 할 일이며, 이보다 더 문제는 잦은 국채 발행으로 국가부채가 과도해진다는 점이다.

미국과 일본의 사례로 볼 때, 양적 완화의 정책적 효과는 의문이다. 양적 완화를 유지하고 있는 일본은 여전히 디플레 스파이럴에서 벗어나지 못하고 있다. 미국은 2008년 최초로 이루어진 세 차례 양적 완화

부유한 경제 가난한 행복

를 2014년에 종료했고, 2015년에는 국채 매입을 줄이고 금리를 인상하는 출구전략(테이퍼링)을 취해 경제가 정상화되는 것처럼 보였다. 하지만 경기침체가 감지되면서 2019년 다시 양적 완화에 돌입했고, 코로나 대응에 따른 심각한 인플레와 버블에 따라 2022년 두 차례의 자이언트 스텝(이자 0.75% 인상)을 취하는 출구전략으로 돌아섰다. 그야말로 냉탕과 온탕을 오가는 형국이다.

정부의 금리인하나 양적 완화는 당장 불경기에 대처하지 않으면 경제가 심부전 상태에 놓일 수도 있으니 어쩔 수 없는 측면이 있다. 그러나 경기가 좋지 않다는 것은 실물경제가 제대로 작동하지 않는다는 것이다. 따라서 정부가 시중에 푼 유동성으로 돈이 도는 것처럼 보이지만, 상당 부분 부동산과 금융시장으로 몰려 들어가 거품을 만들고 언젠가는 금리인상이나 유동성 제한으로 이어질 것이다. 이것은 다시 불경기를 가져오는 악순환이 반복될 뿐이다.

정책을 펼친다면 효과라도 커야 할 텐데 재정정책의 승수효과를 살펴보면, 1년 동안 지출의 파급효과는 미국이 1.1~1.45배, 영국과 일본은 1배, 우리나라는 한국은행 외에 모든 연구기관이 0.5배 이하 이하로 생각보다 한정적이다(한국경제, 2019.09.16; 마루야마 외, 2018년; OBR, 2017년; CRS, 2019년). 정부지출이 공공부문에 국한되어 지출되기 때문이다.

▶ 비대함이 가져오는 역기능

국부는 일국의 경제력을 가늠하는 척도다. 이것은 원칙적으로 민간의 부가 중심이 되지만, 정부는 공공사업을 추진하거나 불경기 또는 자연재해와 같이 예기치 않는 상황에 대비해 어느 정도 부를 보유해야 한다. 우리나라 정부는 어느 정도의 부를 보유하고 있을까? 부는 자산에서 부채를 뺀 순자산(비금융자산+금융자산−금융부채)으로 정의되는데, 부동산이나 유가증권과 같이 경제적 가치가 있어 팔면 현금화가 가능한 대상이다.

일부 OECD 17개 회원국의 NNI(국민순소득) 대비 국부 변화 추이를 보면 1970년 이후 대부분 100% 미만이었고 그조차도 2008년 세계 금융위기와 2011년 유럽 금융위기로 0%, 심지어 마이너스로 수렴하는 모습을 보인다(WID, 2022년). 이런 결과는 대부분의 국가들이 경기 회복을 위해 양적 완화와 대규모 재정지출을 시행했기 때문이다.

이와 대조적인 것이 북유럽이다. 노르웨이의 비중은 358%(2015년)로 가장 높은데, 정부가 오일머니를 국부펀드에 투자하고 있는 특수성 때문이다. 핀란드는 노르웨이의 반도 미치지 못하는 155%(2014년)이지만 163%(2014년)인 체코와 더불어 여전히 높은 수준이다. 우리나라 정부 부의 비중은 1990년 이후 지속해서 증가하고 있으며, 2013년 현재 263%로 아웃라이어인 노르웨이보다는 낮지만, 복지를 추구하는 핀란드나 사회주의 체코보다 높다는 것은 그만큼 정부의 비중이 과도하게 크다는 것을 의미한다.

2019년 현재 우리나라 정부 부의 규모는 4,390.7조 원으로, 이 중 비금융자산인 토지자산이 2176.8조 원으로 국부 대비 50%, GDP(1,924조 원) 대비 113%를 차지하며, 건설자산은 1,286.8조 원으로 공공부문 대비 30%다. 유감스럽게도 바로 이 비금융자산에 비효율성과 비리가 도사리고 있다.

2009년 청사 건축에 가장 큰 비용을 들인 유리 건물은 성남시 청사로 3천억 원을 상회했지만, 구축 당시 시장 이대엽은 부정수뢰로 구속되었다. 아울러 여름에는 '찜통청사', 겨울에 '냉동청사'로 알려진 이 건물의 하자 손해배상 소송은 4년이 걸렸다. 2008년 3월부터 공사가 시작된 서울시 청사 건설비용은 3천억 원이 소요되었다. 아마도 성남시 청사가 '호화 청사'로 논란을 일으켜 그 건축비용을 넘지 않게 신경쓴 듯하다. 심지어 1,500억 원을 상회하는 구청도 있다.

토지는 더 큰 문제다. 2021년 3월, 국가의 주택정책을 실행하는 한국토지주택공사(LH)의 임직원과 공무원들이 내부정보를 이용해 부동산 투기를 한 것이 적발되어 구속되었으며 1,000여억 원을 몰수 추징당했다. 여기에 LH 직원들은 '저희 본부엔 동자동 재개발 반대 시위함. 근데 28층이라 하나도 안 들림. 개꿀'이라든지 '꼬우면 LH 이직하든가.'와 같은 조롱성 댓글을 달아 만인의 지탄을 받았다. 그야말로 국민의 세금으로 녹을 받는 이들의 도덕적 해이의 극치다.

도시 건설과 공공사업도 비리의 근원이다. 예를 들어 민선 도입 이후 역대 성남시장들은 줄줄이 구속, 기소되었다. 1998년 오성수는 상가 개발업자로부터의 뇌물 상납으로, 2004년 김병량은 분당 주상복합아파트 시행사에 압력을 넣어 설계 용역을 특정 건축사사무소에 맡기도록 한 혐의로, 2010년 이대엽은 성남시 청사 수주 비리로 구속되었다.

여기에 이재명이 성남시장으로 재직하던 시절, 공공·민간 공동 사업으로 추진해 얻은 개발 이익 중 4,000억 원이 특정 업체에 돌아간 대장동 개발 사업 비리 수사(2021년)가 여전히 진행 중이며, 현 성남시장 은수미는 자신의 정치자금법 위반 사건 수사 자료를 건네받은 대가로 특정 업체에 터널 가로등 교체사업을 맡기는 등 경찰의 부정청탁을 들어준 혐의로 기소(2021년)되었다. 가로등 교체사업은 터널의 타일을 부수고 벽을 시멘트로 누더기로 칠하면서 1년을 끌었는데, 동네 온라인 카페에서는 '도대체 뭐 하는 거냐?'라며 주민들의 의심을 산 사업이었다.

이쯤 되면 조선 말 탐관오리가 날뛰던 때와 다를 바 없고, 이권과 성공을 위해 온갖 악덕 범죄를 자행하는 시장과 이를 덮고 대가로 돈을 받는 경찰 관계를 그린 영화 〈아수라〉(2016년)와 다를 바 없다.

규제의 적정선은
어디까지일까

▶ **규제가 과해지는 이유**

정부가 시장실패의 보완 이상으로 사업을 확장하면 민간 부문은 위축
될 수밖에 없고, 과도한 규제는 민간 부문의 자율성과 창의적인 변화
를 훼손할 수 있으며, 이와 같은 환경에서 기업은 새롭고 참신한 시도
를 자제하고, 설령 당장은 규제하지 않더라도 나중에 도입될 것을 예
상해 행동한다. 지표로 보면 우리나라의 '정부 규제 부담'은 87위(141
개국, WEF, 2019년), '관료주의의 기업활동 방해 여부'는 53위(63개
국, IMD, 2019년)로 정부의 규제 강도가 과하다는 것을 알 수 있다.
정부규제지수로 평가해도 우리나라는 OECD 평균 4.33점을 훨씬 밑
도는 3.06점으로, 37개국 중 25위로 최하위다.
　이런 강한 규제 성향은 강한 권력거리와 불확실성을 회피하려는 사

회문화적 특성에서 기인하는 바 크다(4장 참조). 즉 상명하달의 위계 질서를 중시하고, 새롭고 특이한 시도를 질서에 대한 도전으로 간주해 사전에 제어하려고 하는 사회문화적 성향이 사전 규제로 이어진다.

종합선물세트식 규제 성향도 문제다. 정책이든 규제든 청사진이 필요하기는 하지만, 이왕 만들 바에야 생색도 내고 영향력도 광범위하게 미치게 하려고 불필요한 부문까지 확대하기도 한다. 문제가 있다면 핵심만 짚어 해결하면 될 것을, 씨줄 날줄로 바둑판을 만들어 미주알고 주알 제어하려 한다. 또한, 규제는 일단 큰 틀이 만들어지고 시행착오를 거치면서 안정적으로 운영되면 굵은 가닥의 할 일이 없어져, 점차 불필요하거나 소소한 부분까지 세세하게 건드리게 된다. 공무원이 너무 많아도 마찬가지다. 어찌 되었든 자리를 차지하고 있으니 일은 있어야 하고 그러다 보면 중요도가 떨어지거나 불필요한 규제나 정책 이슈를 개발하려고 한다.

더 큰 문제는 상식에 맞지 않고 시장에 역행하는 억지 규제를 시행하려 한다는 점이다. 이것은 적지 않게 대통령의 의지나 집권층의 시책을 무리하게 추진하면서 비롯된다. 고위공무원은 임기가 보장된 것이 아니기에, 조금이라도 더 자신의 지위를 연명하려면 윗선의 지시와 위중에 따라 의사결정을 할 수밖에 없다.

대표적인 규제 사례 중 하나로 단말기 보조금을 꼽을 수 있다. 단말기 보조금과 관련한 제반 규제를 담고 있는 '단말기유통법'이 제정되는 과정을 살펴보면 수직 위계의 정점에 있는 대통령의 힘이 얼마나 강한지 알 수 있다. 2014년 2월, 박근혜 대통령은 "스마트폰 가격이 시장과 장소에 따라 몇 배씩 차이가 나고, 최근 보도된 것처럼 스마트폰을 싸게 사려고 추운 새벽에 수백 미터 줄을 서는 일이 계속되어서는 안 될 것"이라고 언급했지만 이후 오프라인의 이른바 보조금 떳다방이 수차례 발생했다. 이 법이 도입된 한 달 뒤인 11월 정부는 이동통신사와 임원을 형사고발했지만 2016년 11월 22일 법원은 무죄 판결을 내렸다. 법에는 통신사와 재계약해도 단말기를 바꾸지 않더라도 기존 단말기로 요금 혜택을 맡을 수 있는 이용자의 권리를 보장하는 긍정적인 조처도 포함된다. 그러나 사업자의 마케팅 핵심인 보조금을 규제하면서, 이것이 감옥에 보내야 할 정도로 심각한 범죄인지는 상식적으로 이해하기 어렵다고 본 것이다.

보조금 지급은 이동통신 가입자와의 접점인 판매점과 대리점에서 이루어진다. 이에 전국 3만여 개에 이르는 유통점들을 인가하고 전수 감사하는 시스템을 구축해 유통생태계의 모든 노드를 제어하고 있으나 이것으로는 온라인상에서의 보조금 지급을 막지 못한다.

▶ 이대로 지켜만 볼 수 없는 대학 규제

더욱 심각한 것은 대학 규제다. 이동통신에서는 통신사의 서비스 품질과 보조금 그리고 요금을 규제하지만, 교육부의 대학 규제는 이보다 더하다. 이동통신에 비유하자면 학비는 2008년 이후 계속 동결하고 있는 '요금 규제', 3년마다 시행되는 교육 서비스 '품질(수업ㆍ학생지원·입학·취업 등) 평가'와 최하위권 대학의 국가장학금 제한과 같은 '보조금 규제', 무엇보다 유례없는 학생 수를 제한하는 '가입자 수 규제'에 이르는 그야말로 규제의 종합선물세트다.

인구절벽이 가시화되어 학생 공급 수가 대학의 수요를 역전한 2021년, '대학은 벚꽃 피는 순서대로 망한다.'라는 절박함 때문에 일부 지방대는 학비 면제나 아이패드 에어 제공, 캐시백이나 경품 보조금 전략까지 내놓았다. 그런데 대학의 위기 상황은 이미 오래전부터 앞으로 학생 수가 줄어들어 큰일 날 것이기에, 미리 대비해야 한다며 정부가 대학에 수없이 강조했음에도 불구하고 발생한 결과다.

낮은 취업률을 높이라는 정부의 압박에 대학은 커리큘럼을 바꾸고 학과도 통폐합하지만, 근본적인 문제는 경제 상황 때문이다. 융합할 수 있는 창의적인 인간을 만들어야 한다며 선택의 자유도 없이 빼곡히 들어찬 커리큘럼으로 교육해봐야 노벨상은커녕 창의적인 인간조차 결코 만들어낼 수 없다. 취업 지도를 하라고 한들 연구만 해온 대학교수가 사회에서 얼마나 다양한 취직 경험이 있을까? 연구하고 가르치는 것을 천직으로 여기는 교수들이 교육부가 요구하는 문서 작성을 맡아 하는 나라가 얼마나 될까? 시간이 지나면서 과목 운영과 관련해 입력해야 하는 항목이나 클릭 수가 점점 늘어난다. 취업난의 해소는 쥐어짠다고 해서 되는 것이 아니다.

교육부의 규제는 독감에 걸린 아이에게 체력이 약해서 그런 것이니 지금 당장 체력을 키우기 위해 밖에 나가서 운동을 하라고 윽박지르는 것과 다를 바 없다. 기획재정부가 부처를 평가하는 잣대를 그대로 대학에도 들이대고 이에 따라 구성원을 쪼는 피라미드식 낙수 압박이 자행되고 있다는 것이다. 못된 시어머니 밑에 못된 며느리가 되어가고 있다. 대학 규제는 우리나라 사회문화의 강한 권력거리와 불확실성 회피 성향의 산물이다. 교육 부문에 과도하게 책정된 국가 예산은 대학의 지향성을 정부가 당근과 채찍으로 의도한 대로 이끄는 원천이다. 아이러니하게도 학비는 올리지 못하고 학생 수는 감소해, 학교 재정이 악화될수록 국가 재정은 더욱 투입되고, 이 때문에 교육부의 지배력은 커질 수밖에 없다.

우리나라 총예산에서 차지하는 교육비 비중은 15%이지만, 일본은 우리와 다른 총지출 항목을 조정(총지출에서 국채비용과 예비비 제외)하고 교육·과학 예산(교육에 74% 할애)을 분리하면 5%로 상당한 차이를 보인다. 2021년 기준 OECD의 정부 교육예산 비중 순위도 우리나라는 7위이며, 미국이나 캐나다 등 영미권 국가와 같이 최상위권에 속한다.

우리나라와 같이 천연자원이 부족한 국가에서 후세대에 대한 교육투자는 매우 중요하다. 그러나 앞서 언급한 바와 같이 국가의 과도한 예산 편성은 교육 자율권의 불필요한 개입을 초래하며, 다른 주요 국가사업을 추진하는 데에 기회비용을 발생시킨다. 특히 인구절벽으로 지역 학생 수가 감소하고 있는데도 교육예산의 75%인 '지방교육재정 교부금'은 지방의 균형발전을 위해 지원되고 있다.

따라서 대학 지원은, 불필요한 예산은 줄이고, 국가 발전을 위해 필요한 극히 일부 사업을 제외하고는 자율적으로 운영하도록 맡기되 예산을 부당하게 집행하는가를 감사하는 기능을 강화해야 한다. 대학 간의 M&A 활성화도 중요하다. 대학들이 자발적으로 시너지를 추구할 수 있도록 인수합병을 허가하고, 재단 해산 시 재산의 국가·지방자치단체 또는 유사한 목적을 가진 비영리단체에 귀속시킨다는 법 조항(소득세법시행령 제80조)을 완화하되, 예컨대 지역성과 같은 교육 가치 관련 요소에 대한 의무를 부여하거나 지원하는 방식으로 운용되도록 검토해야 한다.

세제 혜택을 받으니 대학 자산을 공공의 것으로 보기도 한다. 하지만 이와 같은 논리라면 국가 자원인 주파수를 공짜로 사용하는 지상파나 종합편성 채널도 국가 채널이 되어야 한다. 대학의 위기에 관련된 기사나 댓글을 읽다 보면 정부가 대학 구조조정을 강하게 해야 한다는 의견이 적지 않다. 김대중 대통령 시절, 기업들의 시너지를 추구한다며 중복 산업을 맞교환하게 한 빅딜과 같이 우리 사회문화가 강압적 사고방식에 익숙해 있기 때문이다. 감사나 M&A 관리 같은 최소한의 필요 기능만 수행한다면 교육부는 '부'로서 존재할 이유가 없다.

실상 교육부가 있는 국가는 OECD에서 우리나라와 일본뿐이다. 죽어가는 대학을 평가하고 지원한다면서 무용지물의 일할 거리만 만들어 놓을 뿐이다. 대학이 망하니 큰일 났다고 하면서도 여전히 문제를 해결하지 못했다는 것은 근본적인 변화 없이는 해결하지 못한다는 뜻이다.

▶ 현실성 없는 부동산 규제

문재인 정부의 주택 정책은 공공주택의 포용 범주를 과도하게 넘어서고 시장의 수급 원칙을 무시한 대표적인 실패 사례. 1980년대에 '범죄와의 전쟁'이라는 캐치프레이즈가 사회를 정화하겠다며 나온 적이 있었지만, 시장에 맞서 '부동산과의 전쟁'을 하겠다는 자세 자체가 오류다.

쾌적한 주거는 국민의 삶의 질을 위해 중요한 요소는 틀림없고 국가가 노력해야 할 부분도 많다. 그렇다고 해서 삼천리 방방곡곡 수도꼭지에서 생수가 나오게 조처할 수 없는 것처럼, 공공부문이 온전히 시장을 대신할 수는 없다. 예컨대 2020년, 초고속인터넷을 보편적 서비스로 지정한 것도 20년간 시장경쟁을 통해 보급되어 일상화되었음에도 여전히 시장이 해결하지 못한 소외된 지역을 포용하겠다는 의도라는 점은 시사적이다.

공공주택도 포용의 관점에서는 한계 상황에 놓인 소외계층이 처한 임시 거주의 디딤돌 역할에 충실해야 한다. 지금 아파트를 사지 못하면 영영 기회는 없을 듯한 심리적 불안감과 불경기, 코로나에 대처한다며 저리로 풀린 시중 유동성으로 '영끌' 수요가 급증했고, 신규 분양 아파트는 로또로 당첨 가능성이 희박해 기존 아파트로 몰려가 가격이 오른다.

아파트 가격이 급등한 지역을 투기지역으로 지정한 '핀셋규제'의 풍선효과는 지역이나 구매 · 전세 등 매매 형태, 그리고 아파트 · 오피스텔 · 다세대주택 등의 주거 유형을 불문하고 집값을 등귀시켰다. 여기에 공시지가를 현실화해 세금은 오르고, 2020년 전월세상한제를 주 내용으로 하는 임대차법(계약갱신청구권 · 전월세상한제)이 도입되면서 전 · 월세 품귀 현상과 상승을 부채질했다.

더구나 그러지 말라고 관련법을 만들어 시행하기 직전에 집주인 횡포를 행한 것은 집권 당사자들이었다. 집값이 등귀하자 종합부동산세법을 뜯어고쳐 징벌적 과세를 부과했다. 애당초 취지가 '사람 사는 집 가지고 장난치면 안 돼.' 라는 것이었으면, 수십 채 가지고 편법으로 투기하는 세력을 어떻게 색출할지에 초점을 맞추었어야 할 것을 한 채라도 가진 사람을 악으로 몰고, 이들을 없는 사람과 이분화한 것이다.

청와대 국민청원 게시판에는 '제가 국민 2%에 속하는 부자입니까?' 라는 글이 올라왔다. 자식들에게 가난을 대물림하기 싫어 늘 절약했고, 이렇게 모은 돈으로 아파트 두 채를 장만했다. 현재 사는 아파트의 주택연금 81만 원과 나머지 한 채에서 받는 월세 90만 원, 부부가 받는 국민연금 합계금 100만 원을 포함해서 총 271만 원으로 한 달을 꾸려가고 있다고 했다. 그런 그에게 110만 원의 종합부동산세 고지서가 건네졌다. 아파트 두 채로 공시지가가 5억 원에서 8억 원으로 뛰어오르면서 종합부동산세 폭탄을 맞은 것이다.

당사자는 "두 채 모두 합해서 9억 원도 되지 않는 집을 가지고 있다는 이유로 소득도 없는 늙은이가 무슨 돈이 있어서 재산세 내라 소득세 내라, 이젠 하다하다 말로만 듣던 부자세인 종합부동산세까지 내라 한단 말입니까?"라고 읍소했다. 부정하고 부당하게 얻은 자산이 아닌,

자신의 힘으로 모은 돈을 악으로 모는 편향성은 미디어 편향성과 다를 바 없다. 충북 최초의 공동체 소다마을도 종합부동산세의 폭탄을 맞았다. 주민 공동 지분의 법인이기 때문이다.

정부 정책은 기준을 만들어 뭉텅이로 적용하는 한 큐 방식의 규제다. 이러다 보니 내가 성실하게 노력해서 얻은 성과라고 주장해도 투기로 보여 기각하고 높은 세금을 부과하는 '1종 오류'를 범한다. 정밀하게 투기세력을 가려 잡아내는 핀 포인팅 방식으로 접근하지 못하겠다면, 설령 일부 투기세력을 놓치더라도 정당한 사람들에게 피해가 가지 않도록 하는 '2종 오류'를 높이도록 기준이 느슨해져야 한다.

정부는 부동산정책으로 시장을 건드리고 시중에 푼 유동성으로 인플레를 만들어 놓고, 아파트값이 상승했다며, 사람이 거처하는 곳이라 당장 팔아 현금화할 수 있는 것도 아닌데 세금은 더 내게 했다. 국책 연구기관마저 이와 같은 실정을 국민 탓으로 전가한다고 지적한다. 집 없는 사람들에게는 전셋값 폭등의 결과를 안겼다. 국민 모두 패자가 되었는데, 이를 추진한 비용은 바로 국민의 세금이다.

한편, 공급의 주원천인 기존 아파트의 재개발이나 재건축도 아파트값 등귀에 미칠 영향을 우려해 안전진단 통과라는 미명으로 원천봉쇄하고 있다. 대표적으로 여의도 시범아파트는, 1970년 와우지구의 시민아파트가 붕괴하는 참사가 발생하자, 1971년 단위 면적당 가장 많은 철근이 들어가고 난방과 전기를 공동으로 관리하는 이름 그대로 다른 아파트들의 모범이 되라고 지은 아파트다. 초창기에는 '엘리베이터 걸'도 있었고, 과거 비행장으로 이용되던 불모지를 아파트 단지로 개발한 여의도는 연탄만 없는 곳이라고 부러워하던 주거지역이었다. 그러나 50여 년이 지나면서 수도관에서는 녹물이 나오고 사방에 균열이 생기면서 2017년 안전진단 D등급으로 즉시재건축 판정을 받았는데 행정은 속수무책이다.

집 마련이 삶의 질을 위함이라면 뭉그러져 가는 아파트를 다시 짓는 것도 소유자의 삶의 질을 마련하기 위한 것으로, 리모델링의 제한은 국가가 개인의 재산권을 과도하게 침해하는 심각한 케이스다.

규제를
규제하라

▶ '새는 양동이'를 경계하라

'큰 정부'일수록 예산은 비효율적으로 집행될 가능성이 커진다. 공공 부문에서는 민간 부문과 같은 경쟁 압력이 적고, 어차피 세금은 자신의 돈이 아니라서 아낄 이유가 없기 때문이다.

돈의 쓰임새는 '누구 소유인가?' 라는 소재와 '누구를 위해 사용하는가?' 라는 대상에 따라 달라진다. 프리드먼(2004년)은 '돈 쓰는 네 가지 방법'이라는 제목의 폭스 뉴스와의 인터뷰에서 이 점을 언급한다.

첫 번째는 자신의 돈을 자신을 위해 쓰는 경우로, 돈은 자신의 효용을 최대화하는 효율적인 방식으로 사용하려고 할 것이다. 두 번째는 자신의 돈을 남을 위해 사용하는 경우다. 예컨대 자신의 돈으로 다른 사람에게 생일선물을 사준다면 당사자가 즐거워하는 것을 고르려 애

쓰기야 하겠지만 지출 액수에는 상한이 있다. 어렸을 적 생일날 간혹 허접한 선물을 받은 적도 있을 텐데, 마음이 부족해서라기보다는 친구의 호주머니 사정 때문이었을 수 있다.

세 번째는 남의 돈을 자신을 위해 쓰는 경우라면, 내 돈이 아니니 액수에 구애받지 않을 것이며 같은 식사라도 비싼 정식을 먹을 것이다. 마지막으로는 남의 돈을 남을 위해 쓰는 경우로, 내 돈도 아니고 자신에게 혜택이 돌아오는 것도 아니니 용도나 금액은 개의치 않을 것이다. 선거와 관련해 유리하다고 판단하면 어차피 남의 돈이니 생색내기를 위해 마구 쓰거나 쓰겠다고 할 것이다. 코로나에 대처하는 과정에서 국민지원금의 지급 대상을 놓고 논의가 자연스럽게 이루어져서 그런지 2021년 들어 대선 후보들은 이구동성으로 보편적 복지를 지급하겠다고 목소리 높였다.

남의 돈을 나를 위해 쓰는 대표적인 사례 중 하나가 앞서 살펴본 과도한 청사 건축비다. 어떤 사업이나 간접비는 발생하기 마련이다. 하지만 청사를 짓기 위해 어마어마한 비용이 들어간다든지 예산집행이 쉽게 이루어지게 하려고 공기업이나 산하단체를 과도하게 늘린다든지 하는 형태로 누수가 이루어질 수 있다. 남은 예산은 어떤 형태로든 털어야 하니 연말에 가까우면 보도블록을 파헤치고 다시 설치하는 것도 흔하게 목격하는 현상이다.

오쿤(1975년)은 정부 재원의 누수를 "사회는 새는 양동이에서 부의 이전을 행할 뿐이다. 시장이 정직하고 경쟁력을 유지할 수 있다면 업무 노력과 생산적인 기여에 상당히 강력한 유인을 제공한다. 시장이 없으면 사회는 이타주의나 집단적인 충성심처럼 위험한 제도나 강압, 억압과 같은 대안적 유인으로 뒤흔들릴 것이다."라는 경계의 메시지를 던졌다. 따라서 정부 정책의 실효성을 살펴보고 정부의 예산 낭비, 특히 추가경정예산을 편성할 때 쪽지예산이나 과도한 청사 구축 등의 비효율성의 주요 원인을 억제하도록 집행 절차를 철저하게 관리하는 것이 중요하다.

▶ 자문과 결정 과정의 투명화

정부의 정책이나 규제가 왜곡해서 결정되지 않도록 하기 위해서는 내부의 의사결정 과정이 외부에서 들여다볼 수 있게 투명성이 보장되어야 한다. 이것은 '보는 눈이 아주 많으면 오류는 적어진다.' 라는 PC 공개 운영체제 리눅스의 원칙을 의미한다. 즉 많은 사람들이 과정과 논리를 볼 수 있고 때에 따라 의견을 개진할 수 있어서 누군가 억지 논리로 왜곡해 정책이나 규제를 정할 수 없고 최적의 방식으로 결정되게 할 수 있다.

정책이나 규제가 결정되는 자문 과정의 공개를 법적으로 명시해야 한다. 이것은 규제 사안의 결정 직전까지의 전 과정, 예컨대 목적과 여러 대안을 놓고 장·단점을 살펴보는 'ab 테스트', 회의 및 작업반 참가자, 회의 토의 내용의 녹취, 최종 대안이 선택된 사유와 이해당사자의 의견 취합과 같은 모든 절차를 법적으로 명기하는 것을 의미한다.

규제 의사결정할 때 윗선의 왜곡된 개입을 배제하기 위한 것이다.

　서구 국가나 일본은 통신산업의 규제 결정 시 법에 명시된 자문 과정을 거치고 보고서를 공개하며 이해당사자의 의견을 피드백 받지만, 우리는 이와 같은 규정이 없다. 물론 공청회를 통해 전문가, 이해당사자의 의견을 청취하도록 하고 있다. 그러나 어차피 정부의 의향을 잘 알고 이에 맞추어 이야기해줄 친분이 있는 인사를 패널로 앉히다 보니 정부가 제시한 정책 방향에는 크게 영향을 미치지 못한 채 형식치레로 끝나는 경우가 대부분이다.

　간혹 정부가 상식적이지 않은 결정이 내리는 것은 누군가 안팎의 윗선에서 왜곡된 방향으로 추진하고 있다는 사인이 아닌지 의심해야 한다. 특히 우리나라는 문재인 정부에 들어서면서 상당 부분의 정책 결정에서 ab 테스트가 아니라 일방적으로 정책 방향을 추진하는 경향이 강했다. 이러다 보니 정부의 작업반이나 내부 위원회의 검토를 통해 합리적인 대안을 도출하기 어려웠다. 통신사업자의 이해당사자와의 관계를 관리하는 대외협력부서도 정부에 대한 제도 논리를 제시하기보다는 국회 로비에 더욱 초점을 맞추었다.

　일본 역시 민주당(2009~2012년)이 정권을 잡으면서 정부를 우회하는 경향이 강해졌다. 보수적이고 우파적인 사고방식을 가진 공무원에게 삶의 질 정책의 결정을 내리도록 하는 것이 불가능하다고 판단했기 때문일까? 그러나 우파 성향을 지닌 아베 정권 이후도 오히려 이와 같은 성향은 강화되어 정책 결정은 총리실을 중심으로 이루어졌다.

　새 정부가 들어서면 정책기조가 바뀌는 것은 어쩔 수 없다. 문제는

부유한 경제 가난한 행복

말도 안 되는 억지라도 국시라며 밀어붙이면 결국 제대로 된 성과를 얻지 못하고 혼란과 예산 낭비만 초래한다. 제도의 사후평가도 중요하다. 제도를 만들어 놓고 이것이 제대로 작동하고 소기의 목적을 달성했는지에 대한 평가는 정부 내에서만 이루어지고 있다. 정책이 시행된 효과에 대한 정량·정성 평가를 포함한 평가를 공개하는 제도를 고민할 필요가 있다.

▶ 하나로 묶고, '계영배 정신'으로

정부 부처의 통합화는 과도한 규제를 억제하는 방법이다. 흔히 대선 과정에서 접하는 공약 중 하나는 특정 부문의 발전을 위해 부처를 신설하겠다는 것이다. 우리 경제사회에 중요하지만, 뒤처진 분야가 있다면 정책 초점을 맞추어 재원을 투하하는 것은 중요한 일일 것이다. 그러나 이것도 발전 초기에는 의미가 있을 뿐 제도가 안착하고 성숙해지면 별로 할 일도 없는데 조직은 방대해져 불필요하게 세세한 곳까지 건드린다는 것이 문제점이다.

한편, 부처의 세분화보다 통합화가 필요하다. 예컨대 다양한 부문이 장관 독임제로 운영되는 한 부처 내에 있으면, 정책이나 규제의 의사결정을 내리기 위한 장관 보고를 위해 한정된 시간을 두고 경합한다. 그러다 보면 불필요하거나 과도한 정책보다 순위가 있는, 실제로 시급하거나 중요한 사안을 먼저 안건으로 올리기 때문에 더 효율적으로 운영될 수 있다.

권력의 과도한 행사를 억제하는 방법 가운데 하나는 여분 편익을 줄이는 계영배 정신을 실천하는 것이다. 권력의 보상은 재원의 집행권과 집권층의 자리 배분이다. 계영배 정신이란 정부예산의 집행이나 자리 또는 그로부터 연유되는 부가 혜택을 줄이는 것을 의미한다. 정부 지출 예산은 연간 500조 원, GDP 대비 30%에 육박하는 수준이다. 따라서 정부예산의 합목적적 집행과 엄격한 감시와 감사가 필요하며, 특히 추경에 의한 비효율성 제어나 구속력 있는 국가채무 상한 규정 관리가 중요하다.

정부 산하기관 장의 자리도 마찬가지다. 정부는 사업을 전문적으로 수행시키기 위해 다양한 산하기관을 부설하며 그래야 예산집행도 원활하게 이루어진다. 사업을 진행하기 위해서는 부득이할 수도 있겠지만, 불필요한 기관도 적지 않다. 그런데 이 기관의 장의 자리가 결국은 집권층과 은퇴 공무원의 낙하산 직으로 변모한다. 국가시험을 통과해 경험과 능력을 갖춘 공무원이지만 이들은 때로 관피아를 강화하기도 한다. 따라서 정부 산하기관의 슬림화를 포함한 다양한 스크리닝 기능을 강화하는 방법을 고민해야 한다.

에필로그

    본서는 개인을 출발점으로 가치·규범을 준수하고 스스로 문제를 해결하는 사회 구성원인 시민, 국가체제를 신뢰하고 영향을 받는 국민으로 확장하면서 행복과 삶의 질을 위해 우리에게 필요한 것이 무엇인지 살펴보았다.

    넓은 의미의 행복에 대한 답을 찾다 보니 심리학, 사회학, 비교문화론은 물론 세대론이나 일본론으로 다양한 분야와 주제를 넘나들었고 분배와 버블의 본질에 관한 설명은 주류 경제학을 범주를 넘어서기도 했지만, 개인의 행복에 영향을 미치는 가능한 모든 차원을 생각해보았다는 데에서 의의가 있다 하겠다. 이것은 필자가 파리의 에펠탑을 자주 보려면 어떻게 하면 될까 고민 끝에 OECD 일을 하게 되었고, 행복이라는 주제로 이어지는 징검다리가 된 것과 유사한 접근 방식이다. 이 책은 애당초 미래의 우리에게 일어날 일에 대한 사전적인 예측을 겸하려 했다. 하지만 오랜 시간 집필하다 보니 현실에서 진행된 이슈가 앞설 수밖에 없었음을 양해해주기 바란다. 미처 담지 못한 내용은 추후 다른 기회로 독자들과 소통하고자 한다.

필자가 행복에 관심을 두게 된 것은 의외의 계기에서다. 교수가 논문을 많이 써야 대학의 질이 향상된다며 정부가 구조개혁 고삐를 조여 오자 승진 기준은 어느새 '넘사벽'이 되어 있었다. 철야는 다반사였고, 마음도 편하지 않았다. 그러다 문득 '도대체 누가 이렇게 나를 옥죄고 있고, 웬 마음고생이지? 다 내려놓고 마음 편해지는 방법을 찾는 것이 더 가치 있는 작업은 아닐까?' 라는 생각이 들었다.

인간 습성의 이해는 안녕에는 도움이 되었을지언정 논문 소재로는 적절하지 못해, 주변에서 회자하고 OECD 활동에서도 접한 행복지수를 주제로 선택했다. 2011년 이후 정부는 지수 구축을 고민하고 있었고, OECD 회의장을 장식한 표어는 '더 나은 삶을 위한 더 나은 정책'과 BLI였다. 본서는 OECD 연차보고서 표지의 워드 클라우드에 등장한 성장과 발전, 불평등, 신뢰나 지배구조의 의미를 고민한 결과로 봐도 과언이 아닐 것이다.

2012년 5월, 필자는 해외 출장 때 우연히 접한 뉴스위크 특별호 '세계 최고의 국가'의 국가경쟁력 분석 기사에서 영감을 얻어 BLI에 새 범주를 추가해 행복지수 LHI를 구성, OECD의 삶의 질 구조를 분석했다. 6월, OECD 정례회의를 마친 후 지수 담당 통계팀을 방문하기도 했는데, 동석했던 참사관에게 '논문이 매스컴에 유용한 쟁점이 되지 않겠느냐?'라고 묻자, 그는 대사는 우리 순위가 워낙 낮아 개선 효과가 가시적이지 않겠느냐는 생각이지만 경제수석은 부정적이었다며 상황을 관망하는 것이 어떻겠냐고 조언했다.

2012년 7월 10일, 필자의 의지와는 무관하게 연합뉴스와 KBS 뉴스를 필두로 모든 매체가 필자의 논문을 기사화했다. 지금껏 종합포털 트렌드에서 검색어 '행복지수'는 당일 빈도가 가장 높고 이후 1년간 '행복 순위 32위'라는 캐치프레이즈가 기사나 기고, 사설, 심지어 정치권의 쟁점으로 인용된 건수만 160건에 달했다. 이것은 우리 국민의 행복과 삶의 질에 관한 관심이 높아지고 갈망했기 때문이며, 정부에 책임을 묻는 비난도 거셌다. 논문은 EBS 다큐프라임 〈자본주의〉에서도 인용되었고, 이후 책자로 발간할 때는 EBS를 방문해 운영진과 제작 배경에 관해 의견을 나누었다.

본서의 사고 양식이기도 한 〈자본주의〉는 복지와 불평등에 관한 국민의 인지를 높이는 데에 공헌했다. 하지만 논리가 비약하고 행복이나 금융 버블의 본질을 제대로 고찰하지 못했으며 복지 방법론도 구체적으로 제시하지 못한 아쉬움이 있다. 여전히 일반인과 중·고등학생의 교양서로 애용되고 있어서 문제점을 바로잡고 부족한 부분을 다시 구성하는 작업은 의미 있으리라 생각했다.

본서는 사회문화나 세대의 속성을 국가나 성장 시대의 차이에 따라 구분해 우리 사회의 변화 과정과 세대 간 갈등 이슈도 들여다보았다. 10여 년 넘게 이어진 OECD 회의에서 전략적으로 대응하기 위해서는 타 회원국과 그 대표의 성향을 파악하는 것이 매우 중요했고, 필자의 활동 특성상 사회에서도 폭넓은 세대와 만남이 잦아 이들이 자라온 환경과 사고방식의 차이를 명확히 하려는 관심에서였다.

사회문화는 필자의 평소 관심사로, 본문은 신문에 기고한 갑질, 수직 집단주의의 와해, 사적 공간과 사회적 거리 두기, LHI 분석 기법을 응용한 양성평등지수와 창의성지수를 참고하고 있다.

후세대의 환경이 어려우니 무엇이라도 남겨주라는 이야기를 꺼내기는 쉽지 않다. '사지가 멀쩡한데 일할 생각은 안 하고 웬 공짜를 바라느냐? 노인들도 있는데…….' 라는 생각은 여전히 지배적이다. 이럴 때마다 노르웨이가 부럽다. 연어·대구잡이가 주된 먹거리였던 이들에게 조상이 남겨둔 숨어 있는 로또, 석유를 발견한 것은 1969년이었다. 스타방에르에 위치한 석유박물관에는 석유의 발견이 수십만 명의 고용창출 효과를 가져왔으며 이를 종잣돈으로 국부펀드를 만들어 후세대에도 물려주어야 한다는 설명이 붙어 있다. 물려줄 것이 없으면 국가 빚이라도 아끼라는 것이, 물려받은 것이 없다면 후손을 위해 돌산이라도 사두라는 것이 필자의 논조다.

민감한 이슈인 한·일 관계 갈등을 다룬 것은 20년 시차의 일본을 타산지석으로 우리에 닥칠 미래 모습을 짐작하고 대비할 수 있는데도 전공이 일본과 무관한 탓에 오랫동안 방치해 중요한 시대 흐름을 읽지 못했던 자기반성이기도 하다. 필자는 우리나라가 일본을 상당히 따라잡았고 오히려 능가하기도 했으나 여전히 부족한 부분이 많으며, 빼앗긴 나라를 되찾기 위한 선열의 희생과 대를 잇는 부흥 노력이 이어졌지만 세상의 흐름을 제대로 읽지 못한 채 나라를 상실했던 나약함을 반성해야 하고, 이는 작금과 같이 패권경쟁으로 어지러워진 상황에서도 마찬가지다.

사회 업그레이드의 주요 대상은 변화를 주도하겠다는 집권층과 정부의 지배구조의 건전한 변화다. 케인즈가 언급한 것처럼 우리의 생각은 어김없이 '죽은 경제학자에 예속' 된 것일지도 모른다. 1989년 여름, 《일본은 어떻게 성공했는가?》(1982년)의 저자 모리시마 교수를 일본 북해도 친우의 집에서 우연히 만났다. 필자는 그에게 한·일 경제 성장의 에토스는 일본은 충, 한국은 효를 중시한다는 차이에도 성실함과 순종이라는 유교 덕목의 공통점으로 유사한 패턴을 보였다는 점을 지적하면서, 이 같은 지배구조는 경제가 포화하고 사회가 다기화되면서 오히려 발전에 장애가 되지 않겠는가라고 이야기를 꺼낸 기억이 생생하고 그 생각은 본서에서도 일관된다.

문재인 정부 초기 신문에 게재하려 했던 섬기는 지도자상에 대한 필자의 생각은 그때나 지금이나 다르지 않다.

우리에게 임박하게 다가오고 있는 문제는 얼핏 보면 행복과는 무관할 것 같은, 본서에서도 간략하게 언급한 지구온난화와 패권경쟁이다. 삶의 질의 모든 요소가 중요하겠지만 건강을 잃으면 모두 소용없는 것과 마찬가지로 우리가 사는 지구가 버텨주지 못하면 본서의 논의는 아무런 소용이 없다.

UN의 경고와 같이 자연 재앙은 세계 곳곳에서 2030년경이라는 임계점으로 치닫고 있다. 이에 2015년 파리에서, IS 초유의 불특정다수 테러 사건으로 무고한 시민들이 희생당한 속에서도 각국의 정상이 모여 기후협정에 합의했다. 당시 파리로 향하는 공항 도로는 각국 정상들만이 사용할 수 있어서 출장 중이던 필자는 무료 개방 전철을 이용했다. 오바마 대통령이 몇몇 기후위기 국가와 후속 회의를 파리에서 가장 안전하다는 OECD에서 개최하는 바람에 필자가 참석하는 회의장은 봉쇄되었고 정례회의 시간은 미루어졌다.

이렇게까지 하면서 어렵사리 맺은 협정을 트럼프 대통령이 파기했고 미·중 갈등으로 모든 대화 채널이 단절되었다. 소리 높여 심각함을 부르짖는 사람은 아무도 없다. 생태계를 엔트로피 현상으로 해석한 니콜라스 게오르게스쿠-뢰겐의 생태경제학, 세르주 라투슈의 경제 다이어트를 강조하는 탈성장, 낭비의 선형경제에서 벗어나 리사이클로 전환하자는 순환경제, 생태계를 제한하면서 삶의 질을 추구해야 한다는 도넛 경제와 에른스트 프리드리히 슈마허의 작은 것이 아름답다는 불교경제학과 같은 주장이 단순히 변방의 부르짖음이 아니라 강력한 패러다임으로 뭉치고 실천되어야 하는 이유다.

이렇듯 지구가 병들어가고 있는데 한 치의 땅이라도 더 가지겠다고 패권경쟁을 벌이는 어리석음은 두 번째 위협 요소다. 러시아의 우크라이나 침공에 따른 NATO의 대항력 강화, 홍콩에 이어 대만을 중국화하려는 중국과 미국의 긴장 고조, 표면에 드러나지 않았을 뿐 한·일 간 독도 분쟁을 포함한 균열과 갈등 분출 가능성은 어디에서나 도사리고 있다. 우리는 열강들의 각축에 둘러싸여 옴짝달싹하지 못한 100년 전 상황으로 돌아가거나, 전쟁의 폐허 속에서도 구축한 우리 경제사회가 한순간에 제로부터 시작해야 할지도 모른다. 우리의 안위가 위협받아도 누구도 도와주지 않을 수 있다면, 균형외교와 더불어 각자도생 시대의 자주국방은 중요한 요소다.

본서는 '국민총행산(GNHP, Gross National Happiness & Product)'으로 요약할 수 있다. 행복의 산출 또는 행복과 생산을 같이 고려하자는 뜻으로, 경제에 큰 지장을 주지 않는 한 개인, 시민, 국민의 행복이 우선되어야 한다는 의미다. 이는 행복을 추구하는 개인을 출발점으로 타인의 행복을 배려하는 가치·규범과 자율적인 시민사회가 중시되며 기업·국가를 신뢰가 보장되며 외연의 자연환경 보호와 안보가 수립되어야 한다는 의미다. 이와 같이 필자의 숙고 끝에 도달한 국민총행산은 결국 부탄 헌법의 "정부는 왕국의 주권을 보호하고 강화하며, 양호한 지배구조를 제공하며, 국민의 평화, 안전, 복지 및 행복을 보장해야 한다"(제20조 제1항)였다.

행복지수 연구 이후의 관련 내용을 정리해 강의에 추가하기도 했지만 생각한 것보다 작업이 방대해 활자화는 포기하려 했다. 이를 세상에 내놓으려 한 것은 일본에서 십수 년 만에 만난 1980년 전·후반의 은퇴 교수들이 꺼낸 화두가 자신의 연구 근황이었던 것에 자극받아서였다. 구상은 7년 전으로, 전공을 넘나들며 집필에서 탈고까지 3년 가까이 걸렸다. 아무쪼록 필자의 졸문을 통해 독자들이 행복과 사회 그리고 국가를 생각할 수 있는 계기가 되었으면 하는 바람이다.

본서가 나오기까지 기꺼이 플랫폼이 되어준 이다북스의 조일동 기획실장과 평소 첨단·통신산업 분야에서 가교역할을 해준 이상직 AI 전문 변호사, 오랫동안 연구 활동을 지원해준 SK텔레콤 이상헌 실장, 정책 현장을 몸소 체험할 수 있게 해주고 본서에도 날카로운 조언을 아끼지 않은 통신사업자연합회 이상학 부회장에게 감사의 마음을 전한다. 부모님에게도 고마움을 표한다. 본서는 젊은 시절 부친 이형순(전 고려대 교수)과 나눈 대화와 토론, 여성단체에서 국제 친선 담당으로 봉사하신 모친 이영희(전 YWCA 이사)의 활동을 재료로 빚은 결정체다. 아울러 빨리 탈고하고 놀자며 독려해준 아내 성민과 본서의 일러스트를 도안해준 딸 이혜나에게도 감사할 따름이다.

부유한 경제 가난한 행복

〈참고문헌〉

● 1장

Ricardo, D. (1817) On the Principles of Political Economy and Taxation. Piero Sraffa (Ed.) Works and Correspondence of David Ricardo, Volume I, Cambridge University Press. 1951.

Malthus, T. R. (1814). Observations on the Effects of the Corn Laws and of a Rise or Fall in the Price of Corn on the Agriculture and General Wealth of the Country in Wrigley and Souden, vol. 7, p.85-109.

Smith, A. (1776). An Inquiry into the Nature and Causes of the Wealth of Nations. vol. 1 (1 ed.). London: W. Strahan.

Pigou, A. C. (1920). The Economics of Welfare, 1952 in Fourth & Reprinted ed. London: Macmillan.

Friedman, M. & Schwartz, A. J. (1963). A Monetary History of the United States, 1867-1960, NBER Books, National Bureau of Economic Research.

Drennan, M. P. (2016). Income inequality: why it matters and why most economists didn't notice, New Haven, Conn.: Yale University Press.

Bentham, J. (1777). A Comment on the Commentaries and a Fragment on Government, eds. by J. H. Burns and H. L. A. Hart. London: The Athlone Press.

Robbins, L. (1938). Interpersonal Comparisons of Utility: A Comment. *Economic Journal* 48, p.635-641.

Kahneman, D. & Tversky, A. (1990). Prospect theory: An analysis of decision under risk, *Econometrica* 47, p.263-291.

Sen, A. (1998). Sen Amartya Biographical, Nobel Prize Outreach.

Le couac videos. 2008.09.25. discours de Nicolas Sarkozy.

Smith, A. (1759). The theory of moral sentiments. London: Printed for A. Millar, and A. Kincaid and J. Bell, in Edinburgh.

Krugman, P. (1994). Comeptitiveness-a dangerous obsession, Foreign Affairs magazine.

OECD. (2015). In It Together Why Less Inequality Benefits All, OVERVIEW OF INEQUALITY TRENDS, KEY FINDINGS AND POLICY DIRECTIONS.

IMF. (2014). Redistribution, Inequality, and Growth, by Jonathan, D., Ostry, J. D., Berg, A. & Tsangarides, C. G., IMF Staff Discussion Note 14/02, International Monetary Fund, Washington.

https://www.imf.org/external/pubs/ft/sdn/2014/sdn1402.pdf

Kraut, R. (1979). Two conceptions of happiness, *Philosophical Review* 87, p.167–196.

World Economic Forum. (2019). Global Competitiveness Report 2019.

IMD. (2019). World Competitiveness Ranking.

Diener, Ed. (1984). Subjective well-being, *Psychological Bulletin* 95 (3), p.542–575.

Norton, D.L. (1976). Personal Destinies (Princeton University Press, Princeton, NJ.

Maslow, A. H. (1987). Motivation and Personality. (3rd ed.). New York, NY: Harper & Row.

Csikszentmihalyi, M. (1990). Flow: The Psychology of Optimal Experience. New York: Harper and Row.

Sen, A. (1999). Development as freedom. New York: Oxford University Press.

Mahbub ul Haq. (1996). Reflections on Human Development. Oxford University Press.

Ipsos. (2020). What Makes People Happy in the Age of COVID-19, A 27-Country Global Advisor Survey, GLOBAL HAPPINESS 2020.

Kahneman, D. & Krueger, A. B. (2006). Developments in the Measurement of Subjective Well-Being, *JOURNAL OF ECONOMIC PERSPECTIVES*, vol. 20, no. 1, p.3–24.

EBS. (2012). 다큐프라임 〈자본주의〉.

Luxemburg, R. (1921). (written 1915), Die Akkumulation des Kapitals oder Was die Epigonen aus der Marxschen Theorie gemacht haben. Eine Antikritik, trans. R. Wichman, The Accumulation of Capital-an Anti-Critique (New York: Monthly Review Press, 1972).

板谷敏彦. (2013). 金融の世界史: バブルと戰爭と株式市場, 新潮選書.

Pepera. (2021). 日本のバブル時代のすごさ＆バブル發生~崩壞の理由をわかり易く解説, 2021.12.12. 인출.

Wallison, P. J. (2014). A Dissent From the Majority Report of the Financial Crisis Inquiry Commission.

NYT. 2010.12.18. Explaining the Crisis With Dogma by Wallison, P. J.

조선일보. 1978.01.01. "中東特需(중동특수)" 熱氣(열기) 속에 올해 景氣(경기)를 診斷(진단)한다.

대한민국 정책브리핑. (2007). 〔'왜올랐나' ② 유동성과 부동산〕'큰 칼' 이냐 '작은 칼'이냐, 내수부진에 돈줄은 못 죄고…부동산은 뛰고, 실록 부동산정책 40년.

이투데이. 2021.01.25. 〔노트북을 열며〕20년만에 찾아온 주식시장의 3차 BooM.

천위루 · 양천. (2014). 금융으로 본 세계사: 솔론의 개혁에서 글로벌경제 위기까지, 시그마북스.

Bernanke, B. S. 2010.01.03. "Monetary Policy and the Housing Bubble," a speech given at the annual meeting of the American Economic Association in Atlanta,

Georgia.

Minsky, H. (1992). The Financial Instability Hypothesis. WORKING PAPER NO. 74. Levy Institute.

志賀櫻. (2013). タックス・ヘイブン──逃げていく税金. 岩波新書. 新書. 시가 사쿠라.

Braudel, F. (1984). Civilization and capitalism 15th-18th Century. III. The Perspective of the World. New York: Harper & Row.

Arrighi, G. (1994). The Long Twentieth Century: Money, Power, and the Origins of Our Times. London; New York: Verso.

Esping-Andersen, G. (1990). The Three Worlds of Welfare Capitalism. London: Polity.

이내찬. (2015). 창의성의 출발, 토고납신(吐故納新): OECD 창의성지수 개발과 우리나라의 환경 분석, 사회과학연구 vol 41, no 2, p.129-152.

Eisenhower D. 1960.07.27. Remarks at the Republican National Committee Breakfast, Chicago, Illinois, The American Presidency Project.

Myrdal, G. (1962). An American dilemma: The Negro problem and modern democracy. New York: Harper & Row.

Orr, L. Status, twitter, 2020.07.11.

Prescott, E. C. (2004), "Why do Americans Work so Much More Than Europeans?", Federal Reserve Bank of Minneapolis Quarterly Review 28, p.2-13.

Hansson, P. A. 1928.01.18. Speech, in TAKING FOLKHEMMET INTO THE 21st CENTURY, in What architectural lessons can we take from the building of the Swedish welfare state in the mid 1900?(2017).

Myrdal, G. (1968). Asian drama; an inquiry into the poverty of nations. New York, Pantheon.

McKinsey Sweden. (2012). Growth and renewal in the Swedish economy, Development, current situation and priorities for the future.

Wikipedia. (2021). Economy of Sweden, 2021.12.12. 인출.

PBS. 2012.06.26. Dollars and Dentists, Season 2012 Episode 13. https://www.pbs.org/video/frontline-dollars-and-dentists/

●2장 ────────────────────────────────

Easterlin, R. A. (1974). Does economic growth improve the human lot? Some empirical evidence . In P. A. David & M. W. Reder (Eds.), Nations and households in economic growth(p.89-125). New York, NY: Academic Press.

R. A. Easterlin. (2005). Feeding the illusion of growth and happiness: A reply to Hagerty and Veenhoven, Social Indicators Research, vol. 74, p.429-443.

Layard, R. (2005). Happiness: Lessons from a new science. New York, NY: Penguin.

B. Frey, & A. Stutzer. (2004). Reported subjective well-being: A challenge for economic theory and economic policy. Schmollers Jahrbuch: *Zeitschrift für Wirtschafts und Sozialwissenschaften*, 124(2): p.191-231.

Clark, A., Frijters, P. & Shield, M. (2008). Relative Income, Happiness, and Utility: An Explanation for the lin Paradox and Other Puzzles. *Journal of Economic Literature*, 46(1), p.95-144.

Stevenson, B. & Wolfers, J. (2013). Subjective Well-Being and Income: Is There Evidence of Satiation?, *American Economic Review*: Papers & Proceedings, 103(3): p.598-604.

Kahneman, D. & Deaton, A. (2010). High income improves evaluation of life but not emotional well-being. PNAS, 107, 16489-16493.

Gilbert, D. (2006). Stumbling on Happiness. New York, New York: Alfred Knopf.

Lyubomirsky, S. (2008). The how of happiness: A scientific approach to getting the life you want. New York: Penguin Press.

Garcia, S. M., Tor, A., & Schiff, T. (2013). The Psychology of Competition: A Social Comparison Perspective, *Perspectives on Psychological Science*, 8(6), p.634-650.

Frank, R. H. (2016). Success and Luck: Good Fortune and the Myth of Meritocracy, Princeton University Press.

Duesenberry, J. S. (1949). Income, Saving and the Theory of Consumer Behavior. Cambridge, MA: Harvard University.

Veblen, T. (1967). The theory of the leisure class. New York: Viking Press.

Langer, E. J. (1997). The Power of Mindful Learning. New York, NY: Perseus Publishing.

Langer, E. J. (2009). Counterclockwise. New York, NY: Ballantine Books.

Van Boven, L., & Gilovich, T. (2003). To do or to have? That is the question. *Journal of Personality and Social Psychology*, 85(6), p.1193-1202.

Nicolao, L., Irwin, J. R., & Goodman, J. K. (2009). Happiness for sale: Do experiential purchases make consumers happier than material purchases? *Journal of Consumer Research*, 36(2), p.188-198.

Mochon, D., Norton, M. I. & Ariely, D. (2008). Getting off the hedonic treadmill, one step at a time: The impact of regular religious practice and exercise on well-being, Journal of Economic Psychology, 29: p.632-642.

Sandemose, A. (1936). A fugitive crosses his tracks. translated by Eugene Gay-Tifft. New York: A.A. Knopf.

Christensen, K., Herskind, A. M. & Vaupel, J. W. (2006). Why Danes are smug: comparative study of life satisfaction in the European Union. BMJ. 333(7582): p.1289-1291.

van den Boom, M. (2016). Wo geht's denn hier zum Glück?: Meine Reise durch die 13 glücklichsten Länder der Welt und was wir von ihnen lernen könne,

FISCHER Taschenbuch.

Kahneman, D. (2011). Thinking, fast and slow, New York: Farrar, Straus and Giroux.

Libet, B. (1985). Unconscious cerebral initiative and the role of conscious will in voluntary action, *The Behavioral and Brain Sciences*, 8 (4): p.529-566.

● **3장**

─────────────────────────────────────

이내찬. (2012). OECD 국가의 삶의 질의 구조에 관한 연구, 보건사회연구 vol 32, no 2, p.5-40. https://www.kihasa.re.kr/hswr/assets/pdf/637/journal-32-2-5.pdf

이내찬. 2018.12.04. 〔기고/이내찬〕 '삶의 질' 이 최우선 가치다, 동아일보.
https://www.donga.com/news/Opinion/article/all/20181204/93139125/1

이내찬. 2017.04.25. 〔열린 시선/이내찬〕 통계청 '삶의 질 종합지수' 개선할 점 많다. 동아일보.
https://www.donga.com/news/Society/article/all/20170425/84050646/1

Russell, H. (2016). The Year of Living Danishly: Uncovering the Secrets of the World's Happiest Country, Icon Books Ltd.

Rydahl, M. (2017). Happy as a Dane: 10 Secrets of the Happiest People in the World, W. W. Norton & Company, Inc.

Halen, W. & Wickman, K. (2003). Scandinavian design beyond the myth: fifty years of design from the Nordic countries. Stockholm: Arvinius.

小澤良介. (2015). なぜデンマーク人は初任給でイスを買うのか？ 人生を好戦させる〈空間〉の活かし方, きずな出版.

Putnam, R. D. (2000). Bowling alone: The collapse and revival of American community. New York: Simon & Schuster.

이내찬. (2012). 다양성과 포용적 방송 공익에 관한 연구—경제학적 접근, 방송과 커뮤니케이션 제13권 제3호 p.147-206.

Sen, A. (1999). Development as Freedom, New York: Knopf.

Rawls, J. (1974). A theory of justice. Cambridge, Massachusetts:The Belknap Press of Harvard University Press.

Cohn, A., Maréchal, M.A., Tannenbaum, D., Zünd, C. L., et al. (2019). Civic honesty around the globe, Science. Vol. 365, Issue 6448, p.70-73.

Roemer, J. (2019). How We Cooperate: A Theory of Kantian Optimization, Yale University Press.

OECD. (2020). Social Cohesion.

Frey, B. S. & Stutzer, A. (2002). Happiness and Economics, *Journal of Socio-Economics* 31(5): p.581-582.

Friedman, M. & Friedman, R. (1980). Free To Choose. 1st ed. London: Secker and Warburg.

Fischer, A. M. (2011). Beware the fallacy of productivity reductionism. *European Journal of Development Research*, Vol. 23(4): p.521−526.

Friedman, M. (1957). A Theory of the Consumption Function, Princeton University Press.

Okun, A. (1975). Equality and Efficiency: The Big Tradeoff. The Brookings Institution.

Kuznets, S. (1955). Economic Growth and Income Inequality. *American Economic Review* 45 p.1−28.

Kalecki, M. (1933). An Essay on the Theory of the Business Cycle ('Próba teorii koniunktury').

Keynes, J. M. (1930) A Treatise on Money, reproduced in volume V of Moggridge, D. (ed.) (1973) The Collected Writings of John Maynard Keynes, London: MacMillan.

이내찬. 2018.11.26. [시론], 기업엔 규제 철폐, 젊은 층엔 기회 줘야, 아시아경제. https://cm.asiae.co.kr/article/2018112314575522346

OECD(2018). DECOUPLING OF WAGES FROM PRODUCTIVITY: WHAT IMPLICATIONS FOR PUBLIC POLICIES?, Chapter 2, in Economic Outlook, Volume 2018 Issue 2.

ILO. (2021). Global Wage Report 2020−2021: Wages and minimum wages in the time of COVID−19. https://www.ilo.org/wcmsp5/groups/public/---dgreports/---dcomm/---publ/documents/publication/wcms_762534.pdf

OECD. (2012). Promoting Inclusive Growth: Challenges and Policies.

Piketty, T. (2014). Capital in the Twenty−First Century. HARVARD UNIVERSITY PRESS.

De Castro, S. (2016). Piketty's Prediction meets technical progress in Harrod−Domar's Dynamics and Solow−Swan's Surrogate. Economics and Politics Research Group, University of Brasilia.

Credit Suisse. (2019). The Global wealth report 2019.

Yul, Zonghuo & Wang, Fei. (2017). Income Inequality and Happiness: An Inverted U−Shaped Curve.

Graafland, Johan & Lous, Bjorn. (2018). Economic Freedom, Income Inequality and Life Satisfaction in OECD Countries. Journal of Happiness Studies, volume 19, p.2071−2093.

Wilkinson, R., & Pickett, K. (2009). The Spirit Level: Why More Equal Societies Almost Always Do Better. London: Allen Lane.

OECD. (2014). Focus on Inequality and Growth.

OECD. (2015). In It Together Why Less Inequality Benefits All, OVERVIEW OF INEQUALITY TRENDS, KEY FINDINGS AND POLICY DIRECTIONS.

IMF. (2014). Redistribution, Inequality, and Growth, by Jonathan, D., Ostry, J.

D., Berg, A. & Tsangarides, C. G., IMF Staff Discussion Note 14/02, International Monetary Fund, Washington.

IMF. (2015). "Lifting the Small Boats," Speech by Christine Lagarde, Managing Director, IMF, June 17, 2015.

● 4장

Hofstede, G. (2001). Culture's Consequences: Comparing Values, Behaviors, Institutions and Organizations Across Nations, 2nd Edition, Thousand Oaks CA: Sage Publications.

Hofstede Insights. (2020). https://www.hofstede-insights.com/에서 2020.11.02. 인출.

백석기 · 김억 · 이화순. (2010). 세계 속의 리얼 코리아, 이담북스.

민홍석. (2014). 孟子의 묵가(墨家) 비판, 유학연구 30권 0호, p.89-121.

한세희. (2003). 차별화 우리 사회: 한국인의 사회적 성격과 차별; 한국인의 문화적 가치 지향성에 내재된 차별. 사회이론 23권, p.241-264.

임경순. (2009). (한국어 문화 교육을 위한) 한국문화의 이해, 한국외국어대학교출판부.

Trompenaars, F. & Hampden-Turner, C. (1997). Riding the Waves of Culture: Understanding Cultural Diversity in Business, Second Edition, London & Santa Rosa, Nicholas Brealey Publishing Limited.

Hall, E. T. (1963). A System for the Notation of Proxemic Behavior, American Anthropologist. 65 (5): p.1003-1026.

이내찬. 2020.03.18. 〔기고〕 사적 공간 존중이 절실할 때, 서울신문. https://www.seoul.co.kr/news/newsView.php?id=20200318033008

이내찬. 2017.07.17. 〔기고〕 게임이론으로 본 갑질문화, 아시아경제. https://www.asiae.co.kr/article/2017071711240540303

공자. (2018). 논어(論語), 역자 소준섭, 현대지성.

맹자. (2011). 맹자(孟子), 역자 조수익 · 박승주 · 함현찬, 전통문화연구회.

묵자. (2019). 묵자(墨子), 역자 최환, 을유문화사.

Mill, J. S. 1873 (1981). Autobiography. In Robson, John (ed.). Collected Works, volume XXXI. University of Toronto Press.

Kafka, F. (1966). Letter to His Father. Bilingual edition. New York City: Schocken Books.

BBC. 2006.08.15. Younger siblings 'more amusing', Children with older brothers and sisters find it easier to make people laugh, a survey has suggested.

Sulloway, F. (1996). Birth Order, Family Dynamics, and Creative Lives, New York: Pantheon..

EBS. (2012). 다큐프라임 〈마더쇼크〉.

코리아데일리. 2006.08.10. '여성, 하루 평균 2만 단어 말한다…남성은 7000단어면 충분'.

OECD. (2019). Programme for International Student Assessment.

Mailonline. 2012.11.14. Women spend more time checking out OTHER WOMEN than they do men (and it's their clothes, figures and hair we're most interested in).

Adler, N. J. (2002). Global managers: No longer men alone, *The International Journal of Human Resource Management*, 13: p.743-760.

이내찬. (2013). 여성이 행복한 세상: OECD 국가의 성차별 수준 국제비교, 보건사회연구 2013년 33권 3호 p.413-441.
https://www.kci.go.kr/kciportal/ci/sereArticleSearch/ciSereArtiView.kci?sereArticleSearchBean.artiId=ART001807901

세계일보. 2013.10.13. 〔단독〕 양성평등 '아직도 걸음마' … 한국 31위.
https://www.segye.com/newsView/20131013002920

Becker, G. (1992). The Economic Way of Looking at Life, Lecture to the memory of Alfred Nobel, December 9, 1992.

毎日新聞. 2016.03.05. 保育園落ちたの私だ、ブログに共感 國會前で抗議集會.

김현숙·정진화. (2019). OECD 국가들의 출산율 결정요인: 가족친화정책과 노동시장에서의 성별 격차에 대한 분석 vol 16, no1, p.27-50.

●5장

교육부. (2021). 취학률 및 진학률, e-나라지표.

나무위키. (2021). 세대, 2021.4.15. 인출.

임진모. (2018). 한국인의 팝송 100, 태림스코어.

김정수. (2019). 긴급조치 9호에서 방탄소년단까지: 거대한 나비효과 이야기, 문화와 정치, 제6권 제2호, p.139-170.

정성호. (2006). 중년의 사회학, 살림출판사.

박해천. (2011). 콘크리트 유토피아, 자음과모음.

Coupland, D. (1991). Generation X: Tales for an Accelerated Culture, New York: St. Martin's Press.

제일은행. (1998). '눈물의 비디오' 무제 어느 퇴직 직원의 詩.

우석훈·박권일. (2007). 88만 원 세대 우석훈, 레디앙.

김영하. (2010). 퀴즈쇼, 문학동네.

통계청. (2015). 한국의 사회동향 2015.

기독교타임즈. 2010.02.24. 교회, 미래주역 'G세대'를 잡아라.

연합뉴스. 2016.06.06. 대졸 신입사원 28%, 입사 1년 내 퇴사한다.

국민일보. 2020.09.20. 똘똘 뭉친 '문재인 지킴이' 40대…왜 '검찰개혁 수호자' 됐나.

Hicks, J. (1939). Value and Capital. Oxford: Clarendon Press.

Ramsey, F. P. (1928). A Mathematical Theory of Saving. *Economic Journal*, 38(4), p.543-559.

이내찬. 2018.11.26. [시론] 기업엔 규제철폐, 젊은 층엔 기회 줘야.
https://cm.asiae.co.kr/article/2018112314575522346

OECD. (2018). A Broken Social Elevator? How to Promote Social Mobility.

경향신문. 2019.09.30. 90년대생 불평등 보고서, 환승 어려워진 '계층 순환버스'.

통계청. (2021). 고용보조지표(청년층, 15-29세), KOSIS.
https://kosis.kr/statHtml/statHtml.do?orgId=101&tblId=DT_1DA7300AS&conn_path=I2에서 2021.07.05. 인출.

조흔파. (1972). 얄개전, 아리랑사.

기획재정부. (2021). 국내총생산 및 경제 성장률 (GDP), e-나라지표, 2021.07.05. 인출.

IMF. (2020). Macroeconomic Diagnostics (MDSx) Module 8, Fiscal Sustainability, Capacity Development Institute.

Goldman Sachs. (2019). TOP OF MIND, FISCAL FOCUS, ISSUE 84, Global Macro Research.

김정훈 · 심나리 · 김항기 · 우석훈. (2019). 386 세대유감: 386세대에게 헬조선의 미필적 고의를 묻다, 웅진지식하우스.

이철승. (2019). 불평등의 세대, 문학과지성사.

이내찬. 2019.04.17. [시론] 수평 개인주의의 부상과 관계의 분절화, 아시아경제.
https://www.asiae.co.kr/article/2019041616322590761

●6장

Vogel, E. F. (1979). Japan as Number One: lessons for America, New York: Harper & Row.

Fallows, J. 1989.05. Containing Japan, The Atlantic.

Morishima, M. (1982). Why has Japan succeeded: western technology and the Japanese ethos. Cambridge, U.K: Cambridge University Press.

森嶋通夫. (1999). なぜ日本は沒落するか, 岩波現代文庫.

內閣府. (2021). 國民經濟計算, 年度統計.
https://www5.cao.go.jp/j-j/wp/wp-je20/h12_data01.html에서 2021.07.05. 인출.

기획재정부. (2021). 국내총생산 및 경제 성장률 (GDP), e-나라지표.
https://www.index.go.kr/potal/main/EachDtlPageDetail.do?idx_cd=2736에서 2021.07.05. 인출.

이내찬. 2019.05.20. [시론] 한일관계 개선, 핀란드가 주는 교훈, 아시아경제.
https://www.asiae.co.kr/article/2019052010033611344

IMF. (2022). GDP per capita, current prices.
https://www.imf.org/external/datamapper/PPPPC@WEO/OEMDC/ADVEC/WEOWORLD/AFG-----M/JPN/KOR에서 2022.06.05. 인출.

손성진. (2008). 럭키 서울 브라보 대한민국. 추수밭.

스카이데일리. 2015.01.19. 일본문화 두려워 봉쇄…빗장 푸니 한류 공습. 광복 70주년.
국교정상화 50주년 기획〔④문화〕…문화원조 한국, 일본 열도 또 달궈.

이내찬. 2013.10.21. 〔창조경제포럼〕창조미디어경제와 글로벌 진출. 전자신문.
https://m.etnews.com/201310210363

고용노동부. (2021). 고용센터 구인, 구직 및 취업 현황, e-나라지표.
http://www.index.go.kr/potal/main/EachDtlPageDetail.do?idx_cd=1505에서
2021.07.05. 인출.

이내찬. 2019.05.20. 〔시론〕한일관계 개선, 핀란드가 주는 교훈, 아시아경제.
https://cm.asiae.co.kr/ampview.htm?no=2019052010033611344

이내찬. 2019.06.24. 〔시론〕익자삼우(益者三友) 핀란드, 아시아경제.
https://www.asiae.co.kr/article/2019062409082933719

이내찬. 2019.02.11. 〔시론〕독립운동의 운동력은 구전전통에 의한 깨달음, 아시아경제.
https://www.asiae.co.kr/article/2019021106575299886

이내찬. 2019.08.26. 〔시론〕소년이여, 광복을 준비하라!. 아시아경제.
https://www.asiae.co.kr/article/2019082609252788623

오선환. (1985). 수봉 오선환 전기 · 사진집, 수봉육영봉사회.

● 7장

이내찬. 2020.03.17. 〔기고〕사적 공간 존중이 절실한 때, 서울신문.
https://www.seoul.co.kr/news/newsView.php?id=20200318033008

Cooperation and Fairness: The Flood-Dresher Experiment Revisited, *REVIEW OF
SOCIAL ECONOMY*, vol. LXI, no. 2, p.183–210.

Axelrod, R. (1984). The Evolution of Cooperation. Basic Books.

이내찬. (2022). 게임이론 강의 노트.

Frank, R. (2010). Luxury Fever. Why Money Fails to Satisfy in an Era of Excess.
New York: The Free Press.

Layard, R. (2005). Happiness: Lessons from a new science. New York, NY:
Penguin.

이내찬. 2019.04.17. 〔시론〕수평 개인주의의 부상과 관계의 분절화, 아시아경제.
https://www.asiae.co.kr/article/2019041616322590761

Maslow, A. H. (1987). Motivation and Personality. (3rd ed.). New York, NY:
Harper & Row.

이내찬. 2018.11.26. 〔시론〕이민자 포용, 우리 내부 문제 해결부터, 아시아경제.
https://www.asiae.co.kr/article/2018090415452615522

연합뉴스. 2017.07.24. '부자증세'에 찬성 85.6%, 반대 10%〔리얼미터〕.
https://www.yna.co.kr/view/MYH20170724010300038

이내찬. 2019.4.18. 〔ET단상〕오지(奧地) 속 5G. 전자신문.
https://www.etnews.com/20190418000200
이내찬. (2017). 이동통신요금. 커뮤니케이션북스.
이내찬. 2020.03.17. 기본소득, 선행 조건: '1 YES 5 NOs', 트위터.
https://twitter.com/naeclee/status/1243539609457438721
국세청. (2021). 국세통계.
https://kosis.kr/statHtml/statHtml.do?orgId=133&tblId=TX_13301_A075&conn_path=I3에서 2021.12.12. 인출.
日本經濟新聞社. (2019). ディープラーニング活用の教科書 實踐編, 日本ディープラーニング協會 (監修), 日經クロストレンド (編集).
東洋經濟新報社. (2021). 會社四季報業界地圖 2022年版.
한국비즈니스정보. (2022). 2022 업계지도. 어바웃어북.
WEF. 2019.02.26. These 11 companies are leading the way to a circular economy.
WEF.2020.12.08. Circular economy examples—how IKEA, Burger King, Adidas and more are investing in a circular economy.
NEC. (2022). 市場規模は700兆円？ 食のIT革命 'フードテック' が注目されている理由とは.
https://www.nec-nexs.com/bizsupli/useful/feature/19.html에서 2022.01.20. 인출.
매일경제. 2020.06.26. 산림뉴딜 시대 '목재산업' 이 뜬다…목조건축 · 목재펠릿 각광.
日本貿易會. (2021). 未來をつくる!日本の産業. ポプラ社.
중소벤처기업부. 2020.06.02. '착한 선결제 캠페인' 국민 응원 속 소비진작 디딤돌 됐다.
Solow, R. 1987.07.12. "We'd better watch out", New York Times Book Review.
Frey, C. & Osborne, M. (2017). 'The future of employment: How susceptible are jobs to computerisation?', *Technological forecasting and social change* 114, p.254–280.
https://www.oxfordmartin.ox.ac.uk/downloads/academic/The_Future_of_Employment.pdf
Frey, C. & Osborne, M. (2015). The Future of Innovation and Employment. TECHNOLOGY AT WORK.
https://www.oxfordmartin.ox.ac.uk/downloads/reports/Citi_GPS_Technology_Work.pd.
Hawking, S., Russell, S., Tegmark, M. & Wilczek, F. (2014). Stephen Hawking: 'Transcendence looks at the implications of artificial intelligence—but are we taking AI seriously enough?'
Arntz, M., Terry Gregory, T. & Zierahn, U. (2016). The Risk of Automation for Jobs in OECD Countries A Comparative Analysis.
http://www.oecd-ilibrary.org/social-issues-migration-health/the-risk-of-automation-for-jobs-in-oecd-countries_5jlz9h56dvq7-en

Autor, D. H., Levy, F. & Murnane, R. J. (2003). "The Skill Content of Recent Technological Change: An Empirical Exploration," *Quarterly Journal of Economics*, vol 118, no 4, p.1279-1333.

Ford, . (2016). Rise of the Robots: Technology and the Threat of a Jobless Future, Basic Books.

IEEE. 2012.09.02. News Release.

이내찬. 2017.04.22. [Tech & BIZ] 거대한 위협이자 새로운 기회 4차 산업혁명, 제대로 준비해야. 조선일보.
http://review.chosun.com/site/data/html_dir/2017/04/22/2017042200234.html

Schwab, K. (2016). The Fourth Industrial Revolution, World Economic Forum. (SH)

Ross, A. (2016). The Industries of the Future, Simon & Schuster. (FI)

Atkinson, A. B. (2014). Inequality: What Can Be Done?. Harvard University Press.

Isenberg, D. (1997): PSTN vs Internet "The Rise of the Stupid Network," Computer Telephony.

Reed, D., Saltzer, J. H. & Clark, D. (1984). End-to-end arguments in system design, ACM Transactions on Computer System, 2(4) p.277-288.
https://web.mit.edu/Saltzer/www/publications/endtoend/endtoend.pdf

Ostrom, E. (1990). Governing the Commons: The Evolution of Institutions for Collective Action. Cambridge, UK: Cambridge University Press.

Ansell, C. & A. Gash. (2008). Collaborative Governance in Theory and Practice, *Journal of Public Administration Research and Theory*, Vol 18, Issue 4, p.543-571.

그린피스. 2021.08.19. 아마존에서 터키, 캘리포니아까지 덮친 산불… 기후위기가 부른 재앙.

그린피스. 2021.08.10. [보도자료] UN IPCC가 진단한 '위기의 지구'.

JTBC. 2021.03.15. "세계 종말의 날 같다"…중국, 기준치 200배 '최악 황사'.

●8장

Morishima, M. (1982). Why has Japan succeeded: western technology and the Japanese ethos, Cambridge [England] ; New York: Cambridge University Press.

森嶋通夫. (1999). なぜ日本は沒落するか, 岩波現代文庫.

Weber, M. (1930). The Protestant ethic and the spirit of capitalism. Scribner/ Simon & Schuster.

Hesse, H., & Rosner, H. (2003). The journey to the East. New York: Picador.

후쿠다 세이지 (2009). 핀란드 교실혁명 세계 최고 학력을 낳은 핀란드 교육, 교실에서부터 시작된다!, 박재원 · 윤지은 역, 비아북.

Nozick, R. (1974). Anarchy, state, and utopia. New York: Basic Books.

문화일보. 2022.01.36. "靑 3300개 인사권, 600개로 대폭 축소해야".

부유한 경제 가난한 행복

http://www.munhwa.com/news/view.html?no=2022012601030127328001

조선일보. 2007.11.12. 〔특파원 칼럼〕왜 한국엔 '료마'가 없는가.

https://www.chosun.com/site/data/html_dir/2007/11/12/2007111201102.html

전자신문. 2022.01.27. 〔ET단상〕새 정부에 바라는 IT 정책상:G-ESG의 구현.

https://www.etnews.com/20220210000163

이내찬. 2017.07.17. 〔기고〕게임이론으로 본 갑질문화, 아시아경제.

https://www.asiae.co.kr/article/2017071711240540303

Milton Friedman, M. & Friedman, R. D. (1962). Capitalism and freedom, Chicago: University of Chicago Press.

輕部謙介. (2018). 官僚たちのアベノミクス－異形の經濟政策はいかに作られたか, 岩波新書.

The Nation. 2019.1.14. The Green New Deal Is Good for the Planet-and the Democratic Party, ISSUE.

한국은행. 2020.03.26. 〔보도자료〕한국은행, 전액공급방식의 유동성 지원제도 도입 등 금융안정방안 실시.

한국은행. 2020.09.08. 〔보도자료〕한국은행, 국고채 단순매입 확대 실시.

한국은행. 2021.8.31. 코로나19 확산 이후 경제·금융 안정을 위한 한국은행의 정책대응, 정책대응 요약.

이투데이. 2021.06.25. 한은 2% 부족한 올 네 번째 국고채 단순매입 "연초 확대방안 계획 따라". https://www.etoday.co.kr/news/view/2039100

박명호·오종현. (2017). 조세·재정정책의 거시경제효과 분석: 거시재정모형의 구축과 활용 (2017년 12월), 한국재정조세연구원.

https://www.kipf.re.kr/cmm/fms/FileDown.do?atchFileId=FILE_000000000015390&fileSn=0

丸山雅章·鈴木晋·川本琢磨·前田知溫·堀展子·山崎朋宏·堀雅博·岩本光一郎. (2018). 短期日本經濟マクロ計量モデル(2018 年版)の構造と乘數分析, 內閣府經濟社會綜合研究所.

http://www.esri.go.jp/jp/archive/e_rnote/e_rnote050/e_rnote041.pdf

Mark P. KeightleyJune 20, 2019 Fiscal Policy Considerations for the Next Recession.

https://fas.org/sgp/crs/misc/R45780.pdf

Office for Budget Responsibility. (2017). Fiscal multipliers, Latest news. https://obr.uk/box/fiscal-multipliers

한국경제. 2019.09.16. 韓銀 "정부 돈 1조 풀면 GDP 1.27조 증가"…불거진 '재정지출효과' 논란. https://www.hankyung.com/economy/article/2019091624431

Friedman, M. (2004). On the Four Ways to Spend Money, an interview with Fox.

Okun, A. M. (1975). Equality and Efficiency: The Big Tradeoff, Washington, D.C.: Brookings Institution.

책으로 만나는 듬직한 친구 '이다'

/

독자라는 체언을 빛내주고 가꾸며,

세상을 살아가는 데 가장 듬직한 친구로 함께하고자 합니다.

나무에게 미안하지 않게 책을 만들겠습니다.